· 北京物资学院思政部马克思主义中国化丛书 ·

中国特色社会主义理论研究

陈建中　著

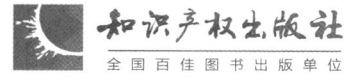

全国百佳图书出版单位

内容提要

改革开放三十多年来，我们党领导全国人民围绕什么是社会主义、如何建设社会主义这一问题，开拓创新，不断探索，开辟了社会主义现代化建设的历史新时期，形成了中国特色的社会主义理论体系，并成功地走出了一条建设中国特色社会主义的新道路。全书从中国特色社会主义理论研究、马克思主义中国化研究、马克思主义哲学研究、中国社会主义道路研究、执政党的思想建设与组织建设研究六个方面，充分揭示和论证了全党全国人民对中国特色社会主义的理论自信、制度自信与道路自信。

责任编辑：贺小霞　　　　　　　　　　　　**责任出版：卢运霞**

图书在版编目（CIP）数据

中国特色社会主义理论研究/陈建中著．—北京：知识产权出版社，2013.11

ISBN 978-7-5130-2484-6

Ⅰ．①中… Ⅱ．①陈… Ⅲ．①中国特色社会主义—理论研究—文集 Ⅳ．①D616-49

中国版本图书馆 CIP 数据核字（2013）第 287610 号

中国特色社会主义理论研究

ZHONGGUO TESE SHEHUI ZHUYI LILUN YANJIU

陈建中　　著

出版发行：知识产权出版社

社　　　址：北京市海淀区马甸南村 1 号　　　　　邮　　编：100088

网　　　址：http://www.ipph.cn　　　　　　　　邮　　箱：HeXiaoXia@cnipr.com

发行电话：010-82000860 转 8101/8102　　　　传　　真：010-82005070/82000893

责编电话：010-82000860 转 8129　　　　　　　责编邮箱：2006HeXiaoXia@sina.com

印　　　刷：北京科信印刷有限公司　　　　　　　经　　销：新华书店及相关销售网点

开　　　本：787mm×1092mm　1/16　　　　　　印　　张：16.25

版　　　次：2014 年 1 月第 1 版　　　　　　　　印　　次：2014 年 1 月第 1 次印刷

字　　　数：310 千字　　　　　　　　　　　　　定　　价：48.00 元

ISBN 978-7-5130-2484-6

序

  科学社会主义理论自创立至今，经历了三个历史发展阶段，实现了三次历史性飞跃。第一个历史发展阶段是马克思、恩格斯完成的，他们批判地吸收了法国空想社会主义思想家们的优秀成果，创立了科学社会主义理论，实现了社会主义理论由空想到科学的历史性飞跃。其历史贡献是创立了唯物史观，揭示了人类社会历史发展的客观规律，指出了社会主义取代资本主义的历史必然性，提出了暴力革命是实现未来社会的途径，找到了建立未来理想社会目标所必须依靠的社会力量与阶级主体——工人阶级。第二个历史发展阶段是列宁等各国的无产阶级革命家完成的。十月革命的胜利，以列宁为代表的前苏联共产党人，创立了人类历史上第一个社会主义国家，实现了科学社会主义由理论到实践的历史性飞跃。其历史贡献是提出了一国可以建成社会主义的理论，并开创了经济落后国家建设社会主义的探索与实践，建立了世界历史上第一个社会主义国家——苏联，使全世界人民了解和看到了一个活生生的社会主义制度与社会现实，开创了历史的新纪元。第三个历史发展阶段，是东欧各社会主义国家特别是中国进行的社会主义改革，进行了什么是社会主义、如何建设社会主义的积极探索，实现了科学社会主义理论与实践的第三次历史性飞跃。其历史贡献是提出了科学社会主义绝不是一种模式，纠正了照搬照抄苏联模式与经验的教条主义做法，坚持把马克思主义关于科学社会主义的普遍原理与各国实际相结合，创立了中国特色的社会主义理论。

  科学社会主义绝不是一种模式，这已为各国社会主义的理论与实践所证实。但是长期以来，由于科学社会主义是前无古人的事业，没有现成的经验可以借鉴，加之苏联是世界上第一个社会主义国家，各国共产党人都把苏联经验看成是成功范例而加以借鉴。而斯大林时期，苏联实行大党大国主义，把苏联模式与经验作为社会主义的典范强行在各社会主义国家推行，结果出现了脱离各国实际照搬照抄苏联模式的教条主义倾向。实践证明，马克思主义关于科学社会主义的理论，只是提供了一般的指导原理，具体到某个国家或某个民族时，由于国情不同，历史条件不同，所采取的发展模式和发展道路是不尽相同的，不能把科学社会主义的原理当作教条到处套用，更不宜把苏联模式作为社会主义的唯一模式加以推广。创立世界上第一个社会主义国家的列宁就曾经说过，马克思主义"所提供的只是一般的指导原理，而这些原理的应用，具体地说，在英国不同于法国，在法国不同于德国，在德国不同于俄国"❶。这即是说，科学社会主义既要坚持马克思主义的基本原理，又要同各国的具体实践相结合。同现实世界的多样性一样，科学社会主义也根据各国的不同国情而具有多样性。

中国特色社会主义理论的形成与发展，既坚持了马克思主义关于科学社会主义的基本原理，又结合了中国的具体国情与历史条件，是对马克思科学社会主义理论的继承、创新与发展。新中国成立初期，我国社会主义制度的建设，实际上也是照搬照抄苏联经验建立的。随着世界各国社会主义实践的发展，苏联模式的弊端不断显现，各国共产党人都结合本国实际开始了社会主义改革，但由于各种原因大多中途夭折。20 世纪 50 年代中期，在中国共产党第八届全国代表大会上，以毛泽东同志为代表的中国共产党中央委员会，总结历史经验教训，提出了要把马克思主义的普遍原理与中国的具体实际相结合的指导思想，试图摆脱苏联模式的影响。但由于极"左"思潮的影响与"文化大革命"，这一探索被迫中断。1978 年党的十一届三中全会的召开，邓小平同志总结历史经验，发表了《解放思想，实事求是，团结一致向前看》的讲话，确立了解放思想、实事求是的思想路线，作出了实行改革开放的重大决策，开始了中国特色社会主义理论与实践的积极探索。

改革开放三十多年来，关于什么是社会主义，如何建设社会主义，我们党领导全国人民开拓创新，不断探索，开辟了社会主义现代化建设的历史新时期，形成了中国特色社会主义理论体系，揭示了社会主义的本质，就是解放生产力，发展生产力，消灭剥削，消除两极分化，最终达到共同富裕，并成功地走出了一条建设中国特色社会主义的新道路。列宁曾经指出："一切民族都将走到社会主义，这是不可避免的，但是一切民族的走法却不完全一样。"❷ 中国特色社会主义的理论体系，是全党和全国人民在改革开放过程中，对我国社会主义建设的实践进行理论概括和总结的基础上形成的，是全党全国人民的智慧结晶；中国社会主义的政治制度、经济制度、文化制度，随着改革开放的深入发展也逐步得到完善和巩固；中国特色的社会主义道路，随着改革开放的发展也越走越宽广，并取得了举世瞩目的成就，受到世界各国人民的普遍关注。正因为如此，我们对中国特色的社会主义充满了理论自信、制度自信和道路自信。邓小平同志指出："把马克思主义的普遍真理同我国的具体实际结合起来，走自己的道路，建设有中国特色的社会主义，这就是我们总结长期历史经

---

❶ 《列宁选集》第 1 卷，人民出版社 1972 年版，第 203 页。
❷ 《列宁全集》第 23 卷，人民出版社 1972 年版，第 64 - 65 页。

验得出的基本结论。"❶

  从 1982 年大学毕业至今，我一直从事马克思主义理论的教学、研究与编辑工作，给本科生、研究生主讲了《马克思主义哲学原理》、《科学社会主义理论与实践》、《社会主义市场经济理论》等专业课。工作之余，在《人民日报》、《求是》杂志、《光明日报》、《经济日报》、《管理世界》、《自然辩证法研究》等报刊发表了 50 余篇关于科学社会主义理论研究的学术论文。为了总结经验，深入探讨，现不揣浅陋，结集为《中国特色社会主义理论研究》一书出版，其中难免不成熟之作，敬请方家教正。本书在出版过程中，得到北京物资学院党政领导的关心、支持与帮助，同时得到思想政治理论课教研部李邢西主任的大力支持与资助。知识产权出版社贺小霞同志曾提出不少意见并做了大量修改工作，中国流通经济杂志社陈静、林英泽同志也帮助收集整理资料并做了大量编排、校对工作，在此表示衷心的感谢。

陈建中

2013 年 10 月 29 日

---

❶ 《邓小平文选》，第 165 页。

目　　录

一、中国特色社会主义理论研究

坚持社会主义价值观的正确导向

江泽民同志在十五大报告中提出，在全社会形成共同理想和精神支柱，是社会主义精神文明建设的根本。其中一项重要的内容，就是深入持久地开展以为人民服务为核心、集体主义为原则的社会主义道德教育，引导人们树立正确的世界观、人生观、价值观。随着我国由计划经济体制向社会主义市场经济体制的转变，人们的思想道德观念特别是价值观念正在发生巨大的变化。从主流上来说，这种变化是积极向上的，但也存在许多不容忽视的问题。由于西方资产阶级人生价值观的渗透和市场经济价值规律及商品交换等一般特性的影响，使一部分人的价值观念发生了倾斜、扭曲甚至错位。因此，大力弘扬和坚持社会主义的价值理想、价值目标和价值原则，对于在全社会形成共同理想和精神支柱，树立正确的人生价值观，加强精神文明建设，都是十分重要的。

一、确立社会主义的价值理想、价值目标和价值原则

历史上每一次大的社会进步，都必然伴随着人生价值观的论战，并且成为社会变革的先导。而每一种社会形态，随着其经济基础的建立，都必然要在全社会形成共同的价值理论和价值原则。

在资本主义取代封建主义的过程中，曾发生过三次关于人生意义的论战。第一次是 14 世纪意大利文艺复兴时期。人文主义者系统阐述了新兴资产阶级的人生价值观，和极端蔑视人的价值的宗教相对抗。他们提倡以人性反对神性，以人权反对神权，以个性自由反对宗教桎梏。恩格斯称这是"一次人类从来没有经历过的最伟大的进步的改革"。第二次是 200 多年后的 17 世纪的法国启蒙运动。启蒙思想家继承和发展了文艺复兴时期人文主义者的人生价值观，从审视人生走向审视社会，把改变个人命运和改造社会结合起来，在肯定人的价值之后，开始注重实现人的价值的社会条件，即建立一个保证个人的自由、平等和民主的社会。第三次是 19 世纪的俄国民主运动。民主主义者继承了文艺复兴时期人文主义者和法国启蒙思想家的思想传统，提出人生的意义就在于追求现世的幸福，利己主义是"每一个人的行为的唯一动机"。尽管他们也提出了所谓的"合理的利己主义原则"，"对自己负责，也对他人和社会负

责"的人生理想，但是在人类近代史上，资产阶级思想家关于人生目的和意义的三次讨论，最终形成的还是资本主义私有制条件下的资产阶级共同的以个人主义为中心的自由、民主、平等的价值理想，唯利是图的价值目标，自我满足和利己主义的价值原则。

随着我国社会主义制度和经济基础的建立与巩固，社会主义的价值观必然要取代资本主义的价值观，并成为社会主义社会共同的价值理想与价值原则。我国的基本经济制度是以公有制为主体、多种所有制经济共同发展；分配制度是以按劳分配为主体、多种分配方式共同存在；社会主义的本质是解放生产力，发展生产力，消灭剥削，消除两极分化，最终达到共同富裕。与此相适应，社会主义的价值观必须体现社会主义的本质要求。这就是要把全心全意为人民服务作为社会主义的价值理想；把人民的利益高于一切作为社会主义的价值目标；把集体主义作为社会主义的价值原则。因为社会主义政治制度的基本内容是人民当家做主，因此全心全意为人民服务是我们党的根本宗旨。凡是对于广大人民群众有利的事业，就是最有价值、最值得我们为之献身和奋斗的。全心全意为人民服务，构成了共产党人世界观、人生观和价值观的核心内容，也是共产党人终身的人生追求和价值理想。以社会主义公有制为主体、多种所有制经济共同发展的基本经济制度，决定了人民群众的根本利益是一致的。这就要求我们要一切从人民的利益出发，自觉维护人民的利益，把人民的利益高于一切作为社会主义的价值目标。在社会主义社会，个人、集体、国家，个人利益、集体利益与国家利益三者是辩证统一的。每个人在考虑个人利益的同时，也要考虑国家和集体的利益；当个人利益与集体利益发生矛盾、冲突时，个人利益应当服从集体利益，坚持集体主义的价值原则。

但是，要使社会主义的人生价值观在社会成员中普遍建立起来并居于社会价值观的主流地位，必然要经历一个漫长的过程，必须经过长期的斗争、艰苦的磨炼和正确的引导才能实现。这个过程是和资本主义制度与社会主义制度，资产阶级的个人主义价值观与社会主义的集体主义价值观的长期斗争紧密联系在一起的。这其间必然存在着渗透与反渗透、腐蚀与反腐蚀的长期较量。伴随着每一次的社会变革与进步，都必然引发人生意义的讨论与论战。我国20世纪80年代的第一个春天，由潘晓的信所引起的"人生的意义究竟是什么"的讨论，就是改革开放条件下两种人生价值观的论战。直到今天，这种讨论实际上还在继续，它甚至可能长期延续下去。

为什么要坚持在全社会形成共同的价值理想、价值目标、价值原则？我国目前还处在社会主义初级阶段，生产力水平比较低下，经济文化比较落后，在经济制度上坚持以社会主义公有制为主体、多种所有制经济共同发展和以按劳分配为主体的多种分配方式。由于存在多种经济成分和多种利益主体，因而出现了所谓的价值多元化的理论。一些人认为，既然存在多种利益主体，就不应该强调在全社会形成共同的价值目标和统一的价值导向。这是一种极其错误的有害理论。我们是社会主义国家，在意识形态领域，必须坚持以马克思主义的世界观、人生观、价值观为指导，不能搞指导思想多元化。因此在承认价值取向多元化的同时，必须强调价值导向的一元化，在全社会形成共同的价值目标和价值原则。因为个体经济、私营经济作为社会主义公有制经济的补充，在一定历史时期内是有益的和必要的，但作为不同利益主体的价值观，它既有同社会主义经济发展相一致的一面，又有同消灭剥削、消除两极分化，最后达到共同富裕这一思想相背离的一面。因此在意识形态领域，坚持社会主义价值观的正确导向，强调价值导向的一元化，在全社会形成共同的价值理想、价值目标和价值原则，是完全必要的，也是巩固社会主义经济基础的客观要求。

二、坚持"三个有利于"的价值标准

所谓价值标准，就是关于社会的价值理想、价值目标、价值取向、价值实现的检验、判断的标准。在人类历史上，不同的社会形态和社会经济制度，不仅会形成不同的价值目标，而且会形成不同的价值标准。

我国历史上关于如何对待道义和功利相互关系的争论，实际上就反映了不同的义利观即价值标准。孔子最早提出了重义轻利的价值标准，他说："君子喻于义，小人喻于利。"❶ 孟子也提出："仁义而已矣，何必曰利。"❷ 董仲舒发展了孔孟重义轻利的价值观，指出"正其谊（义）不谋其利，明其道不计其功"❸。此后，标榜仁义讳言财利的价值观就成为我国封建社会的支配观点和价值标准。墨子的观点与儒家不同，他认为"义，利也"❹，主张义和利是一致的。

西方资本主义国家是以个人主义价值观为基础的，因此其价值标准就是以自我满足、金钱至上、唯利是图为行为准则的。他们以自我为中心，把金钱作为判断和评价一切的价值标准。布热津斯基在他的近著《大混乱与大失控》中曾悲叹"一个以自我满足为行为准则的社会必然会成为一个不再有任何道德来约束的社会"。

坚持社会主义的价值理想、价值目标和价值原则，必然决定了要以"三个有利于"作为社会主义的价值标准，即"是否有利于发展社会主义社会的

---

❶ 《论语·里仁》。

❷ 《孟子·梁惠王》。

❸ 《汉书·董仲舒传》。

❹ 《墨子·经说上》。

生产力，是否有利于增强社会主义国家的综合国力，是否有利于提高人民的生活水平"。而发展生产力，提高综合国力，最终的目的和落脚点是为了提高人民的生活水平，满足人民日益增长的物质和文化需要。我们说"三个有利于"是社会主义的价值标准，首先是因为它体现了社会主义义利观的统一。所谓"义"，就是坚持全心全意为人民服务的价值理想，一切为了人民，服务于人民；所谓"利"，就是坚持人民的利益高于一切的价值目标，把体现和维护人民群众的根本利益，作为检验我们工作成败的基本标准。邓小平反复告诫全党要把"人民拥护不拥护、人民赞成不赞成、人民高兴不高兴、人民答应不答应"作为判断和衡量是非、善恶、美丑、功过、得失的根本依据。其次，"三个有利于"还体现了物质标准和精神标准的统一。从"三个有利于"的归宿来看，提高人民的生活水平，不仅包括满足人民日益增长的物质需要，同时也包括满足人民的精神文化需要。再次，"三个有利于"还体现了实践是真理检验与价值检验标准的辩证统一。实践是检验真理的唯一标准，也是检验价值的唯一标准，"三个有利于"充分体现了实践的观点，因而体现了真理检验与价值检验的辩证统一。

坚持"三个有利于"的价值标准，可以避免用价值规律和市场经济原则去调节人们的一切行为，用市场规则作为评价人们行为的价值准则。有的人把市场经济的运作机制和运作义理作为一种价值标准，比如商品交换要以货币作为一般等价物，这使一些人产生了"金钱万能"的拜金主义思想和金钱至上、一切向钱看的价值标准；商品生产追求利益最大化的特点，使一些人产生了唯利是图和极端利己主义的价值取向；等价交换原则使一些人出现极端功利化的倾向，产生了权钱交易等腐败行为，或者只讲索取，不讲贡献等。

三、贯彻物质文明与精神文明一起抓的价值导向

邓小平同志指出，物质文明与精神文明都搞好了，才是有中国特色的社会主义。改革开放以来，邓小平同志多次提出一手抓物质文明，一手抓精神文明，两手都要抓，两手都要硬。这不仅是建设有中国特色社会主义的战略思想、基本方针和根本标志，同时也是有中国特色社会主义的价值导向。

两个文明建设，好比鸟之两翼，车之双轮，二者相辅相成，缺一不可。正如有的同志所说的，贫穷不等于社会主义，富裕不等于文明。但是一个时期以来，一些地方曾出现了"一手硬、一手软"的现象，只重视抓物质文明建设，忽视精神文明建设，于是出现了只要物质文明上去，精神文明自然会上去的"自发论"；认为生产好就一切都好的"代替论"；认为发展经济必然要牺牲精神文明的"代价论"等。这种一手软、一手硬，重物质文明、轻精神文明的

现象，不仅仅是一种工作方针和思想方法上的失误，同时也体现了一种价值观上的失误。于是一些地方绝迹多年的丑恶现象死灰复燃，拜金主义、享乐主义、极端个人主义盛行，有的人甚至是非不分，黑白不辨，善恶、美丑观念混乱，价值观发生了错位。电影《离开雷锋的日子》中的乔安山，抢救受伤老人反被诬陷，这是客观真实的反映。在我们的现实生活中，催人泪下、感人肺腑的英模人物、先进事迹到处可见，但也确实有人在歹徒行凶、群众落水、人民生命财产受到威胁时，明哲保身，漠然置之，甚至见死不救。正面的和反面的事例都说明，坚持社会主义价值观的正确导向是何等重要。

江泽民同志曾明确指出："越是在发展社会主义市场经济、经济领域强调发挥经济杠杆作用的情况下，在思想领域越要加强人生观、价值观的正确导向，提倡全心全意为人民服务，提倡无私奉献精神。"坚持物质文明与精神文明一起抓，两手都要硬，从根本上来说，就是要坚持一种正确的价值导向。物质文明建设是精神文明建设的基础，精神文明建设又对物质文明建设起着巨大的指导和推动作用，保证它的正确的发展方向，为它的发展提供精神动力和智力支持。两个文明建设互为条件，互为目的。

坚持两个文明一起抓，两手都要硬的价值导向，实际上体现了社会主义义利观的辩证统一。大体上说，这里的"义"，主要是指精神文明建设，就是要用马克思主义的世界观、人生观、价值观作为我们共同的人生理想和精神支柱；这里的"利"，主要是指物质文明建设，特别是指人民群众的根本利益、长远利益和国家的整体利益以及在此前提下合法正当的个人利益。

坚持两个文明建设一起抓的价值导向，就是要正确处理义利关系，坚持物质追求和精神追求的辩证统一，克服那种重义轻利或重利轻义，重物质文明建设轻精神文明建设或重精神文明建设轻物质文明建设的错误倾向，真正建设好有中国特色的社会主义。

正确的价值导向，不仅会引导人们树立正确的义利观，同时还会弘扬社会正气，打击邪气，使人们明确是非观念，正确认识什么是真善美和假恶丑，引导人们树立正确的人生价值观。

四、提倡统一性与多样性相结合的价值取向

一个文明社会，不仅要有共同的价值理想、价值目标和价值原则，同时还要引导人们采取正确的价值取向和价值选择。

人们的价值行为是经过价值选择的，只有被人们认为是有价值的事情，才能成为人们的实践和行为目标。价值取向决定着价值行为，但价值取向不是随意进行的，它受人们头脑中的价值观和价值标准的支配。人们选择什么样的价

值目标与价值行为，充分反映了一个人的人生价值观。

我国现阶段实行的是坚持以社会主义公有制为主体、多种所有制经济共同发展的基本经济制度，所以在人们的价值取向和价值选择上，我们提倡一种统一性与多样性相结合的价值选择方式。我们是社会主义国家，我们必须强调价值导向的一元化，即以社会主义的价值目标和价值原则为共同的价值理想。但同时我们又允许和承认不同的利益主体价值取向的多元化倾向。我们强调人民的利益高于一切的价值目标，但又允许人们在不损害国家、社会和他人利益的前提下通过正当途径和合法手段去追求自己的物质利益。我们提倡集体主义的价值原则，但并不是只讲集体不讲个人，只承认集体利益不承认个人利益，而是主张个人和集体不可分割，既强调集体利益，又重视个人利益，在个人利益与集体利益发生矛盾时，个人应当服从集体，在集体中实现个人的利益、价值和自由。

我们提倡统一性与多样性相结合的价值取向，首先是要引导人们坚持以社会主义的价值理想、价值目标与价值原则为选择对象。例如在义利观上，我们提倡见利思义，人民的利益高于一切的价值取向，反对见利忘义、唯利是图、一切向钱看的价值取向；在是非观上，我们提倡真、善、美，反对假、恶、丑；在消费观上，我们提倡艰苦朴素，勤俭节约，反对奢侈浪费，讲排场摆阔气；在择业观上，我们提倡不论职务高低，工作贵贱，都是人民的勤务员，干一行爱一行专一行，发扬敬业精神和雷锋同志的螺丝钉精神，反对贪图安逸、挑肥拣瘦的择业态度；在人生观上，我们提倡全心全意为人民服务和无私奉献的精神，反对自私自利，只讲索取，不讲奉献的极端个人主义和利己主义倾向。总之，我们提倡以社会主义的价值理想与价值目标为全社会应该倡导的价值取向和价值选择，抵制和反对以资产阶级和一切剥削阶级腐朽的人生价值目标为价值取向。

（原载《求是》1998 年第 16 期）

科学社会主义绝不是一种模式

邓小平同志指出："把马克思主义的普遍真理同我国的具体实际结合起来，走自己的道路，建设有中国特色的社会主义，这就是我们总结长期历史经验得出的基本结论。"这个基本结论，向我们提出了一个十分重要的新课题。

社会主义是一项前无古人的事业，没有现成的经验可以借鉴。由于苏联是世界上第一个社会主义国家，后来建立的社会主义国家，自然要学习苏联的经验。学习是必要的，但不是照搬照抄，更不能不顾各国实际套用苏联模式。"第二次世界大战"之后建立的社会主义国家，都毫无例外地照搬照抄苏联的经验，这是值得深思的。一方面，斯大林时期，苏共推行大党大国主义，把苏联经验看成是普遍规律，具有普遍意义而在各社会主义国家加以推广，强化了这种影响；另一方面，各国共产党不善于把马克思主义的普遍原理同本国的实际相结合，犯了教条主义的错误。

新中国成立初期，我们也曾把苏联的经验当作模式照搬照抄，脱离本国实际，使我们走了一些弯路。事实上，各国的具体情况不同，因而在社会主义实践上就必然有着不同的具体道路和方法，有着不同的经济、政治和文化体制。邓小平同志说："科学社会主义是在实际斗争中发展着，马列主义、毛泽东思想是在实际斗争中发展着。我们当然不会由科学的社会主义退回到空想的社会主义，也不会让马克思主义停留在几十年或一百多年前的个别论断的水平上。""一个党，一个国家，一个民族，如果一切从本本出发，思想僵化，迷信盛行，那它就不能前进，它的生机就停止了，就要亡党亡国。"正是在这个基础上，邓小平同志提出了建设有中国特色的社会主义理论。所谓建设有中国特色的社会主义，就是既要体现科学社会主义发展的一般规律，又要体现在我国历史条件下发展的特殊规律；既要包含其他国家人民建设社会主义的共性的经验，又要包含从我国国情出发所创造的具有民族形式的独特经验。

1956 年，党的八大提出了我国的主要矛盾是先进的社会主义制度与落后的生产力之间的矛盾。为了发展社会主义经济，在中国工业化问题上，毛泽东提出了要处理好十大关系的思想。同时为了总结苏联肃反扩大化的经验，毛泽东提出了正确处理两类不同性质的矛盾，认为这是社会主义国家政治生活的主题。邓小平当时也提出，建设社会主义必须从中国国情出发，研究本国特点，要"面对国家现实,面对群众需要"进行建设,不能照搬照抄外国经验,要把马列主义普遍原理同中国具体实际相结合的思想。总之,当时在经济上提出"统筹兼顾,适当安排";政治上提出各民主党派要"长期共存,互相监督",后来又加入"肝胆相照,荣辱与共",形成十六字方针;文化上提出"百花齐放,百家争鸣",其本质就是试图冲破苏联模式。

关于社会主义分配问题,马克思在《哥达纲领批判》中对拉萨尔的平均主义的所谓"不折不扣"、"公平分配"进行了深刻的批判,提出了共产主义社会两个阶段分别采取"按劳分配"和"按需分配"的原则,过去我们违背了社会主义"按劳分配"原则,搞平均主义。建设有中国特色的社会主义,实行经济责任制,重新恢复了"按劳分配"原则。实际上,不仅社会主义阶段,就是到了共产主义社会,社会财富充分增加之后,实行"按需分配"也不是绝对的平均。

马克思说:"我们所称为共产主义的是那种消灭现存状况的现实的运动。这个运动的条件是由现有的前提产生的。"由于各国建设社会主义的前提条件不同,因此绝不能用一种模式来套用。

(原载《山西师院报》1983 年 10 月 25 日第 2 版)

科学社会主义的探索与实践

——纪念中华人民共和国成立 35 周年

　　社会主义的伟大祖国已经走过了 35 年的光辉历程。这期间，我们党在马列主义、毛泽东思想的指导下，同全国人民一道，进行了社会主义革命和建设的长期探索和实践，经历了艰苦曲折甚至是痛创巨深的认识过程，终于取得了社会主义革命和建设的巨大成就，探寻出了一条建设社会主义的中国式的道路。邓小平同志指出："把马克思主义的普遍真理同我国的具体实际结合起来，走自己的道路，建设有中国特色的社会主义，这就是我们总结长期历史经验得出的基本结论。"❶ 这个基本结论，是对 35 年来社会主义革命和建设的宝贵经验的高度概括和科学总结，它深刻地揭示了我们党已经找到的符合中国国情的社会主义现代化建设的道路，是对毛泽东思想的继承和发展。它对于我国当前和今后的社会主义建设事业有着重大的指导意义，同时对国际共产主义运动也必将产生深远的影响。

　　如何认识社会主义？怎样建设社会主义？这是当前一个重大的理论问题和实践问题。按照科学社会主义的观点，社会主义社会并不是根据某种既定原则推导出来的空想，而是根据社会主义革命和建设的客观实践经验所作的科学总结。马克思在创立他的学说时明确指出，新思潮的优点恰恰在于我们不想教条式地预料未来，"而只是希望在批判旧世界中发现新世界。"由于不同的民族、不同的国家以及他们发展进程中的不同历史时期和不同国情差别，所以在进行社会主义革命和建设的过程中，也就必然会选择不同的发展道路。列宁指出："一切民族都将走到社会主义，这是不可避免的，但是一切民族的走法却不完全一样。"❷ 马克思主义"所提供的只是一般指导原理，而这些原理的应用，具体地说，在英国不同于法国，在法国不同于德国，在德国不同于俄国"❸。所以，社会主义社会究竟是个什么样子？在科学社会主义发展史上，有一个认识发展的过程。它既不能从头脑中产生，也不能靠背诵马克思主义的一般原理和照搬别国的经验，而是要根据本国的实际情况，把马列主义的普遍真理同本

---

❶ 《邓小平文选》，第 372 页。

❷ 《列宁全集》第 23 卷，第 64 - 65 页。

❸ 《列宁全集》第 1 卷，第 203 页。

国的具体实际相结合，以社会主义革命和建设的实践为依据。胡耀邦同志在《最好的怀念》一文中指出："有同志问：能不能开出一套什么叫'有中国特色的社会主义'的现成答案来？我们说，这种预先设想好的一套现成答案是没有的，也不可能有。我们只有在正确的理论指导下，不断地通过实践来丰富我们的认识。"建设有中国特色的社会主义的理论，正是我们党根据马克思主义的基本原理，进一步总结国际共产主义运动和我国三十多年的社会主义建设的实践经验后得出的科学结论。

新民主主义革命时期，特别是20世纪20年代后期和30年代前期，由于受共产国际把马克思主义神圣化、教条化和俄国十月革命的经验绝对化的影响，以王明为代表的教条主义拒绝研究中国革命的实际情况，只是生搬硬套，抄袭书本，几乎使中国革命陷于绝境。以毛泽东同志为主要代表的马克思主义者，从中国的实际出发，深刻研究了中国革命的特点和中国革命的规律，坚持把马克思主义的普遍原理与中国革命的具体实践相结合，才确定和采取了以农村包围城市、武装夺取政权的中国式的革命发展道路，最后取得了民主革命的胜利。

新中国成立后，我们党按照我国的实际情况，实行社会主义工业化和社会主义改造同时并举的方针，从理论和实践上创造性地完成了在中国建立社会主义制度的艰难任务。社会主义改造基本完成之后，党的"八大"又及时指出了当时我国的主要矛盾是落后的生产力与人民不断增长的物质和文化需要的矛盾，要求党和国家要把工作重点转移到技术革命和社会主义建设上来。毛泽东同志也反复强调不能照搬苏联的经验，一定要走自己的道路，要从中国是一个农业大国的实际情况出发，走一条适合我国国情的工业化道路。但是，遗憾的是毛泽东同志后来没有把建设社会主义作为重点来抓，在指导社会主义经济、政治、文化建设的方针政策上出现了许多"左"的错误，最后终于导致了十年内乱的"文化大革命"，使我们党和国家遭受了新中国成立以来最严重的挫折和损失。十一届三中全会以后，我们党又恢复了把马克思主义的普遍真理同我国具体实践相结合的传统，真正做到实事求是解决我国社会主义事业发展中的问题，在深刻分析了我国革命和建设的历史经验教训的基础上，提出了"建设有中国特色的社会主义"的基本思想。历史证明，马克思主义关于理论与实际相结合的原则，任何时候都是不能违背的，无论是民主革命，还是社会主义建设，都不能脱离中国的国情，都不能违反理论与实际相结合的原则，这是一条颠扑不破的真理。

35年来，我们虽然有像"文化大革命"这样脱离中国国情的失误和经验教训，经历了艰难曲折的发展过程。但毕竟在党的领导下摸索出了一条中国式的社会主义的发展道路，这是应当肯定的。虽然我们走了一些弯路，但是寻找、制定符合中国国情的社会主义道路像一条主线，贯穿于社会主义革命和建设的全过程。十一届三中全会以后，我们党根据我国的国情和特点，创造性地提出和解决了我国社会主义现代化建设的一系列重大的理论原则和方针政策问题，在短短的几年内，使我国的经济建设呈现出一派生机勃勃、繁荣昌盛的景象，我国的各种制度也日趋完善与成熟，逐步形成了一个具有中国特色的社会主义建设的格局。

社会主义制度在我国的建立，彻底消灭了几千年的剥削制度，实现了生产资料公有制，使我国人民永远摆脱了阶级剥削和阶级对立，建立了人与人之间的平等互助关系。第一，在生产资料公有制的基础上，我们采取了以国营经济为主导，多种经济成分合理配置和适当发展的有中国特色的经济形式。国营经济占主导地位，劳动群众集体所有制是第二种公有制，劳动者个体所有制以及对外开放和引进外资，使我国经济中又存在着一定成分的外国资本主义因素。这是适合我国经济比较落后的实际情况的。第二，在按劳分配上，农村经济中实行联产承包的生产责任制，以适应我国农村生产力水平低与发展不平衡的实际状况。这样使生产劳动与劳动者的物质利益直接联系起来，极大地调动了劳动者的积极性。在国营经济中则实行各种形式的经营责任制，把责、权、利统一起来，全面照顾了国家、企业和个人的利益，打破平均主义"大锅饭"，也大大调动了劳动者的积极性。第三，实行计划经济为主、市场调节为辅的方针。这适合我国多种经济形式并存的实际情况。由于集体所有制和个体所有制的存在，商品生产还须大力发展，计划经济不能脱离市场、价值和价格的影响，因此实行计划经济为主、市场调节为辅的方针是符合客观实际的。第四，努力实现社会主义民主的制度化、法律化，建设具有中国特点的社会主义民主政治。社会主义民主意味着国家的一切权力属于人民，人民是国家的主人。对人民实行广泛的民主，对敌人则由人民实行专政，这就是我国人民民主专政的政治制度。近年来我们党从我国民主实践的历史状况和现实需要出发，提出必须实行民主的制度化、法律化，改革党和国家的领导制度和纠正官僚作风，各企事业单位普遍成立职工代表大会或职工代表会议，健全我国的法律体系，把民主建设与法制建设结合起来，以促进现代化建设事业的顺利发展。第五，在建设高度物质文明的同时，努力建设高度的社会主义精神文明。实现共产主义，仅依靠物质财富的增长是不行的，还要依靠人民共产主义思想的不断提高。前者是物质基础，后者是精神条件。建设社会主义精神文明，就是通过发展科学文化教育事业，对人民进行共产主义思想体系的教育，使他们成为有理想、有道德、有文化、守纪律的劳动者，把建设社会主义精神文明同建设社会主义物质文明并列，共同作为我国现代化建设的重要目标，是我国社会主义建设的一个重要特征。第六，坚持独立自主、自力更生的方针，立足本国，依靠本国人民的力量，但不是闭关自守，与世隔绝，而是把争取外援、学习外国辩证地结合起来，从自己的实际出发，学习外国的建设管理经验以及先进的科学技术。总之，我国的社会主义建设在各方面都取得了很大的成就，走出了一条中国式的现代化的建设道路，逐步形成了具有中国特色的社会主义的大致轮廓。

我们党关于建设有中国特色的社会主义的理论与实践，不仅对我国社会主义的建设有着重要的指导意义，而且在国际共产主义运动史上也具有普遍的理论指导意义。

第一，建设有中国特色的社会主义的思想，丰富、深化和发展了马列主义关于科学社会主义的理论。这一思想，是中国共产党长期探索社会主义建设道路的科学总结，是建立在实事求是的思想路线基础之上的。早在马克思主义创立时期，马克思就指出，我们的学说不是教条，而是行动的指南。1979 年，邓小平同志在党的理论工作务虚会上说："科学社会主义是在实际斗争中发展着，马列主义、毛泽东思想是在实际斗争中发展着。我们当然不会由科学的社会主义退回到空想的社会主义，也不会让马克思主义停留在几十年或一百多年前的个别论断的水平上。所以我们反复说，解放思想，就是要运用马列主义、毛泽东思想的基本原理，研究新情况，解决新问题。"❶ 建设有中国特色的社会主义的理论，进一步把马列主义关于科学社会主义的思想具体化、系统化、完整化，既体现马列主义的一般原理，又体现本国的具体实际，既包含别国的共同经验，又包含本国的特殊经验，是共性与个性、普遍性与特殊性的辩证统一，它明确体现了科学社会主义绝不是一种模式，"有中国特色"本身就说明科学社会主义的具体性与多样性。马克思说："我们所称为共产主义的是那种消灭现存状况的现实的运动，这个运动的条件是由现有的前提产生的。"❷ 由于各国建设社会主义的前提条件不同，具体国情不同，因此绝不能用一种模式来套用。这一点，随着国际共产主义运动的革命和建设实践的发展，各个社会主义国家都先后认识到了一种模式的局限性，并结合本国国情开始了新的探索，这是社会主义运动发展规律性的必然表现。因此建设有中国特色的社会主义理论，是国际共产主义运动的实践经验的科学总结，是对马克思主义关于科学社会主义理论的深化、丰富和发展。

第二，建设有中国特色的社会主义，在实践上也为国际共产主义运动提供了丰富的经验。35 年来，我们党领导全国人民，坚持把马列主义的普遍原理同本国的具体实际相结合，不断地进行社会主义革命和建设的探索，积累了许

---

❶ 《邓小平文选》，第 165 页。
❷ 《马克思恩格斯全集》第 3 卷，第 40 页。

多丰富的经验。例如在较低生产力基础上能否建设社会主义的问题。马克思恩格斯从考察资本主义物质生产力的发展规律出发，找到了社会主义必然实现的客观根据。他们认为，高度发达的社会生产力是社会主义制度必备的前提。但是由于特殊的历史条件，使中国这种经济比较落后、生产力水平比较低的国家先于发达资本主义国家进入社会主义社会。那么，能不能在较低的生产基础上建成社会主义，这是不是违反了马克思主义？事实证明，我们不仅在较低生产力基础上建立了社会主义，而且取得了很大成就。马克思主义认为社会主义是现代生产力的产物，但从来没有规定过现代生产力要达到多高的水平才能发动社会主义革命或开始社会主义建设，也没有规定达到多高的水平就能取得社会主义革命和建设的成功。我们党领导全国人民，首先用革命的手段取得了社会主义这个发展生产力的前提条件，然后在此基础上开始了发展生产力的社会主义革命和建设，这不仅没有违反马克思主义，而正是结合本国实际对马克思主义创造性地运用，是一条中国式的社会主义发展的道路。新中国成立以后，我们党曾多次强调要发展社会生产力，党的"八大"也指出今后的主要任务是集中力量发展生产力，到党的"十二大"，更是把"高度发达的生产力和比资本主义更高的劳动生产率，作为社会主义发展的必然要求和最终结果"。所有这些，都是在这方面作出的不懈努力。

我们党在社会主义实践中积累的这些经验，对于国际共产主义运动的发展和科学社会主义的实践，无疑都有着重大的现实意义。我们的社会主义祖国虽然已经走过了 35 年的历程，但是建设有中国特色的社会主义刚刚开始。这个理论，还需要在实践中不断地丰富和发展。恩格斯指出："我认为，所谓'社会主义社会'不是一种一成不变的东西，而应当和任何其他社会制度一样，把它看成是经常变化和改革的社会。"❶列宁也指出："今后在发展生产力和文化方面，我们每前进和提高一步，都必定同时改善和改造我们的苏维埃制度。"❷马克思、列宁提出的改革，是社会主义制度走向完善，并由此推动社会生产力迅速发展和社会生活全面进步的重要方式。这是由社会主义社会的基本矛盾决定的。由于还存在着生产力和生产关系、经济基础和上层建筑之间的矛盾，因此必须不断地改革那些不适合我国国情和社会发展的经济、政治制度，使它们由不成熟到比较成熟，由不完善到比较完善，真正把我国建设成为有中国特色的社会主义现代化强国。

（原载《山西师范学报》1984 年第 4 期，署名石桥）

---

❶ 《马克思、恩格斯全集》第 37 卷，第 443 页。
❷ 《列宁全集》第 33 卷，第 89 页。

社会主义的生活方式

——个人的权利和尊严受到可靠的保证

〔英国《世界马克思主义者评论》杂志刊载了一组介绍社会主义生活方式的文章，在我国，那些热衷于搞资产阶级自由化的人，鼓吹什么西方资产阶级的"自由"和"民主"，我们特此摘译了该杂志 1986 年第一期刊载的苏联社会科学院国家与法律研究所法学博士叶琳娜·露卡什娃的这篇文章。〕

资产阶级的宣传工具散布各种谣言，说什么"在社会主义国家个人没有任何权利"，我就这个问题谈一谈。

事实胜于雄辩。应当指出，社会主义始终坚持马克思列宁主义。而马克思主义的创立者们恰恰经历了为社会的解放、正义、进步等所进行的革命斗争，从而使社会每个成员的"个性都能得到充分的自由的发展"❶。现有的社会主义实践雄辩地证明了马列主义的人道主义的生命力和力量，它视人的价值为最高。在社会与个人的关系问题上，人的尊严这个思想恰恰与此相联。尊重个人的权利和尊严是社会主义民主及社会主义管理的一个不变的原则。

人道主义的原则并非说明社会对个人及其本性的态度是被动的，在社会主义及共产主义的建设事业中，社会不仅得到了改变，更为重要的是，这种改变的一个很重要的组成部分便是人的思维方式和道德的变化，换句话说，所组成的新公民把生活建立在这些基本的道德价值上，即善良、荣誉、良心、尊严、正义、公民义务及社会责任等。

而在以私有制为基础、有剥削存在的社会中，情况则大不相同。资产阶级政客到处吹捧说"个人的权利神圣不可侵犯"，这并不能掩盖这些事实：数百万人甚至没有工作的权利，没有过一种尊严的生活权利，没有参与国家事务的权利。从根本上消灭私有制，确认人民的力量，使劳动人民参与和制定决策，这就把对个人权利和尊严的重视提到了最高的政治价值和道德价值上。社会主义国家的情形就是这样的。它确立并加强了一定的政治、法律及道德界限，以限制对个人的任何权利进行任何形式的侵犯。

从道德方面来说，尊重个人的权利和尊严有着更现实的因素。

---

❶ 《马克思恩格斯选集》第四卷，第 263 页。

社会主义国家和个人之间有政治和法律上的联系。这种联系必须建立在相互负责的基础上。同时，国家和个人不仅都有权利，而且都有义务。正如新版的《苏共纲领草案》中所述："没有义务便没有权利，没有权利便没有义务，这是社会主义社会一个永不改变的原则。"❶ 个人的权利通过国家及其机构以及政府官员们的工作得到了保证，对公民来说，他们有权使用其任何权利。

这种关系就是国家、社会和个人利益的有机结合。资产阶级政客不断歪曲它们，攻击社会主义国家忽视个人的利益，限制个人的权利，强调个人的义务等。事实上，在社会主义制度下，国家对保护个人的权利和尊严做了大量的工作，其作用可以在以下几个方面得到证明。

首先，社会主义国家从法律上规定了个人的法律地位，权利（包括工作的权利、受教育的权利、消遣和娱乐的权利、住宅权利、言论自由的权利、参加公共机构、参与国家和社会事务的权利等）及其义务。而国家也通过法律、经济、政治、思想及各种组织手段，在法律上承担了保护其权利与义务的使命。

其次，在这种新的政治体制下，国家的工作在宪法原则的指导下进行，其主要目的之一就是保护公民的权利和自由。苏联等社会主义国家的宪法都把这条原则视为神圣的原则。

社会主义法律严格要求所有社团、官员、公共机构及公民毫无例外地要遵守法律原则及法令，这和社会主义民主丝毫不可分割。因为社会主义民主的中心问题就是个人的权利、利益和自由问题，因此，通过保护个人的权利和自由，社会主义法律保证了社会主义民主的进一步发展，丰富了其内容，也为人民在更大范围内的自治创造了条件。

最后，社会主义国家对政府官员提出了必须具备法律修养的最高要求，这具有更重要的意义。这比仅仅有对法律的了解更为重要。它严格要求遵纪守法。对这条原则的执行和发扬以及彻底根除官僚主义和文牍主义，有助于加强社会主义法制，也有益于对个人权利和义务的尊重。

此外，国家对公民的行为有明确的要求，它规定了公民法律上的义务，制定了违反这些要求所必负的责任。公民实施其权利，享受其自由，不应影响国家、民族和其他人的权利。保加利亚、匈牙利、古巴、苏联及其他社会主义国家已把此列入宪法并已监督实行。

这正是资产阶级宣传工具对社会主义国家自由受到"抑制"所进行的夸大其词的攻击的出发点。让我们再剖析一下这些毫无根据的观点。

执行公民义务，尊重社会、国家及个人的利益，是正常的人类交际的一个

---

❶ 《真理报》1955 年 10 月 26 日。

前提条件。否则，个人的权利和尊严都将成为空谈。

有关的国际文件中对于类似的探讨作了记载。联合国公民政治权利公约上允许限制权利实施这种可能性的存在，以保证：（a）对其他人权利和自由的尊重；（b）社会安全、社会法律及秩序、国民健康及道德等利益（第十二项第十九条），国际经济、社会及文化权公约（第四条）和国际人权宣言（第二十九条）上也记有相似的限制原则。

社会主义国家法律中心问题并不是限制这种或那种自由，而是防止滥用自由。譬如苏联的法律就限制进行战争宣传，禁止传播憎恨人类的思想，禁止因民族和信仰不同而互怀敌意、互相憎恨，禁止经营赌场、妓院等。这到底是侵犯个人的权利和自由呢，还是保护个人不受破坏性影响，保护其尊严与健康呢？

现在简略谈谈保证公民权利与尊严的可能性，这种可能性主要是由社会主义制度的特点决定的。因为社会主义社会人与人之间的关系是建立在平等的基础上的，在这种社会风气中，对个人权利和尊严无论进行哪种侵犯都将视为非法和不道德的。

资产阶级的民主对个人的权利、自由主要是通过法庭来加以保护（在英国，和平战士在法庭上受到指控，在德国和美国发生的大量事实说明，资产阶级是如何理解他们的权利和职责的，所谓的人权自由实际上是虚伪的）。在社会主义国家，个人的权利受到整个政治上层建筑的保护，这些上层建筑即国家组织、党的机构、工会和其他公共机构。其中很重要的一个因素是公民可以向政府任何阶层的组织进行控告，提出建议或劝告。这种权利，就是使官员们必须遵守法律的一个主要保证。所有社会主义国家的法律都有这一条。更重要的是，立法部门为了确实这种控告，制定了一个特殊的限制，以防控告落到被告者手中。

上述这种权利，其内涵是相当民主的，这使人民能控制国家、公共机构和政府官员的工作，并且使官员们关心公民的权益，尊重他们的权利和尊严。还需要强调一下，社会主义国家对于公众来信、建议及控告的态度，是衡量国家机构工作的一个重要标准。社会主义国家政党对其这方面的工作赋予了很大的意义，注意到了对公众来信应采取机智的、关心的态度，并且进行各种努力以扫除官僚作风、文牍主义以及对劳动人民的需求和利益的忽视和轻视。这也是尊重个人权利和尊严的一个证明。

不必赘述，对于违法、官员滥用职权和侵犯公民权利等行为，公民都可向法庭提出控告。

让我们再来谈谈权利与义务的关系问题。反对共产主义的宣传说什么义务及其意义的加强是社会主义社会生活"极权主义基础"扩张的结果。

可惜我们思想上的对手并没有审慎地运用这个观点。这很难说明他们确实认为公民的基本义务是不正常的。我们不要光看其宣传，重要的是要注意到社会主义社会的一些自然现象，这些现象说明了什么。我们所见到的是政治觉悟的提高，道德原则的巩固，人们在生活中所采取的主动态度，这些带来了社会的进步。因此，这并不是所说的"极权主义基础"扩张的结果，而是个人对其义务和社会道德进步的重视所增长的结果，同时也说明了公民力量的加强及社会主义生活方式的发展。个人的社会责任是社会关系的一个直接组成部分，公民的权利、荣誉和尊严在这种关系中受到尊重和保护。在这种条件下，公民权利和义务的关系才体现了社会公平，体现了社会与个人权益的有机结合。

在这层关系上，我们须认真考虑一下资产阶级宣传机构进攻的几个主要方面之一，这就是什么是社会主义制度下个人的权利受到侵犯。华盛顿在这方面显得尤其热心。他们试图用这些谣言干扰社会主义国家的内务，作为借口而使自己在公众舆论上成为人类权利的代表和实施权利的典型。这个位置与美国的社会政治现实及其行为以及国际法标准相符合吗？

毫不奇怪，美国统治阶层及其北大西洋公约组织把人权问题作为思想上进攻苏联及其社会主义国家的中心，他们之所以放纵地诽谤和攻击社会主义是因为他们要把人们的注意力从其后院的形势上转移开，然而事实总是事实。

难道这不是事实——帝国主义开展军备竞赛，不是威胁着全人类的基本权利、生存权利吗？没有这种权利，一切不是都没有意义了吗？难道这不是事实——在工业资本主义国家，成百万的人甚至没有另一个基本权利即工作的权利吗？美国及其他资产阶级民主的"贫民窟"里的种族主义和种族歧视，不是对人类权利、自由和尊严的公然侵犯吗？而且资本主义世界所盛行的歧视妇女又如何解释呢？更为甚者，在美国这种歧视还被视为是合法的。1982 年对宪法补充了给妇女以平等的权利，结果被美国的立法机构和国会否决。蔑视各工会的权利，例如华盛顿蔑视美国航空工会的合法权利如何解释呢？同时，系统的秘密监督又如何解释呢？美国警察局几乎存有所有成年人的档案。过去 12 年政府机构里的工作人员竟有 640 万人被列为政治嫌疑而受到秘密监督，英国的秘密机构窃听电话、偷拆信件的现象也屡见不鲜。

诸如此类的事情不胜枚举。他们贬低其他国家，说他们否认人权，侵犯公民的人身自由等，这就是资产阶级这次宣传活动的关键所在。

只要看一看美国的活动及其在有关国际法事物上的立场，其虚伪性便会看得一清二楚。联合国十九条协议法令，美国仅仅执行了五条。华盛顿及其亲信们所实行的阻碍主义政策，使两项国际公约 20 多年迟迟不能填写。一项是关于公民及政治人权；另一项是关于经济、社会和文化人权。联合虽然在 1966 年就已实施，而美国却还是有待批准。同样，美国忽视了国际关于根除各种形式的民族歧视、防止种族灭绝和其他国际法。国际劳动协会通过的 160 项法令，美国仅仅实施了七项，而且这七项中，没有任何一项涉及雇佣工作这个问题。

相反，苏联和其他社会主义国家已通过实施了国际法中的所有有关人权的法令，包括相关的赫尔辛基最终法案，社会主义国家已执行了这个法令，而资产阶级宣传工具却极力否认这个事实。从这篇文章所述的事实可以看出，最终法案中的十项条例苏联已给予其最高的法律力量，苏联的宪法已使其具体化。

华盛顿及其同盟所扮演的与社会主义相关的角色显然不适合于他们。什么谣言也驳不倒这个事实，社会主义社会公布并在实际中实施而且不断地促进个人的一系列权利和自由，这是资本主义所办不到的，只有新的社会制度才能保护人类的尊严。

这就是社会主义社会发展的长期的指导方针，正如新版的《苏共纲领草案》上所说的："自由、人权及个人尊严这种思想才有了真正的活的内容"、"党也将促进和创造更好的条件以监督其真正的实现。"

（摘译自英国《世界马克思主义评论》1986 年第 1 期）

（原载《理论探索》1987 年第 3 期，〔苏〕叶琳娜·露卡什娃著，陈建中译，孙志娟校）

"一国两制"的构想是科学社会主义学说的创造性发展

党中央和邓小平同志根据当前我国和世界的历史和现实；遵照实事求是、一切从实际出发的思想路线，总结了国际共产主义运动和我国社会主义实践的历史经验，把马克思主义的普遍原理同中国革命的具体实践相结合，创造性地丰富和发展了马克思列宁主义关于科学社会主义的思想和学说，提出了"一国两制"的科学构想。这一理论的提出，在马克思主义的科学社会主义发展史上，必将产生极其深远的影响，它对于国际共产主义运动和科学社会主义的建设，无论从理论还是实践上都有着重大的意义。因此，深入探讨这一科学构想产生的历史条件、基本内涵以及对科学社会主义学说的理论贡献，是我国社会主义实践和国际共产主义运动的客观要求，也是时代赋予我们理论工作者的一个历史任务。

一、"一国两制"的构想是建设有中国特色的社会主义的一个伟大尝试

科学社会主义并不是根据某种既定原则推导出来的空想，而是根据社会主义革命和建设的客观实践经验做出的科学总结。由于不同的民族、不同的国家以及发展进程中不同的历史时期和不同的国情差别，所以各个国家在由资本主义转变为社会主义的过程中，就必然会采取不同的发展方式和革命道路。列宁指出："一切民族都将走到社会主义，这是不可避免的，但是一切民族的走法却不完全一样。"❶ 同时列宁还指出："我们认为，对于俄国社会主义者来说，尤其需要独立地探讨马克思的理论，因为它所提供的只是一般指导原理。而这些原理的应用，具体地说，在英国不同于法国，在法国不同于德国，在德国不同于俄国。"❷ 列宁的思想基本上可以归结为两点：其一，从人类社会的发展规律来看，任何一个民族都必然要走到社会主义，但是社会主义绝不是一种模

---

❶ 《列宁全集》第 23 卷，第 64 – 65 页。
❷ 《列宁选集》第 1 卷，第 203 页。

式，因此各民族实现社会主义的方式方法都不完全相同，绝不能用一种模式来套用；其二，马克思主义只是一般的指导原理，因此各国在进行社会主义革命和建设时，一定要结合本国的实际情况，不能照搬照抄别国的经验，也不能把马克思主义当成教条。马克思指出："我们所称为共产主义的是那种消灭现存状况的现实的运动。这个运动的条件是由现有的前提产生的。"**❶** 所谓"现有的前提"，就是时代的发展和历史的原因而形成的社会主义革命和建设所赖以进行的具体的社会现实和社会状况。由于各国建设社会主义的这个"现有的前提"条件不同，具体国情不同，所以采取的方法和途径就不同。在国际共产主义运动中，不论是俄国的"十月"革命，还是中国的新民主主义革命，正是由于坚持了把马克思主义的普遍原理同本国的具体实践相结合，这才取得了革命的胜利。例如"暴力革命"这个原理，列宁在俄国革命中，是采取城市起义和暴动的方式，而在中国，以毛泽东同志为首的中国共产党则采取的是"以农村包围城市"、"工农武装割据"的方式。在"剥夺剥夺者"的问题上，由于俄国资产阶级的疯狂反扑和外国帝国主义的武装干涉，列宁不得不采取无偿没收一切资本的办法来消灭资本主义经济。而在我国，我们党分析了我国的政治经济条件和民族资本主义经济特点之后，则采取了对资产阶级赎买的政策，事实说明，科学社会主义既不是随心所欲的空想，也不是照搬照抄的教条，而是马克思主义的普遍原理同各国具体实践相结合的科学产物。

同欧洲传统的社会主义不同，我国是由半殖民地半封建的社会通过新民主主义革命进入社会主义的。由于历史的原因、地理条件的限制以及国际环境等因素，我国在由半殖民地半封建社会向社会主义转变的过程中，留下了一个资本主义的"尾巴"——香港、澳门和台湾问题。随着历史的进程和社会主义革命的发展，实现国家统一的问题被提到了议事日程上。但是如何统一呢？可以有两种方式：一种是非和平方式，一种是和平方式。究竟采用哪一种方式，在马克思主义的著作中是找不到现成结论的。邓小平同志指出："科学社会主义是在实际斗争中发展着，马列主义、毛泽东思想是在实际斗争中发展着。我们当然不会由科学的社会主义退回到空想的社会主义，也不会让马克思主义停留在几十年或一百多年前的个别论断的水平上。所以我们反复说，解放思想，就是要运用马列主义、毛泽东思想的基本原理，研究新情况，解决新问题。"**❷**"把马克思主义的普遍真理同我国的具体实际结合起来，走自己的道路，建设有中国特色的社会主义，这就是我们总结长期历史经验得出的基本结论。"**❸**正是在这种思想的指导下，我们党经过长时间的酝酿、考虑和权衡，1978年，

---

❶ 《马克思恩格斯全集》第3卷，第40页。
❷ 《邓小平文选》第165页。
❸ 同上，第372页。

党的十一届三中全会在制定解决台湾问题的方针时，就有了"一国两制"的思想。1979 年元旦全国人民代表大会常务委员会发表《告台湾同胞书》，宣布和平统一祖国的方针，就提出"尊重台湾现状和台湾各界人士的意见"。1981 年 9 月 30 日，全国人民代表大会常务委员会委员长叶剑英发表讲话，曾讲到"国家实现统一后，台湾作为特别行政区，享有高度的自治权，并可保留军队。……台湾现行社会、经济制度不变，生活方式不变，同外国的经济、文化关系不变。"1982 年 9 月，中共中央顾问委员会主任邓小平在会见英国首相撒切尔夫人时，第一次提出了"一个国家，两种制度"的概念。他说，关于收回香港主权问题，可以用"一个国家，两种制度"的方案解决。1984 年 5 月 15 日，赵紫阳总理在六届人大二次会议上的《政府工作报告》中，正式向国家立法机构提出"一国两制"的构想，并获得大会一致通过，成为一项具有法律效力的国策。

"一国两制"的构想，在马列主义的经典著作中是找不到的，在科学社会主义即国际共产主义运动的实践中也是没有先例的，这是中国式的社会主义道路的新创造，是我们在长期的社会主义革命和建设的实践中，坚持实事求是，一切从实际出发，尊重客观实际，尊重历史事实，为寻求解决台湾问题和香港问题而得出的一个科学结论，它体现了我们党彻底的唯物主义态度和一切从中国的实际出发，坚持把马列主义的普遍真理同中国的具体实践相结合的求实精神。它充分说明了，马克思主义是在实践中不断地丰富和发展的，作为马克思主义的三个重要组成部分之一的科学社会主义，也是在实践中不断地丰富和发展的，这是因为理论藉以产生的客观实际是时刻发展变化的。随着历史的发展，社会主义革命和建设必然会产生许许多多的新情况和新问题，因此，我们的眼光就不能仅仅停留在一百多年前马克思主义的一些现成结论上，而应该随着时代的发展，运用马克思主义的立场、观点和方法，分析、解决现实中出现的新情况、新问题。"一国两制"的构想，正是我们党根据世界的现实、历史的状况以及我国社会主义革命的具体实践和具体情况而提出的，它反映了包括港澳同胞和台湾同胞在内的我国人民和全世界人民发展经济、保持繁荣稳定、维护世界和平的根本利益和愿望，是创造性地发展和丰富马克思主义的科学社会主义学说，和平解决港澳和台湾等历史遗留问题，实现祖国和平统一，建设有中国特色的社会主义的一项重大的战略决策。

二、"一国两制"是实现国家和平统一的科学途径

邓小平同志在谈到"一个国家，两种制度"的构想时曾作过这样的论述，他说，具体地讲，就是在中华人民共和国内，大陆十亿人口实行社会主义制

度，香港、台湾实行资本主义制度。在我国恢复行使对香港地区的主权后，保持香港的资本主义制度五十年不变。社会制度不变，生活方式不变，保持国际金融中心地位、自由港地位。相应的，对台湾的政策也是几个不变。这个构想是解决台湾和香港问题，实现国家和平统一的现实途径。

对于台湾和香港问题，是用和平的方式解决，还是用非和平的方式解决，这是一个举世瞩目的问题。国际上存在着一系列这样的问题需要解决。马克思主义认为，解决社会基本矛盾的根本手段是社会革命即暴力革命，但并不一般地排斥在特定的历史条件下革命和平发展的可能性。这种机会是在一定的历史条件之下，是在阶级力量形成特殊对比的情况之下出现的。"一国两制"的构想，正是试图通过和平的方式来解决社会基本矛盾，实现国家和平统一的一次伟大尝试。"一个国家，两种制度"，中国的主体是社会主义，这是不可质疑的，大陆十亿人口实行社会主义制度是不会改变的。香港、台湾实行资本主义，影响不了大陆的社会主义，相反，说五十年不变，并不是永远不变，无论从阶级力量的对比，还是从社会发展的客观规律来看，五十年或者更长的一段时间以后，香港、台湾总是要转向社会主义的。同时，我国正处在一个特定的历史条件之下，这就是至少需要二十年的和平时间来建设社会主义的现代化强国。不仅台湾海峡两岸的中国人民希望和平，亚太地区的人民希望和平，而且全世界人民也希望和平，以维护国际局势的稳定和经济繁荣发展，因此"一国两制"的构想，是顺应时代的潮流和历史的发展趋势的一个科学构想，同时也是以马克思主义关于社会革命的理论为依据的。

"一个国家，两种制度"的构想，是建设有中国特色的社会主义理论的重要内容。当前世界的现实，概括起来说就是"两种社会制度，一个世界市场"。在相当长的一段时间内，社会主义和资本主义是共同存在的。同时，世界存在着一个共同市场，在这个市场里，一切国家的生产和消费都成为世界性的，资本主义国家和社会主义国家之间的互相贸易，平等互利，各取所需，对各方面的发展都有利。同时，谁不参加这个市场，谁就会吃亏。对此我们是深有体会的。过去我们搞闭关锁国，结果影响了自己经济的发展速度。十一届三中全会以后，我们实行对外开放政策，利用外资和引进先进技术和管理经验，有力促进了四化建设。既然国际存在着"两种社会制度，一个世界市场"，那么在我们国家内部也可以实行"一个国家，两种制度"，坚持大陆是社会主义制度，香港、台湾保留资本主义制度，实现和平共处，和平经济竞赛，利用资本主义，促进四化建设。这样对香港、台湾有利，对国家有利，对世界也有利。首先，香港、台湾保留资本主义制度，有利于其稳定和繁荣，避免发生巨大的动荡，保护和发展社会生产力，这对于振兴中华和祖国统一都是有利的；其次，便于我国从香港和资本主义世界引进资金、技术、人才和管理科学，也便于我国的原材料和产品进入国际市场；再次，使英、美等其他国家在港、台的利益得到照顾，有利于保持世界和平与繁荣稳定。

通过"一个国家，两种制度"，实现和平统一，合乎情理，顺乎民心，反映了海峡两岸中国人民的共同愿望。从资本主义向社会主义的转变，是一场深刻的社会革命，它不仅包括社会经济制度的转变，同时也包括人们的生活方式、社会心理以及上层建筑意识形态领域里的改变，因此，除了直接的经济利益之外，还有一个生活方式和社会心理的适应过程问题。以香港这个"世界经济特区"来说，国际金融垄断资本占统治地位，在香港的银行中，70%以上是外资银行，其资金来自英、美、日、西德、加拿大等十几个国家和地区。它们的动向与香港的经济制度变化息息相关，哪里投资环境好，能赚大钱，它们就流向哪里。因此，只有在一个相当长的时间内保留其经济制度和生活方式不变，才能充分利用和发挥这部分国际资本为香港的繁荣和四化建设服务。同时，华资对于收回香港主权问题也极为敏感，许多华人资本家都在外国准备了退路，因此保持其社会经济制度五十年不变，可以避免资金、技术、人才外流，保持相对的繁荣稳定。此外，1997年我国恢复行使对香港的主权之后，有一个如何安排五百多万香港同胞的就业和生活问题，如果处理得当，会充分发挥这个"世界经济特区"的作用，如果处理不当，破坏了香港的生产力，损害了其稳定和繁荣，就会成为我们的一个沉重负担。总之，对于大陆人民来说，建设社会主义现代化强国，希望和平统一；对于香港台湾人民来说，也是一个心理上的适应过程，因此保持五十年内社会制度不变，生活方式不变，同外国的经济、文化关系不变，这是合乎情理、令人易于接受的和平统一方式。

科学社会主义绝不是脱离具体的社会历史环境和具体的国情的空想，相反，它之所以科学，正是在对世界的现实、历史的状况、各国的具体实际进行科学分析的基础上建立起来的。而"一个国家，两种制度"的构想，恰恰是根据当前世界的现实、历史的状况和中国的实际进行了多方面的研究和权衡之后提出来的一项战略决策，因此它既符合社会历史发展的客观规律，又顺乎民心和时代的潮流，为世界的和平和人类的进步作出了新的贡献。

三、"一国两制"的构想对科学社会主义学说的理论贡献

"一个国家，两种制度"的设想，在理论上创造性地丰富和发展了马克思主义关于科学社会主义的学说，在实践上也为国际共产主义运动提供了可以借鉴的宝贵经验。

第一，在香港、澳门和台湾同大陆统一的问题上，使马克思主义关于革命和平发展的理论正在由可能变为现实。按照马克思的设想，"暴力是每一个孕

育着新社会的旧社会的助产婆"❶ 无产阶级必须用暴力夺取政权，打碎资产阶级国家机器，建立无产阶级专政。列宁把无产阶级革命的问题也集中到一点上："不用暴力破坏资产阶级的国家机器，不用新的国家机器代替它，无产阶级革命是不可能的。"❷ 俄国十月社会主义革命和中国新民主主义革命的历史证实了这一真理。但是，马克思主义在强调暴力革命的同时，并不排斥在特定的条件下革命和平发展的可能。在特定的社会历史条件之下，由于各种力量形成了某种特殊对比，或者因为各方面条件和因素的共同作用，为革命的和平发展提供了某种可能性，只要存在着这样的可能，不管它实现的机会是怎样微小，都应当重视，列宁把这种革命和平发展的可能性称为"革命史上千载难逢的机会"。❸ 历史上遗留下来的台湾和香港问题，随着社会的发展，现在提上了议事日程，但是如何统一，是像新民主主义革命时期那样通过暴力革命予以解决，从各方面来看，这样对我们反而不利；而实行"一个国家，两种制度"，通过革命的和平发展予以解决，则各方面对我们都很有利。我们党正是不失时机地利用了这个"革命史上千载难逢的机会"，创造性地运用和发展了马克思主义关于和平过渡的理论，树立了国际共产主义运动史上由资本主义向社会主义和平发展的光辉范例。

第二，创造性地丰富和发展了马克思主义关于科学社会主义的国家学说。关于"一个国家，两种制度"的理论，在马克思列宁主义的经典著作中是找不到的。因为马克思列宁所处的时代，历史还没有提出这样的课题，而任何一个时代的思想家和革命家，只能完成他们时代历史所提出的现实课题。按照马克思的设想，无产阶级通过暴力革命夺取政权之后，建立的社会主义国家，自然是单一的公有制国家，而不可能是在一个国家内，既存在社会主义制度，又存在资本主义制度这样两种水火不相容的社会制度。而历史的发展，恰恰向我们提出了这样一个新的课题。那么，在一个国家内，这两种制度是否能够共存呢？马克思主义的对立统一规律，为一个国家两种制度提供了基本的理论依据。对立统一规律告诉我们，世界上的任何事物都包含着矛盾，而矛盾着的事物都是对立的统一体。矛盾的双方既互相排斥，又互相联系，二者共同存在于一个统一体中。只讲斗争性不讲统一性是错误的，反之亦然。社会主义与资本主义两种制度的矛盾也是如此。在当今的世界上，社会主义与资本主义就共同存在于一个统一体中，所谓"两种社会制度，一个世界市场"，正是这种对立统一的生动概括。既然世界存在着两种制度，那么在一个国家内部，为什么就不可以呢？

---

❶ 《马克思恩格斯选集》第 2 卷，第 256 页。
❷ 《列宁选集》第 3 卷，第 624 页。
❸ 《列宁选集》第 3 卷，第 292 页。

在一个国家内部，这两种制度之间的关系如何呢？从根本上讲，我们国家是社会主义国家，这个性质是不会改变的。从人口讲，香港是内地人口的千分之五；从面积讲，香港是全国面积的万分之一，从资源条件和经济实力来看香港更是无法相比，社会主义的内地占有绝对的优势，不管香港经济如何发展，也不可能动摇社会主义经济的统治地位。同时，香港、台湾作为特别行政区，受中央人民政府管辖，其所实行的制度和特区政府的权力，由全国人民代表大会以法律规定，因此是不会改变我们整个国家的国体和政体的社会主义性质的。

实行"一个国家，两种制度"，必然会产生来自两个方面的疑虑，一方面，是香港、台湾害怕大陆的社会主义吃掉它们的资本主义。当然，从人类社会的发展过程来看，社会主义代替资本主义是不以人们意志为转移的客观规律，整个人类社会最终都要实现共产主义，但是就目前来看，香港、台湾保持现行社会制度有利于发展生产力，维护世界和平与祖国统一，并且持续五十年不变，还受到我国宪法的保护，所以这种顾虑是不必要的。正如邓小平同志讲的，我们说话是算数的。另一方面，是来自大陆方面的疑虑，这就是害怕香港、台湾的资本主义会影响到大陆的社会主义，这也是不必担忧的。没有影响是不可能的，但影响再大，也不会改变大陆的社会主义性质，这一点，前面已有论述，这里不再赘述。

有人认为，"一国两制"在中外历史上就有，并不是什么新的创造，这实际上是把"一国两制"和"两制并存"搞混淆了。中外历史上，"两制并存"的现象是不乏其例的。我国辽代，一部分地区是奴隶制，一部分地区是封建制，美国南北战争以前，北方实行自由资本主义制度，南方实行奴隶制。其实，以上几种情况，只能说是"两制并存"，而不是"一国两制"。严家其同志在谈到这个问题时认为，所谓"一国两制"，是一个国家根据自己的宪法明文规定，在这个国家的部分地区实行不同于其他地区的政治、经济和社会制度，但这些地区的政府是这个国家的地方行政单位或地方性政府，不能行使国家主权。而"两制并存"则是没有宪法明文规定，当两种不同社会制度的地区之间或中央政府与地方政府之间发生矛盾或纷争时，无法依靠和平与法律的途径去解决。因此"一国两制"的设想，在中外历史上是没有先例的，是我们党和邓小平同志的全新设想，是社会主义国家的一个新模式，它坚持以社会主义制度为主体的情况下，允许在一些地区存在资本主义制度，实行在一个国家内部，两种制度的和平共处，这无疑是科学社会主义发展史上的一个新的理论创造和贡献。

第三，发展了列宁关于"利用资本主义，促进社会主义"的战略思想。列宁在十月革命胜利后，在谈到如何利用资本主义促进社会主义建设时指出：

"当我们国家在经济上还极其薄弱的时候，怎样才能加快经济发展呢？那就是要利用资产阶级的资本。"❶ "这丝毫也不是奇谈，而是经济上完全无可争辩的事实。……有可能经过私人资本主义（更不用说国家资本主义）来促进社会主义。"❷ 列宁的这一思想旨在说明经济上落后的社会主义国家，可以利用资本主义的资金和先进的科学技术以及科学管理经验，来发展社会主义经济。十一届三中全会以来，我们党实行对外开放的政策正是按照列宁的这一思想，引进外资和先进技术，促进社会主义的现代化建设。而"一国两制"的构想，也正是这一思想的进一步发展，其目的就是要充分利用香港、台湾的现有资金、技术和人才，来促进内地的社会主义建设。

"一个国家，两种制度"的科学构想，其蕴涵是博大精深的，其意义是极其深远的，有待于广大的理论工作者进一步去发掘，去探讨。这个构想，为科学社会主义的理论宝库增添了新的财富和内容。我们说它是对科学社会主义理论的创造性发展，是基于这样的考虑：尽管在一个国家内存在着两种明显不同的社会制度，但它的主体是社会主义性质的，这个本质是不容改变的。在一个社会主义的国家内，允许资本主义制度在一定地区内存在，这正是它的新颖独到之处，也正是它对科学社会主义学说的创造性发展，同时也正是本文的要旨所在。

（原载《统战理论通讯》1987 年第 5 期，署名石桥）

---

❶ 《列宁全集》第 31 卷，第 392 页。
❷ 《列宁全集》第 32 卷，第 346 页。

商品经济与社会主义民主

社会主义应有高度的民主。我们党在社会主义初级阶段的基本指导方针之一，就是要努力建设社会主义的民主政治，并且把这一点列为我们党在社会主义初级阶段的基本路线的一项重要内容。但是，高度民主并不是随心所欲地离开主客观条件就能建成的，它既是一个长期的目标，又是一个客观的历史过程。离开主客观条件，所谓的高度民主是不可能建立的。长期以来，人们似乎形成了一种观念，认为民主政治的建立只要通过几次会议，制定一些条文，或者建立一些制度和机构就行了，与此相联系，人们唯心地认为社会主义民主的发展程度越高就越好、越先进。这种脱离现实，离开主客观条件盲目追求高度民主的做法，正如我们离开生产力的实际发展水平来盲目追求"一大二公"，人为地拔高生产关系一样，必然会阻碍生产力的发展和民主政治的进程。

社会主义民主政治的建立和发展，是有其一定的客观基础的。离开这个客观基础，民主政治是无法建立的。从客观条件讲，经济基础决定上层建筑、经济决定政治，政治是经济的集中表现。一定的经济基础，决定了一定的政治制度和民主程度。与封建的小生产经济相联系的，是封建专制主义政治，与资本主义商品经济相联系的，是资产阶级的民主，与社会主义商品经济相联系的，则是社会主义的民主政治。因此我们不能离开经济发展的这个客观基础，来抽象地谈社会主义民主政治的建立和发展。这就是说，社会主义民主政治的建立，决定于社会主义商品经济的发展程度。发展社会主义商品经济的过程，就是建设社会主义民主政治的过程。正是从这个意义上讲，社会主义民主政治的建立是一个客观的历史的过程。从主观条件讲，"社会主义民主政治的本质和核心，是人民当家做主，真正享有各项公民的权利，享有管理国家和企事业的权力"。但要使人民当家做主，行使民主权利，就必须先使人民从思想上树立一定的民主意识，这是建立社会主义民主政治的主观条件。人民群众的民主意识高低和主人翁责任感强弱，直接影响着社会主义民主政治的发展。不可想象，一个人民群众的民主意识很淡薄的国家，能够建立起真正的民主政治。当然，主观条件的成熟是与客观条件的发展，紧密联系在一起的。存在决定意识，归根到底是经济基础决定上层建筑，商品经济的发展决定了人民群众的民主意识的成熟和社会主义民主政治的发展进程。本文专门从商品经济和社会主义民主政治的内在联系来探讨一下社会主义民主政治的客观历史发展过程。

商品经济与民主意识

党的十三大报告中指出："社会主义民主政治的建设，既因为封建专制主义影响很深而具有特殊的迫切性，又因为受到历史的社会的条件限制，只能有秩序有步骤地进行。"俗话说，"树高影长"，由于我国封建社会过于充分的发展，因此自给自足的小农经济似汪洋大海。与此相联系，封建专制主义的影响也根深蒂固。要建立社会主义的民主政治，就必须消除封建专制主义的影响，而封建专制主义是与其赖以存在的经济基础即自给自足的小农经济联在一起的，因此要建立社会主义的民主政治，就必须首先打破其存在的基础——小农经济，发展社会主义的商品经济，如何打破小农经济呢？新中国成立以来，我们试图通过走集体经济的道路来冲破小农经济的束缚，其实这种集体经济本质上也是一种自然的经济而不是商品经济，尽管在"左"倾思潮的影响下，这种集体经济在生产力没有多大发展的情况下盲目追求"一大二公"，但事实说明集体经济并没有真正冲破小生产的樊篱。因此我们虽然有建立社会主义民主政治的良好愿望，并进行了艰苦努力，也取得了逐步的发展，但封建专制主义的影响仍然有很大的市场。十一届三中全会以后，我们党坚持实事求是的思想路线，认识到商品经济是不可逾越的发展阶段，我国处在社会主义的初级阶段，仍然要大力发展商品经济，只有通过商品经济才能摧毁自给自足的小农经济。十七世纪欧洲资产阶级革命运用商品经济这一武器冲破了小生产的束缚，我们今天也正在用社会主义的商品经济冲破小农经济的羁绊，并在此基础上建立起社会主义的民主政治。

社会主义的商品经济，是建立社会主义的民主政治的客观基础，这是由社会主义商品经济的本质特征所决定的，也是社会主义商品经济发展的内在客观要求。首先，商品经济的发展，不仅要求改革我们过去那种高度集中的经济体制，而且要求建立与之相适应的社会主义民主政治。在商品经济条件下，社会物质生产的主要承担者，应该是能够相对独立地支配生产资料及其产品的经营主体。它们的这种支配权以及因这种支配而产生的利益，是应该得到法律确认的。过去那种高度集中在行政机关的生产管理权现在要下放到商品生产和经营单位，过去那种靠行政命令的直接管理现在要变成计划与市场内在统一的间接管理。这种简政放权，变直接管理为间接管理本身就是向民主政治过渡的一个重要环节，它反映了商品经济的内在要求。其次，在商品经济条件下，由于社会分工以及由此而来的商品交换主要有以下特点：一、在商品市场上，各种商品所有者之间的关系以及竞争条件、权利和机遇是平等的，它严格地按照优胜劣汰的原则来进行，不存在什么特殊的权利；二、各个商品所有者之间都是相对独立自主的，交换是在自主自愿的基础上进行，不存在任何的附庸关系；三、商品交换严格按照等价交换的公平原则进行，不公平的交易是难以进行的。商品经济的这些特征，迫切地要求建立与之相适应的社会主义民主政治。

人民群众的民主意识，则是建立社会主义民主政治的主观基础。邓小平同志指出，"旧中国留给我们的，封建专制传统比较多，民主法制传统很少。新中国成立以后，我们也没有自觉地、系统地设立保障人民民主权利的各项制度，法制很不完备，也很不受重视，特权现象有时受到限制、批评和打击，有时又重新滋长。克服特权现象，要解决思想问题，也要解决制度问题。"● 所谓解决思想问题，就是要增强民主意识和主人翁责任感，其中包括人民群众的民主意识和领导干部的民主意识。我们党是有着民主传统的；建国三十年来，为建设社会主义的民主政治也进行过艰苦的努力和宣传。但是民主意识的建立，光靠宣传和教育还是不行的。没有一定的经济基础，这种意识是无法巩固的。这就是说，只有在发展社会主义商品经济的过程中，才能逐渐地确立和增强人民群众的民主意识和民主观念，商品经济的发展与人民民主意识的增强是同步进行的，商品交换中的自主、平等原则，对人民群众的民主意识的培养会起到一种潜移默化、耳濡目染的作用，它常常会比那种空洞的说教更富有感染力。在市场竞争中，国家与企业、企业与企业、企业与个人之间都必须按照等价交换的原则进行，它使人民群众看到竞争的条件和机遇是平等的，这更能激起他们的主人翁责任感，从而树立高度的民主意识和很强的民主观念。当人民的民主要求和民主愿望达到一定的程度时，建立社会主义民主政治的主观条件也就成熟了。总之，社会主义民主政治的建立必须具备一定的主客观条件，商品经济的发展决定了民主意识的形成从而最终决定了社会主义民主政治的建立。

商品经济与民主机制

商品经济的发展，不仅为社会主义民主政治的建立奠定了一定的基础，同时也为形成其合理的内在机制提供了有益的借鉴。

商品经济是通过市场选择机制即竞争机制来促使其发展的，它承认多元利益的存在，通过竞争、优胜劣汰，实现其平等的原则。在市场竞争中，各种商品所有者之间其竞争的条件、权利和机会均是平等的。在这里，价值规律起着决定的作用，它是一把客观的尺矩，既不会徇私情，也不会讲优惠。在社会主

● 《邓小平文选》第 29 页。

义初级阶段，尽管还存在着事实上的不平等，但这是商品经济条件下唯一现实的平等。平等只能在竞争中并通过竞争而实现。如果说，是什么促使商品经济取得如此迅速的发展，正是这种竞争机制在起着重要的作用。

要建立真正的社会主义的民主政治，就必须把商品经济的竞争机制引进社会主义的民主生活中来，它可以"从制度上保证党和国家政治生活的民主化、经济管理的民主化、整个社会生活的民主化"❶ 从而使社会主义的民主政治永远保持勃勃生机。近年来，在深化企业内部用人制度改革的过程中，一些单位坚持把竞争机制引入人事管理，通过招标竞争择优选聘企业经营者，这是企业内部用人制度的重大变革。它本着公开、平等、民主、择优的原则，拓宽选人视野和招标范围，形成多个对手平等竞争的局面，有利于优秀人才的选拔和企业的发展。这种新的企业用人制度，将为社会各类事业单位用人制度的建立提供宝贵的经验。在我们的选举制度中，也应当充分体现这一原则，它有利于干部的培养、选拔、使用和淘汰，也有利于加强人民群众对国家干部的民主监督，提高他们的民主意识和民主热情，同时也能够增强当选者的责任感和社会压力，使他们以更严格的标准要求自己，发扬党内民主，推动民主建设。党的十三大报告中指出："无论实行哪种管理制度，都要贯彻和体现注重实绩，鼓励竞争、民主监督、公开监督的原则。竞争机制引入企业管理，为优秀企业家和各种专门人才的脱颖而出创造了前所未有的条件，已经并将继续引起企业人事制度的一系列变化。""竞争机制还应当引入对其他专业人员的管理。各行各业，都要按照各种人才成长的不同规律，形成各具特色的管理方式和制度，使各种专门家和事业家能够成批涌现并且迅速成长为各方面的骨干和中坚。"

商品经济与民主进程

社会主义民主政治的建设，光凭主观愿望是不行的。它必然受到客观的历史条件的限制，因此只能有秩序有步骤地进行。

我国正处在社会主义的初级阶段，商品经济还不是很发达。特别是广大的农村，基本上还处在自给自足的小生产阶段。虽然有些地区已开始专业化承包，但从全国广大地区来看，大部分地区还是一家一户的个体生产，因此要建立社会主义的民主政治，仅靠空想是不行的。几千年的封建社会，留给我们的封建专制传统比较多，民主法制传统很少，更主要的是缺乏建立社会主义民主政治的客观经济基础。不改变这种历史条件和社会条件，社会主义民主建设是搞不好的。因此当前的任务是坚持改革开放，大力发展商品经济，提高社会生

---

❶ 《邓小平文选》第 296 页。

产力，为建设社会主义民主努力创造条件，这个基础搞不好，民主建设永远是一句空话。

我们说社会主义的民主政治的建设是一个客观的历史的过程，是指它既不能超越现实的经济基础去盲目地追求民主的"高度"，也不能落后于已经成熟的主客观条件任其自然发展或坐待其成。前者是一种超阶段的"左"的做法和空想论，后者则是落后于时代的"右"倾错误思想。社会主义民主政治的建设，同发展社会主义商品经济一样，是一个逐步积累的渐进过程。反过来说，发展社会主义商品经济的过程，就是建设社会主义民主政治的过程。商品经济发展的速度与进程，决定了民主政治建设的速度与进程。社会主义商品经济的发展与民主政治的建设是相互联系、相互制约、相互促进的，它们的发展是同步的，这是因为二者有着内在的必然的联系，因而是一个不以人的意志为转移的客观历史过程。

既然社会主义民主政治的建设只能有秩序有步骤地进行，因而也就必然表现出一定的阶段性来。正如十三大政治报告中指出的那样，"改革的长远目标，是建立高度民主""也就是说，我们最终要在经济上赶上发达的资本主义国家，在政治上创造比这些国家更高更切实的民主。"但是我们现在正处在社会主义初级阶段，既不能照搬西方"三权分立"等资产阶级的民主，也不能搞破坏国家法制和社会安定的"大民主"。社会主义的民主政治建设，必须为社会主义初级阶段的经济建设服务，与改革的近期目标相一致。这就是说，现阶段商品经济的发展提出了什么样的要求，社会主义的民主政治建设就应该为实现这个任务而努力。社会主义民主发展的具体程度只有适合于社会主义商品经济的发展要求，有利于提高社会生产力，才是先进的，否则就不是。总之，社会主义民主政治的建设是分阶段进行的，它随着商品经济的发展而逐步得到完善与提高。

（原载《理论探索》1989 年第 4 期）

论"一国两制"与"一国两府"

　　实现国家统一是海峡两岸中国人民的共同愿望。"一个国家，两种制度"，是中国共产党根据中华民族的共同愿望，顺应历史潮流而提出的一个和平统一祖国的科学构想。这是我们党遵循实事求是，一切从实际出发的思想路线，在尊重香港、澳门、台湾的历史和现实的基础上提出来的。随着中英联合声明的发表，大陆与台湾统一的问题也被提上了议事日程。近几年来，台湾及海外人士对祖国统一问题提出了种种模式，其中有"多体制国家"、"一国两席""一国两制"、"联邦"、"邦联"、"德国模式"、"奥运模式"等。而台湾当局除了叫嚷以"三民主义统一中国"外，又提出了所谓的"一个中国，两个政府"即"一国两府、"一个国家两个政治实体"等观点。特别是近一段来，一些国家利用我国平息在北京发生的反革命暴乱事件，妄图干涉中国内政，使国际关系复杂化。台湾当局借此机会浑水摸鱼企图重返国际社会。然而不管他们怎样的花样翻新，变换手法，其实质都是极力拖延祖国统一的实现，以达到维护现在的分裂局面的目的，这是违背中华民族的共同愿望和根本利益的。

　　我们认为，"一国两制"是解决香港、台湾问题的一个科学的途径。因为实现国家的统一是整个中华民族的共同愿望。但以什么样的方式来统一，是以非和平的方式，还是以和平的方式，这同样是海峡两岸的中国人民所共同关心的。用非和平方式，武力解决问题，是两岸人民都不愿采取的方式。那么怎样才能用和平的方式解决问题呢？中国共产党尊重事实，尊重实际，即尊重香港和台湾的历史现实，提出了"一个国家，两种制度"的构想。即在一个统一的国家即中华人民共和国内，大陆11亿人口实行社会主义制度，香港、台湾实行资本主义制度。但是，中国的主体必须是社会主义，这不会变。实行社会主义制度的大陆地区是这个统一国家的主体部分，而实行资本主义制度的香港、台湾和澳门地区则是这个统一国家的不可缺少的组成部分。同时，在这个统一的国家内部，全国人民代表大会及其产生的中华人民共和国政府行使国家的权力；台湾、香港和澳门地区政府按照宪法规定设立特别行政区行使地方政府权力。中华人民共和国的宪法和有关法律保障"一国两制"的长期性和稳定性，并按照法律程序调整各方面的矛盾，保证大陆地区和特别行政区的和平、稳定和繁荣发展。

　　"一个国家，两种制度"，概括地说，主要有以下几个基本原则：其一，"一个国家"就是必须坚持只有一个统一的中国——中华人民共和国。在国际上，中华人民共和国是中国唯一合法的政府，台湾是中国的一部分。在国际往来和国际事务中，中华人民共和国才具有国际法人的地位和资格，台湾、香港等特别行政区只是中华人民共和国的地方政府。其二，"两种制度"就是必须坚持中国的主体是社会主义制度，这是不可置疑的，大陆11亿人口实行社会主义制度，但允许国内某些地区实行资本主义制度，例如香港、台湾等，但这是作为社会主义发展的补充，以利于社会主义生产力的发展。其三，在一个统一的国家内，两种制度和平共处，和平竞赛，共同发展。当前世界的现实是"两种社会制度，一个世界市场"，在相当长的一段时间内，社会主义和资本主义是共同存在的。在这个共同市场里，一切国家的生产和消费都成为世界性的，资本主义和社会主义之间互相贸易、平等互利、各取所需，对各方面的发展都有利。既然国际上"两种社会制度，一个世界市场"可以和平共处，共同发展，那么在我们国家内也同样可以实行"一个国家，两种制度"，实现和平共处，和平竞赛，共同发展。这样对香港、台湾都有利，对国家有利，对世界也有利。正如中共中央总书记江泽民同志在1989年7月7日会见港澳人士时指出的："用'一国两制'的方针解决香港问题，不只是外交上的需要，而是从香港和整个国家的根本利益出发的。这样解决，对香港、对整个国家有利，对英国和其他国家也有利。"同时他还指出："在处理港澳和台湾的问题上，我们采取'一国两制'的方针。我搞我的社会主义，你搞你的资本主义，'井水不犯河水'，我不会在港澳和台湾搞社会主义，你也不要把资本主义的一套搬到内地来。"❶

　　面对"一国两制"的科学构想，台湾当局一直采取消极的"三不政策"，即不接触、不谈判、不妥协，不予接受，同时却煞费苦心地提出了"一个中国，两个政府"的观点。正如台湾《民众日报》一篇文章中指出的那样，"这显然是从两个德国、两个韩国并存情况所获得的灵感"。他们煞有介事地提出在不违反"一个中国"原则下，实行"一个国家两个政治实体"，或者"一个中国，两个政府"。所谓"一个国家，两个政府"，就是"在一个象征性的国家主权之下"，"实行不同制度的两个政府各拥有"独立的"自卫权、外交权和在国际上具有国际人格的政治实体的权利"，并称此为"双体制国家"或"一个国家两个政治实体"。他们认为，"30多年来，中国确是一个国家事实上分成两个截然不同体制的国际实体，这是不可否认的历史事实。双方不仅在其所控制的领土上行使有效的管辖权，同时也各获得相当数目国家之承认，在国

---

❶ 《统战理论研究》1989年第8期。

际上均享有相当国际法人的地位"。他们声称"双体制国家""不但有高度的'现实性'及'法理性'",而且"在提供处理一个国家之内两个体制并存时的外交承认及其他国际行为等问题,而不涉及此等国家间的内部统一问题及政治争执""只强调在中国事实上有两个国际实体的事实,并来牵涉到其合法性,亦未宣布台湾脱离大陆而正式独立,亦未放弃将来统一的愿望。东西德❶及南北韩在国际上取得双重外交承认的普遍化,证明'双体制国家'的新理论,已得到大多数国家的接受及适应"等。凡此种种,不一而足。

台湾当局提出"一国两府"的观点,其主要的理论根据是,"30 年来,中国确是一个国家事实上分成两个截然不同体制的国际实体,这是不可否认的历史事实"。但是,40 年来,海峡两岸的中国人民都饱尝了这种分裂之苦,因此他们一致要求结束这种分裂的局面,尽快实现大陆与台湾的和平统一,这是包括港、澳、台同胞以及海外华人在内的华夏民族与炎黄子孙的共同愿望和迫切要求,这也是不可否认的历史事实。"分久必合",这是不可阻挡的历史潮流。中国共产党正是顺应这一历史潮流,提出了实现和平统一的"一国两制"的科学构想。随着中共联合声明的发表,它得到了海峡两岸人民以及世界各国爱好和平统一的国家和民族的支持与赞同。目前已与大陆建立邦交关系的国家有136 个,包括世界上所有重要国家,而继续承认台湾当局的只有 22 个。中国与其他国家的外交公报上,双方都郑重地声明中华人民共和国是"中国的唯一合法的政府"、"台湾只是中国的一部分",这同样也是不可否认的历史事实。"得道多助,失道寡助"。台湾当局既然声称要尊重历史事实,但却提出"一个中国,两个政府"的观点,企图继续维持这种分裂的局面,拖延和阻挠祖国和平统一的实现,这是违背中国人民的共同愿望的,也是违背历史潮流的,因而是不得人心的。

台湾当局提出"一国两府"的另一个理论根据,是 40 多年来,"双方不仅在其所控制的领土上行使有效的管辖权同时也各获得相当数目的国家之承认,在国际上均享有相当国际法人的地位"。然而事实胜于雄辩。如前所述,世界上越来越多的国家与中华人民共和国建立了外交关系,而台湾当局却愈来愈陷入内外交困的孤立境地。实际上绝大多数国家只承认中华人民共和国是中国的唯一合法的政府,台湾只是中国的一部分。这就是说,中华人民共和国是唯一能够代表中国人民在国际上享有国际法人地位和法人资格的政府,台湾作为中国的一部分,是不能享有国际法人地位的。正因为如此,台湾当局才喋喋不休地侈谈什么"一国两府"的观点,提出"一个国家两个政治实体"即"双体制国家"的理论,强调这"两个政府"即"两个政治实休"在国际上均

---

❶ 东、西德已于 1990 年 10 月 3 日实现统一。本文所引,是就统一前的情况而言。

享有相当国际法人的地位。并在外交上实行所谓的"双重承认"与"弹性外交",图谋重返国际社会,"甚至会考虑和已与北京建交的国家建交",以造成"在中国事实上有两个国际实体的事实"。然而历史是永远不会倒退的,中华人民共和国的国际法人地位是谁也无法代替的。

台湾当局提出"一国两府"的观点,还有一个理论根据,是"西德、韩国均有容忍'双重承认之先例'""东西德及南北韩在国际上取得双重外交承认的普遍化,证明'双体制国家'的新理论,已得到大多数国家的接受及适用",因此台湾的"国际地位及其相关的问题,应当遵照此国际前例处理"。用他们的话来说,这一理论"看来最切实际,并最容易得到世界各国的了解和支持"。但是实际如何呢?我们不妨作一个分析。首先,东西德与南北韩的"双重承认"是历史造成的既定事实。这是不可否认的。然而此一时也,彼一时也。大陆和台湾虽然与此有着相同之处,但也存在着不同之处,如果"东施效颦",势必适得其反。因为东西德与南北韩的"双重承认"已经是国际认同的历史事实,而大陆与台湾的现实状况则是世界上绝大多数国家只承认中华人民共和国是中国唯一合法政府,并代表中国人民在国际上享有国际法人的地位与资格,台湾只是中国的一部分。台湾当局应该面对这一现实。其次,和平统一已成为不可阻挡的世界潮流。目前,就连台湾极力效仿的东西德及南北韩之间也在积极寻求和平统一的途径,以尽快结束这种分裂的局面,实现国家和民族的统一。而台湾当局则不顾这一历史潮流,却以此为例和以此为由,企图继续维持分裂,造成双重承认和事实上的"两个政治实体",这是极其不明智之举。再次,"双重承认"是双方的事,而不是单方面可以促成的。按照台湾当局的设想,"双重承认"指的是一个国家既承认中共,又承认台湾当局。但是任何事情,既要面对现实,又要考虑可能性。在国际交往中,双方都能代表本国人民的利益,具有国际法人的地位是各个国家之间相互承认的基础。一般说来,任何一个国家都不能不顾及中华人民共和国是中国的唯一合法的政府这一事实而去同台湾当局建立邦交关系,否则就必然要违反国际外交惯例和外交原则,如互相尊重国家主权和领土完整,从而伤害两国关系和两国人民的根本利益。正如台湾当局有人提出的那样:"如果一些与中共有邦交的国家,不顾中共的态度,愿意承认"中华民国",我们为什么不接受呢?"可见"双重承认"不是一厢情愿所能促成的。最后,大陆、台湾与德、韩的国情不尽相同还在于,双方控制地区的大小和人口的多少不成比例,中国共产党控制着除台湾省外的所有省份,而国民党只控制着一个台湾省,因此台湾作为中国的一部分,是代表不了11亿中国人民的,只有中华人民共和国才是中国人民的唯一的合法代表。由此可见,"一国两府"的观点是根本不符合实际的空想,因而也是不可能实现的。

台湾当局曾认为，"'双重承认'不失为突破外交困境的'有效途径之一'"。关键是将"国家统一"与"外交承认"分开处理。其理由是西德与韩国正是"采取行政外交政策与国土统一分开原则，接受多重承认的"。并且振振有词地说："统一是国内的政策问题，可以由中国人自己慢慢和平解决，与国际无关。"然而统一问题与国际承认果真无关吗？在国际交往中，外交承认标志着对这个国家主权与领土完整的认同，即承认其具有国际法人地位和资格。如现在绝大多数国家承认中华人民共和国为中国唯一合法的政府。按照"和平共处五项原则"，首先就是要"互相尊重主权和领土完整"。因此外交承认是与国家主权的统一完整紧密联系不可分开的。要维护主权和领土的完整，一个国家只能有一个合法的政府。而台湾当局提出的"双重承认"，相反是要造成一个国家具有两个法人代表，这实际上就是割裂了一个国家的完整主权，从根本上违背了"和平共处五项原则"。能否行得通，就连台湾当局也认为不太可能。台湾《联合报》就曾悲叹道："法理上的主权问题"乃台湾"外交上之一大困惑"。实际上台湾"现阶段的主权有其地区性之限制，仅能实际统治台澎金马地区，尚未能及于全国广大之版图。因此在目前似乎不宜一再坚持全面主权原则，而较适宜于采取阶段主权原则，以待将来恢复全面之主权"。由此可知"双重承认"不过是一种聊以自慰的空想而已。

"一国两府"的观点，表面上看起来似乎颇能迷惑人心，但只要冷静分析一下，就能看出这不过是老调重弹，换汤不换药罢了。从名义上看，他们似乎不违反"一个中国的原则"，但用他们的话说，这只是一个"象征性的国家主权"，实际上他们是要维护目前这种分裂的局面，形成"两个政治实体"，最终实现"两个中国"的路线。他们提"一个中国"目的是为了造成"两个政府"的事实，即"只强调在中国事实上有两个国际实体的事实，并未牵涉到其合法性，亦未宣布台湾脱离大陆而正式独立，亦未放弃将来统一台湾的愿望"。这样做主要是摆脱目前的困境，以取得苟延残喘的时间。我们不妨通过台湾《民众日报》1988年10月1日刊登的一篇文章中的一段话，来看看台湾当局提出"一国两府"观点的内在实质吧：

> 实际上，国民党之所以采取比较"主动"的姿态，主要是因为民间的要求和压力。骨子里，国民党并没有在短期内与大陆达成和平统一的愿望。相反地，"国民党将会更加积极努力企图在亚洲及国际均势环境中寻求一个更加安全及实质'独立'的政治环境，但不冒言'台湾独立'。换句话说，就是寻求国际对'一个中国，两个政府'的实质承认，甚至正式外交承认"。随着局势的变化，"国民党也不会完全排除采取'两个中国'的路线"。

毋庸赘言，台湾当局提出"一国两府"的实质不外乎三点：一、在一个象征性的名义上的国家主权的幌子下，形成事实上的不同制度的两个政府，他们各自拥有独立的自卫权、外交权和在国际上具有国际人格的政治实体的权利；二、在此基础上，通过外交上的双重承认和弹性外交逐渐取得国际上正式的外交承认，以重返国际社会，维护现存的分裂局面，摆脱目前的孤立困境；三、一旦取得合法的国际法人地位，也就最终达到他们维护的"两个中国"的目的。

众所周知，作为一个主权国家来说，最根本的标志就是国家的主权和领土完整。而维护国家主权和领土完整是任何一个主权国家都不能放弃的原则。按照"一国两府"的观点，这个国家主权只是象征性的，而两个政府之间都有行使国家主权的权力，这实际上必然把一个完整的国家主权"一分为二"分割开来了。既然这个国家的主权和领土都被分割开来而失去了完整性和统一性，那么这个国家也就名存实亡，不复存在了。而实际存在的则是两个都具有国际法人资格的政府即"两个中国"，正是从这个意义上说，台湾当局提出的"一国两府"的观点是继继维护分裂，阻挠祖国的和平统一，违背海峡两岸中国人民的共同愿望，逆历史潮流而动的，因而也是行不通的。不可设想，在一个象征的形同虚设的国家内，两个都行使国家主权和具有国际法人资格的政府能够永远和平相处下去，它们之间靠什么来维持稳定呢？既没有一个可以遵守的宪法，又没有一个统一的法律作保证，仅仅靠几点空洞的承诺和一纸约法是不行的。按照"一个中国两个政府"的观点，一些争端始终顶着，这样僵持下去，势必有一天会爆发冲突甚至武力冲突，这只好用战争来解决争端，而这绝不是两岸人民所希望的。相反，只有实行"一国两制"的科学构想，在统一的中华人民共和国内，大陆实行社会主义制度，香港、台湾实行资本主义制度；全国人民代表大会及其产生的中华人民共和国政府行使国家权力，香港、台湾设立特别行政区行使地方政府的权力，和平共处，共同发展，发生矛盾，可以通过宪法和法律来予以解决。这样既实现了国家的和平统一，又保证了国家主权和领土的完整，因而是实现和平统一的科学途径。

我们诚恳地希望台湾当局能够抛弃前嫌，以民族利益和国家利益为主，早日实现和平统一大业，维护国家主权和领土完整，为建设一个繁荣、富强的中华而努力！

（原载《河南师范大学学报》（哲学社会科学版）1991 年第 1 期，署名石桥）

二、马克思主义中国化研究

贯彻落实全面协调可持续的基本要求

全面协调可持续是科学发展观的基本要求。深入贯彻落实科学发展观，就要运用马克思主义的立场、观点、方法，深入分析和科学认识经济社会发展的一般规律和我国的具体国情，推动经济社会全面协调可持续发展。

注重综合平衡、全面发展。在发展中，应做到全国一盘棋，坚持以经济建设为中心，全面推进经济、政治、文化、社会建设以及生态文明建设。一是总揽全局。全国经济社会发展是一个有机整体，只有从全局出发制定长远发展战略，才能实现总量平衡和结构优化，实现各个区域良性发展。二是全面协调。当前，我国经济社会发展面临的突出矛盾和问题主要表现为经济结构不合理、增长方式粗放、经济社会发展不协调等。因此，应不断调整优化经济结构，转变经济发展方式，实现各方面建设相协调、经济发展与人口资源环境相协调、经济社会发展相协调。三是科学规划。我国地域广阔，各地资源禀赋不同、发展水平不同。推动科学发展，必须结合本地实际创造性地贯彻中央精神，根据资源环境承载能力和发展潜力制定发展的目标、政策和评价指标体系。四是综合平衡。综合平衡是整体平衡，也是动态平衡。事物的发展总是由不平衡到平衡、又由平衡到不平衡不断运动和交替的过程，经济社会发展也是如此。这启示我们，在经济社会发展中要防止片面发展、孤立发展，就必须做到综合平衡，既照顾到面，促进全面发展；又突出重点，寻找带动全面发展的突破口。因此，在发展中应根据实际情况，有主有次、有快有慢、有轻有重，不搞一刀切。

注重统筹兼顾、协调发展。首先，优化结构，努力实现速度和结构、质量、效益相统一。统筹城乡发展、区域发展、经济社会发展、人与自然和谐发展、国内发展和对外开放，改变城乡二元结构，完善促进区域协调发展的体制机制，建立统一开放竞争有序的现代市场体系。通过宏观调控实现经济总量的基本平衡，促进经济结构优化，保持经济平稳较快发展。其次，提高处理各种利益关系的能力，妥善处理各种社会矛盾。深入研究和妥善处理各种利益关系，全面把握和正确反映各方面的利益诉求，建立和完善科学有效的利益协调机制、诉求表达机制、权益保障机制。正确处理人民内部矛盾，化解不和谐因素，调动一切积极因素，把全体人民的积极性、主动性、创造性充分发挥出来。统筹个人利益和集体利益、局部利益和整体利益、当前利益和长远利益，切实维护最广大人民的根本利益，着力解决人民最关心、最直接、最现实的利益问题。

注重科学适度、可持续发展。一是加强资源综合利用。我国人口多、底子薄，发展不平衡，自然资源和生态环境对经济社会发展已构成严重制约。应正确处理经济增长与资源环境的关系，坚持节约资源的基本国策，加快建设资源节约型、环境友好型社会。坚持开发节约并重、节约优先，按照减量化、再利用、资源化的原则，大力发展循环经济，形成低投入、低消耗、低排放和高效率的节约型增长方式。为此，一方面要加强科学技术研发，提高对自然资源的综合利用率；另一方面要研究探索绿色国民经济核算方法，将发展过程中的资源消耗、环境损失和环境效益纳入经济发展评价体系。二是坚持可持续发展。可持续发展关系中华民族的长远利益，具有全局性、根本性、战略性。应牢固树立人与自然和谐相处的观念，坚持保护优先、开发有度，以控制不合理的资源开发为重点，强化对水源、土地、森林、草原、海洋等自然资源的保护，而不能以牺牲环境为代价去换取一时的经济增长。应处理好当前发展与未来发展的关系，既积极实现当前的发展目标，又为未来的发展创造有利条件、留下足够空间，而不能竭泽而渔，只顾当前、不顾长远，为了眼前发展而损害长远发展。

（原载《人民日报》2009 年 6 月 24 日第 7 版）

论科学发展观的方法论原则

党的十八大把科学发展观写入党章，确立为党的行动指南。2013 年 9 月 30 日，中共中央政治局召开会议，习近平总书记主持会议，审议并同意印发了《科学发展观学习纲要》，要求全党同志深入学习科学发展观，进一步增强贯彻落实科学发展观的自觉性和坚定性，不断完善贯彻落实科学发展观的体制机制，把科学发展观运用到我国现代化建设全过程和党的建设的各个方面，认真研究解决改革发展重大问题、群众生产生活迫切问题和党的建设突出问题，把智慧和力量凝聚到全面建成小康社会、实现中华民族伟大复兴的中国梦上来。

科学发展观是中国特色社会主义理论体系的最新成果，是马克思主义关于发展的世界观与方法论的集中体现。学习实践科学发展观，就是要运用马克思主义的立场、观点、方法，深入分析和认识经济社会发展的一般规律，进一步推动我国经济社会发展，是我国经济社会发展的重要指导方针，也是发展中国特色社会主义必须坚持的重大战略思想与科学方法。一个国家，坚持什么样的发展观，对这个国家的发展会产生重大影响，不同的发展观会导致不同的发展结果。因此，深入研究和探讨科学发展观的方法论原则，对于提高我们党领导经济工作的水平和驾驭全局的执政能力，有着重要的方法论意义。

一、综合平衡、全面发展的方法论原则

贯彻落实科学发展观，首先要坚持综合平衡、全面发展的方法论原则。全面发展，就是要做到全国一盘棋，坚持以经济建设为中心，全面推进经济、政治、文化建设，实现经济发展与社会全面进步。

1. 总揽全局。全国经济是一个有机的整体，也是一个系统工程，只有从全局出发，高屋建瓴，总体布局，统筹规划，以全局意识制定长远的发展战略，才能实现总量平衡和结构优化，维护全国市场的统一，促进国民经济有序运行和协调发展。这就要总揽全局，而不能顾此失彼，畸轻畸重。治理国家是这样，治理一个地方、一个单位也是这样。俗话说："不谋全局者，不足谋一域"，说的就是这个道理。邓小平同志说："社会主义同资本主义比较，它的

优越性就在于能做到全国一盘棋，集中力量，保证重点。"❶

2. 全面协调。实现经济社会协调发展是我国社会主义现代化建设的一个重要指导方针。长期以来，我国经济发展面临着一些突出的矛盾和问题，如经济结构不合理，粗放型经济增长方式还没有根本改变，城乡、区域发展不平衡，经济社会发展不协调，经济发展与人口资源环境不适应等，因此中共中央把全面协调可持续作为科学发展观的基本要求来强调。从我国经济社会发展的总体布局出发，不断调整经济结构，转变经济发展方式，改变片面追求 GDP 增长和单纯追求经济发展的旧发展观，按照总体布局，进行全面协调，实现经济建设、政治建设、文化建设、社会建设各方面相协调，经济发展与人口资源环境相协调，生产力与生产关系、经济基础与上层建筑相协调，真正实现经济社会的协调发展。

3. 科学规划。如何形成全面发展的合理格局，存在一个科学规划的问题。无论一个国家，一个地区抑或一个单位，只有在总体布局基础上作好科学规划，才能实现全面发展。《中共中央关于制定国民经济和社会发展第十一个五年规划的建议》，对我国形成合理的区域发展格局就进行了科学规划："继续推动西部大开发，振兴东北地区等老工业基地，促进中部地区崛起，鼓励东部地区率先发展。"❷ 并根据各自的资源禀赋和经济优势，提出了东、中、西及东北地区发展的战略重点，指出"各地区要根据资源环境承载能力和发展潜力，按照优先开发、重点开发、限制开发和禁止开发的不同要求，明确不同区域的功能定位，并制定相应的政策和评价指标，逐步形成多具特色的区域发展格局"❸。这为推动我国经济社会全面发展制定了一个科学蓝图。

4. 综合平衡。综合平衡是科学发展观一个重要的方法论原则，是党的三代中央领导集体领导我国社会主义经济发展中运用最广泛的一个科学方法。所谓综合平衡，就是把各种不同而互相关联的事物或现象组合在一起，运用各种方法进行比较、研究，并找出一个公平、公正、合理的解决办法和均衡点，使矛盾达到辩证的统一。毛泽东同志指出："搞社会主义建设，很重要的一个问题是综合平衡"❹。"在整个经济中，平衡是个根本问题，有了综合平衡，才能有群众路线"。"有三种平衡：农业内部农、林、牧、副、渔的平衡；工业内部各个部门、各个环节的平衡；工业和农业的平衡"❺。邓小平同志也指出：

❶ 邓小平.《邓小平文选》（第 3 卷）［M］. 北京：人民出版社，第 16 – 17 页。

❷ 中共中央关于制定国民经济和社会发展第十一个五年规划的建议［Z］. 2005 – 10 – 11. 十六大以来重要文献选编（中）［Z］. 1071。

❸ 中共中央关于制定国民经济和社会发展第十一个五年规划的建议［Z］. 2005 – 10 – 11. 十六大以来重要文献选编（中）［Z］. 1071。

❹ 毛泽东.《毛泽东文集》（第 8 卷）［M］. 北京：人民出版社，第 73 页。

❺ 毛泽东.《毛泽东文集》（第 8 卷）［M］. 北京：人民出版社，第 80 页。

"现代化建设的任务是多方面的，各个方面需要综合平衡，不能单打一。"❶事物的发展总是由不平衡到平衡，又由平衡到不平衡的不断运动和交替的过程，绝对的平衡与绝对的不平衡都是不存在的，经济社会发展也是如此。例如我国经济发展，长期以来就存在区域发展不平衡、结构不平衡等问题。在经济社会发展中，我们要防止片面发展、孤立发展，就必须做到综合平衡，尽量实现全面发展。同时由于各地区的客观条件与资源禀赋不同，发展必然要有主有次、有快有慢、有轻有重等，而不能搞一刀切。这就既要照顾到面，又要突出重点，这些都离不开综合平衡，可见搞好综合平衡是推动全面发展的重要方法论原则。

二、统筹兼顾、协调发展的方法论原则

贯彻落实科学发展观，还要坚持统筹兼顾、协调发展的方法论原则。所谓协调发展，就是要促进城乡发展、区域发展、经济社会发展、人与自然的相互协调，推进经济建设、政治建设、文化建设、社会建设相互协调与和谐发展。

1. 短板原理。人们都知道木桶效应中的短板原理。一个木桶装水多少，不是取决于最长的那块木板，而是取决于最短的那块木板。这即是说，要想获得成功，片面的孤立的发展是不行的，只有取得总体优势和共同提高，才能实现协调发展和全面发展。在经济社会发展中也是这样，传统发展观单纯追求GDP 增长和经济发展，而忽视社会发展和环境问题，从而出现增长失调和结构失衡，最终制约了经济的发展。其实经济发展与政治发展、文化发展、社会发展是相互联系、相互制约、相互影响的，没有政治、文化、社会的发展，经济发展则难以持续并最终受到制约。在经济发展的数量和质量、速度和效益的关系中也是这样，单纯扩大数量，追求速度，而忽视质量和效益，同样会出现结构失衡和增长失调，因此短板原理中的总量平衡与总体优势是取得协调发展的基础。

2. 统筹兼顾。要取得总量平衡与总体优势，就必须做到统筹兼顾。统筹兼顾是科学发展观的又一重要的方法论原则，也是我们党三代中央领导集体领导社会主义经济建设中广泛运用的科学方法之一。所谓统筹兼顾，就是从全局出发，通盘考虑和筹划，照顾到各方面及相互间的关系，通过全面比较研究，最后做出科学决策。毛泽东同志指出："统筹兼顾，各得其所。这是我们历来的方针。"❷ "我们的方针是统筹兼顾、适当安排。……要从对全体人民的统筹

---

❶ 邓小平. 《邓小平文选》（第 2 卷）［M］. 北京：人民出版社，第 250 页。

❷ 毛泽东. 《毛泽东文集》（第 7 卷）［M］. 北京：人民出版社，第 186 页。

兼顾这个观点出发，就当时当地的实际可能条件，同各方面的人协商，作出各种适当的安排。"❶ 胡锦涛同志指出："统筹兼顾是科学发展观的根本方法。"❷ "统筹兼顾是我们在中国这样一个十几亿人口的发展中大国治国理政的重要历史经验，是我们处理各方面矛盾和问题必须坚持的重大战略方针，也是我们党一贯坚持的科学有效的工作方法。"❸

3. 优化结构。按照统筹城乡发展，统筹区域发展，统筹经济社会发展，统筹人与自然和谐发展，统筹国内发展和对外开放的要求，就是要改变城乡二元经济结构的体制，形成促进区域经济协调发展的机制，建立统一开放竞争有序的现代市场体系，通过宏观调控实现经济总量的基本平衡，促进经济结构优化，保持经济平稳运行。彻底改变长期以来形成的经济结构不合理和城乡、区域经济发展不平衡的现状，缩小城乡、区域经济发展差距和促进经济社会协调发展，不断优化产业结构，大力加强第一产业，调整提高第二产业，积极发展第三产业。通过调整经济结构和转变经济增长方式，实现速度和结构、质量和效益相统一。

4. 协调发展。统筹兼顾，就是要妥善处理各种社会矛盾，提高处理各种利益关系的能力。要深入研究和妥善处理改革开放中出现的各种利益关系和利益格局，正确处理中央和地方、地方和地方、部门和部门之间的关系，正确处理局部利益和整体利益、个人利益和集体利益、当前利益和长远利益的关系，全面把握和妥善解决来自各方面的利益诉求，适应我国社会结构和利益结构的发展变化，形成科学有效的利益协调机制、诉求表达机制、矛盾调处机制、权益保障机制，通过改善民生和人民生活，正确维护最广大人民群众的根本利益和不同群体的特殊利益，真正做到统筹兼顾，各得其所。要正确处理人民内部矛盾和协调各种利益关系，善于化解不和谐因素，实现良性互动，调动各种积极因素，真正把全体人民的积极性、主动性、创造性充分发挥出来，形成强大的凝聚力，实现经济与社会的协调发展。

三、科学适度、可持续发展的方法论原则

贯彻落实科学发展观，必须坚持科学适度、可持续发展的方法论原则。可持续发展，就是要促进人与自然的和谐，实现经济发展和人口、资源、环境相互协调，实现资源的永续利用和社会的可持续发展。

---

❶ 毛泽东.《毛泽东文集》（第7卷）[M]. 北京：人民出版社，第228页。
❷ 胡锦涛. 在中央经济工作会议上的讲话 [Z]. 2007–12–03。
❸ 胡锦涛. 在新进中央委员会的委员、候补委员学习贯彻党的十七大精神研讨班上的讲话 [Z]. 2007–12–17。

1. 适度原则。我们在实际工作中必须掌握适度原则，防止"过犹不及"。"过"即超过一定的度，"不及"即达不到一定的度。"过"与"不及"都不好。要掌握好"度"，做得恰到好处。任何事物都有保持一定质的数量界限，"不及"达不到一定的"度"，就不能保持一定事物的质，"过"则是超过一定的"度"，使事物的质受到破坏，只有准确地掌握"度"，"无过无不及"，才能使量与质和谐统一，从而使事物正常地变化发展，推动事物不断前进。经济社会的发展也是这样。1987 年，联合国环境与发展世界委员会提出报告《我们共同的未来》中，对可持续发展下了一个定义："可持续发展是这样的发展，它满足当代需求，而不损害后代满足他们需求的能力。"这就有个"适度原则"问题，既要满足当代人的需求，而不是穷奢极欲，无节制地掠夺、耗费资源；又不能损害后代人满足他们需求的能力，为子孙后代留下充足的发展条件和发展空间。地球的资源是有限的，而人类的欲望是无穷的。当前世界出现的资源短缺、环境污染等问题，就是不能掌握"适度原则"，正确处理人与资源环境问题，滥采滥伐，过度消耗造成的。

2. 综合利用。经济增长不能以浪费资源、破坏环境和牺牲子孙后代利益为代价，这已成为人们的共识。在经济社会发展过程中，我们不仅要尊重经济发展规律，还要尊重自然发展规律，充分考虑资源、环境的承载能力，加强对土地、水、森林、矿产等自然资源的合理开发与适度利用，保护生态环境，促进人与自然和谐相处，实现可持续发展。彻底改变以牺牲环境、破坏资源为代价的粗放型增长方式和发展方式，坚决禁止过度性放牧、掠夺性采矿、毁灭性砍伐等掠夺自然、破坏自然的做法。我国人口多，底子薄，发展不平衡，自然资源和环境状况对经济发展已构成严重制约。要把节约资源作为基本国策，发展循环经济，保护生态环境，加快建设资源节约型、环境友好型社会，促进经济发展与人口、资源、环境相互协调。"坚持开发节约并重、节约优先，按照减量化、再利用、资源化的原则，大力推进节能节水节地节材，加强资源综合利用，完善再生资源回收利用体系，全面推行清洁生产，形成低投入、低消耗、低排放和高效率的节约型增长方式"❶。这就要求：一方面要加强科学技术研究，提高在生产生活中对自然资源的综合利用率；一方面要研究探索绿色国民经济核算方法，将发展过程中的资源消耗、环境损失和环境效益纳入经济发展水平的评价体系，正确处理经济增长与资源环境的关系。

3. 可持续发展。可持续发展关系到中华民族的长远利益，具有全局性、根本性、长期性的战略意义。坚持可持续发展战略，必须处理好以下几种关

---

❶ 中共中央关于制定国民经济和社会发展第十一个五年规划的建议［Z］.2005 - 10 - 11. 十六大以来重要文献选编（中）［Z］. 1072 - 1073。

系。一是要处理好经济发展与资源环境的承载能力和承受能力的关系，牢固树立人与自然和谐相处和永续利用的观念。自然界是人类生存的基础，保护自然就是保护人类，对自然界不能只讲索取不讲投入，只讲利用不讲建设，必须坚持保护优先、开发有序有节，以控制不合理的资源开发为重点，强化对水源、土地、森林、草原、海洋等自然资源的生态保护，不能以牺牲环境为代价去换取一时的经济增长。二是要处理好当前发展与未来发展的关系。发展必须是可持续的，这就要求我们既要积极实现当前的发展目标，又要为未来的发展创造有利条件和留下足够的发展空间，这样才能保证实现我国发展的长期奋斗目标，而不能竭泽而渔，只顾当前，不顾长远，以眼前发展损害长远利益。三是要处理好整体利益与局部利益的关系。解决好能源资源不足的矛盾，是关系我国发展全局的一个重大问题。要从全国总体布局出发，正确处理中央和地方、地方和地方、部门和部门、部门和地方之间的关系，正确处理局部与全局、当前和长远的关系，全面把握与合理解决不同单位、不同群体之间的利益关系。在社会主义条件下，全局利益与局部利益在根本上是一致的。但当全局利益与局部利益发生矛盾时，要以局部利益服从全局利益，要树立全局观点，提倡顾全大局，当然也要重视局部对全局的作用，充分发挥局部的积极性和创造性，把全局和局部协调起来，不能用局部发展损害全局利益。

综上所说，要坚持科学发展观，必须把学习实践科学发展观和掌握科学发展的思想方法与工作方法结合起来。科学发展观不仅是指导发展的科学思想，更是指导科学发展的思想方法与工作方法，是马克思主义关于发展的世界观与方法论。我们党的各级领导干部，要自觉用科学发展观来指导工作，真正把科学发展观的思想方法贯彻落实到实际工作中去，转化为促进发展的科学思路，转化为促进全面、协调、可持续发展的体制机制，转化为领导经济工作和驾驭全局的执政能力，实现我国经济社会的全面发展，协调发展和可持续发展。

（原载《教学与研究》2013 年第 12 期）

学习贵在创新

　　我们党是一个肩负着人类伟大历史使命的新型政党。党的最终目标是建立一个崭新的社会制度，没有成功的经验可以借鉴。这就决定了必须在学习以往人类历史发展经验与社会制度的基础上不断进行创新。我国的改革开放，也正是在"什么是社会主义，如何建设社会主义"这一历史使命召唤下不断学习、探索、创新中前行的。建设有中国特色的社会主义，不仅对中国是史无前例的，而且对世界社会主义国家建设也是独特的路径选择，必然会面临许多新情况、新问题，需要进行不断的学习与创新。特别在当前复杂的国际国内环境下，要提高党的执政能力，就必须加强学习与创新，正是在这种背景下，党的十四届四中全会明确提出了建设马克思主义学习型政党的战略任务。如何建设马克思主义学习型政党，必须处理好学习与创新的辩证关系。

　　首先，学习贵在创新。学习是人类生活的一部分，而且是最重要的不可或缺的一部分。人从一生下来起，就开始了学习。可以说，学习是人类的天性。每个人的一生，都是在学习中成长成熟，每一个政党组织的发展和社会的进步，都是不断学习与创新推动的结果。学习又是人类进步的阶梯，人类社会的文明与发展都是以不断学习与创新为动力的。人类每前进一步，都是学习与创新的结果。离开了学习与创新，人类社会就停止了发展。

　　然而学习不是简单的重复，也不是照搬照抄。从学习活动的心理学分类来看，学习可以分为模仿性学习和创新性学习。模仿性学习方式是学习的初级形式，因为这仅仅是一种接受型学习，依样画葫芦，停留在重复别人的经验和接受已有的知识上，并容易犯教条主义的错误，对此我们有着深刻的教训。在我党的历史上，不论是王明的"左倾"机会主义路线，还是新中国成立后照搬照抄苏联的经验，抑或改革开放以来资产阶级自由化思潮中的"全盘西化"思想，都是这种模仿学习的结果。而创新性学习是学习的高级形式，这种学习方式是一种发现性学习、探索性学习，既要学习现有的经验与知识，又不满足于现有的经验与结论，追求推陈出新、标新立异，在学习原有知识和经验的基础上探求新知识。《论语·为政》指出的"温故而知新，"讲的就是这个道理，在温习已有的知识时，获得新的理解和体会，吸取历史经验，创造新知识。学习的目的不仅是为了掌握已有的经验与知识，更是为了创新。我国现阶段改革开放提出要坚持自主创新，建设创新型国家，就是强调不要仅仅停留在照搬别国经验和模仿西方的技术上，要建立自主创新型知识体系，提倡创新性学习，要求在学习西方先进管理经验和科学技术基础上大胆创新，勇于探索，没有创新就不可能有发展，模仿只能跟在别人屁股后面跑。

其次，学习是创新的基础。不学习，没有知识和经验的积累，就不可能有创新。了解过去，方可预知未来。只有在前人经验的基础上，才能把事物推向前进。20世纪60年代，美国学者赫钦斯提出"学习型社会"的概念。70年代初，联合国教科文组织国际教育发展委员会编著的《学会生存——教育世界的今天和明天》一书，正式提出创建"学习型社会"的目标，对社会走向"终身教育"和"学习化社会"的道路进行了论述，提出"学习型社会"是以终身教育体系的构筑为基本内容，以人的全面、和谐、持续发展为基本目标，进而使整个社会全面、协调、可持续发展的一种新的社会形态。我国改革开放以来，也倡导建设学习型社会。党的十四届四中全会提出建设马克思主义学习型政党，正是顺应时代潮流，对全党和全国人民提出的新要求。当今世界已进入信息化时代，知识更新加快，每天有大量的信息排山倒海般涌来，要跟上时代潮流，就必须要勤于学习、善于学习、积极学习、主动学习、努力学习、终身学习，这是时代对每个党员和党的干部提出的基本要求，要使学习成为一种责任，成为一种生活方式，并不断培养和提高自己的学习能力和创新能力。只有积累了丰富的知识，才能为创新打下坚实的基础。创新学习的过程，既是积累知识的过程，也是培养创新意识，锻炼创新思维，提高创新能力的过程。而要培养创新意识和创新能力，就要不断提高学习能力。学习能力越强，越具有创新性。从某种意义上说，学习能力即是创新能力。南宋诗人范成大提出："学力根深方蒂固"。这里的学力即指学习能力。我们党的干部如果学习能力不强，就谈不上思想理论创新和管理创新，提高执政能力就成了一句空话。从事科学研究和学术研究的人，如果学习能力不强，也是不会有重大发现的，科学研究和学术研究实际体现了一种学力水平。若"素无学术"，必"涉于浅近"，更不要说进行技术创新和学术创新了。

再次，创新是学习的目的。为了学习而学习是没有任何意义的。学习的目的是为了在过去基础上前进一步，把事物推向前进。《荀子·大略》曰，"君子之学如蜕，幡然迁之"。意谓君子的学习就像生物脱去皮壳一样，应不断地变化更新。明代薛瑄指出，"学不进，率由于因循"。学问没有长进，大抵都因为死守前人的结论，而要学有所成，就必须勤于思考，大胆探索，不能拘泥于前人的窠臼。宋人张载也强调"学贵心悟，守旧无功"。意即学习贵在内心领悟即创新，抱守旧有的东西是不会有功效的。我们党从创立到现在，始终坚持在学习中创新，在创新中学习，坚持把马克思主义的基本原理与中国革命实践与社会主义建设的实际相结合，不断进行思想理论创新，先后总结概括出了毛泽东思想、邓小平理论、"三个代表"重要思想和科学发展观。正是坚持了在学习实践中不断创新，与时俱进，不断丰富和发展马克思主义理论体系，并运用这些来自于实践并经实践检验的正确理论指导我们的实践，才取得了新民主主义革命的胜利，建成了社会主义。改革开放以来，在"解放思想，实事求是"的重要方针指导下，我们党坚持在学习实践中大胆探索，进行思想理论创新，冲破苏联模式，坚定不移地走中国特色的社会主义道路，改革计划经济体制，建立了社会主义市场经济体制，取得了举世瞩目的成就。这一切都源于党的思想理论创新。

总之，学习与创新，实质上是一个继承与发展的关系问题。学习是继承，创新是发展，既要继承，更要发展。因为学习的目的在于创新，贵在创新。不学习不可能有创新，反之没有创新的学习是无意义的学习。建设马克思主义学习型政党，要坚持在学习基础上创新，在创新指导下学习，两者相辅相成，相得益彰。当前，面对复杂的国际国内形势和世界金融危机的挑战，更需要在学习实践中不断进行理论创新、体制创新、技术创新和管理创新，不断提高党的执政能力。要广开言路、畅所欲言、解放思想、集思广益，坚持在学习中创新，在创新中学习。改革开放的深入发展，也为理论创新提供了广阔的发展空间，我们期待着在政治体制改革、经济体制改革、文化体制改革中不断涌现出新思想、新理论。

（原载《光明日报》2010 年 11 月 2 日）

论理论联系实际

    理论联系实际是马克思主义的一项重要的思想原则，同时也是马克思主义哲学方法论体系中的一个最基本的方法。我国革命和建设所取得的成就，无不是因为在实践中坚持了理论联系实际的原则和方法；而革命和建设事业所遭受的挫折和失败，也无不是因为在实际中犯了理论脱离实际的错误。正如毛泽东同志所指出的："把马克思列宁主义的理论和中国革命的实践密切地联系起来，这是我们党一贯的思想原则。"❶ 但是长期以来，虽然我们党一再强调要坚持理论联系实际的原则，而在实际工作中不少同志一再重犯理论脱离实际的严重错误。究其原因，就是不少同志仅仅把它看成是一种工作作风和指导学习的方法，而没有把它看成是马克思主义的一项重要的思想原则，更没有把它上升到哲学方法论的高度用以指导自己的工作和实践。因此，深入探讨这一重要的思想原则的丰富内涵、方法论原则以及它在马克思主义哲学方法论体系中的地位和作用，是哲学研究的一项重要课题。

（一）

    马克思主义诞生后，所面临的问题，就是如何把马克思主义的普遍真理同各国革命的具体实践结合起来，用马克思主义的基本原理来指导各国革命的具体实践，并在各国革命的具体实践中创造性地丰富和发展马克思主义。随着马克思主义的创立，理论与实践的关系问题被提到了议事日程上。是把马克思主义当作教条到处套用，还是把它看作认识世界和改造世界的方法，这是截然不同的两种态度，并且会由此造成两种截然不同的命运和结果。因为马克思主义的创始人坚决反对把自己的理论当作教条到处套用，一开始就郑重地声明："马克思的整个世界观不是教义，而是方法。它提供的不是现成的教条，而是进一步研究的出发点和供这种研究使用的方法。"❷ 深刻阐明了他们在理论与实践问题上的根本态度。在如何处理理论与实践的关系问题上，马克思指出：

---

❶ 毛泽东《在中国共产党第八次全国代表大会上的开幕词》。
❷ 《马克思恩格斯全集》第 39 卷，第 406 页。

"正确的理论必须结合具体情况并根据现存条件加以阐明和发挥。"❶ 明确地提出了理论必须与实际相结合并在实践中不断丰富、完善和发展的思想。这一思想的提出，对于运用马克思主义的普遍原理指导各国革命的具体实践，正确处理理论与实践的关系问题，发展马克思主义，都具有重要的方法论意义。

列宁继承和发展了马克思关于理论与实际相结合的思想，他指出："现在一切都在于实践，现在已经到了这样一个历史关头：理论在变为实践，理论由实践赋予活力，自实践来修正，由实践来检验。"❷ 列宁的伟大贡献，就在于运用理论与实践相结合的思想，把马克思主义的基本原理和俄国的社会主义革命的具体实践相结合，建立了第一个社会主义国家。他指出："我们认为，对于俄国社会主义者来说，尤其需要独立地探讨马克思的理论，因为它所提供的只是一般指导原理。而这些原理的应用，具体地说，在英国不同于法国，在法国不同于德国，在德国不同于俄国。"❸ 任何一个国家的无产阶级政党，都应当根据本国的实际情况和具体特点，运用马克思主义的基本原理，正确地解决本国革命的具体道路。"一切民族都将走到社会主义，这是不可避免的，但是一切民族的走法却不完全一样。"❹ 列宁还向东方各国的共产党人提出了理论与实际相结合的建议，他说："你们面临着一个全世界共产主义者所没有遇到过的任务，就是必须根据欧洲各国所没有的特殊情况来运用一般的共产主义理论和共产主义措施，必须看到农民是主要的群众，要反对的不是资本而是中世纪残余，要根据这种情况来运用一般的共产主义理论和共产主义措施""这些任务的解决方法，你们无论在哪一部共产主义书本里都找不到，……你们应当提出这个任务，并根据自己的经验来解决这个任务。"❺

毛泽东同志在长期的革命斗争实践中，坚持和发展了马列主义理论和实际相结合的科学原理，并把它提高到马克思主义的一个最基本的思想原则的高度。在第一次大革命时期，毛泽东同志就非常注意调查研究，从中国的客观实际出发去研究和运用马列主义理论。1930 年，他在《反对本本主义》中就指出："我们的斗争需要马克思主义"，"但是必须同我国的实际情况相结合"。1939 年 10 月，他第一次完整地提出"马克思列宁主义的理论和中国革命的实践之统一"❻ 的科学原理。此后，他又在《改造我们的学习》等著作中，反复阐明理论和实践相结合的重要性和必要性，指出"马克思列宁主义的态度"，

❶ 《马克思恩格斯全集》第 27 卷，第 433 页。
❷ 《列宁选集》第 8 卷，第 398 页。
❸ 同上，第 1 卷，第 203、241 页。
❹ 同上，第 23 卷，第 64 – 65 页。
❺ 同上，第 30 卷，第 138 – 139 页。
❻ 《毛泽东选集》第 2 卷，第 577 页。

就是"理论和实践统一的态度","就是有的放矢的态度","就是实事求是的态度"❶。1956 年 8 月 30 日，毛泽东同志在中国共产党第八次全国代表大会预备会议第一次会议上的讲话中指出："马克思主义的普遍真理一定要同中国革命的具体实践相结合，如果不结合，那就不行。这就是说，理论与实践要统一。理论与实践的统一，是马克思主义的一个最基本的原则。"❷ 正是在这一思想原则的指导下，以毛泽东同志为代表的中国共产党人，创造性地把马克思主义的普遍原理与中国革命的具体实践相结合，对中国的历史和现状作出了科学的分析，创立了新民主主义革命的理论，找到了中国革命的独特道路——农村包围城市，武装夺取政权的道路，取得了新民主主义革命的伟大胜利。历史证明，没有理论与实践的结合，中国革命的胜利是不可能的。毛泽东同志指出："反映了全世界无产阶级实践斗争的马克思列宁主义的普遍真理，在它同中国无产阶级和广大人民群众的革命斗争的具体实践相结合的时候，就成为中国人民百战百胜的武器。"❸"马克思列宁主义的普遍真理一经和中国革命的具体实践相结合，就使中国革命的面目为之一新。"❹

（二）

理论联系实际不仅是一条重要的思想原则，而且是一条重要的方法论原则。这一方法论的原则，概括起来，主要有以下三方面的内容：第一，马克思主义的世界观不是教义，而是方法。它提供的不是现成的教条，而是进一步研究的出发点和供这种研究使用的方法；第二，理论必须与实践相结合，这是达到主观与客观相统一、理论与实际相一致的科学途径，也是认识世界和改造世界这一目的的客观要求；第三，理论只有与实践相结合，才能够不断地丰富和发展，这是理论发展的内在要求。

首先，理论与实践相结合，是正确处理理论与实践二者之间辩证关系的方法论原则。离开实践的理论，是空洞的理论；离开理论的实践，是盲目的实践。在我国历史上，不论是教条主义还是经验主义，都是以理论与实践相脱离、主观与客观相分裂为特征的。教条主义者不懂得马克思主义不是教义，而是方法。他们把马列主义普遍原理和中国革命的实际割裂开来，拒绝对中国革命的实际做深入细致的调查研究，把马列主义当作抽象的教条到处套用，结果使中国革命陷于危机，这在党的历史上以王明的"左"倾教条主义最为严重。

---

❶ 《毛泽东选集》第 3 卷，第 758－759、1043 页。
❷ 同上，第 5 卷，第 297、760 页。
❸ 《毛泽东选集》第 3 卷，第 758－759、1043 页。
❹ 同上。

而经验主义则把马列主义普遍原理和中国革命具体实际对立起来，否认马列主义普遍原理对实践的指导作用，不懂得"没有革命的理论，就不会有革命的运动。"❶ 而满足于一得之功，一孔之见，陷入了经验主义的错误。这两种倾向都是把理论和实践割裂开来，而只有坚持理论联系实际的方法，把马列主义理论与中国革命实践结合起来，才能引导中国革命走向胜利。

其次，理论与实践相结合，是实现主观与客观相统一，认识与实际相一致的方法论原则。哲学的基本问题是思维和存在的关系问题。这个问题，包括两方面的内容：第一方面，即思维和存在、精神和物质、主观和客观两者是第一性的问题；第二方面，即思维与存在、精神与物质、主观与客观有没有同一性的问题。其中第一个方面是思维和存在谁决定谁的问题，第二个方面是思维和存在相互对立、相互依存、相互转化即如何实现辩证的统一的问题。哲学的基本问题，反映到现实中来，就表现为理论与实践的关系问题。理论来源于实践，反过来又给予实践以指导。理论与实践的统一，集中地体现了思维与存在、主观与客观的同一性问题。如何实现理论与实践的统一，理论联系实际即理论与实践相结合的方法为我们提供了一条科学的途径。只有坚持理论联系实际的方法，才能达到主观与客观相统一、认识与实际相一致。同时，理论与实践相结合的方法，还体现了马克思主义哲学的最高原则。马克思指出："哲学家们只是用不同的方式解释世界，而问题在于改变世界。"❷ 认识世界的目的是为了改造世界，理论与实践相结合正是实现这一目的，把认识世界与改造世界有机地统一起来的科学方法。

再次，理论与实践相结合，是理论发展的方法论原则。理论来源于实践，又在实践中得到检验和发展。理论脱离实际是导致理论僵化和实践失败的最根本的认识论根源。客观事物是不断地运动、变化、发展的，人们的认识也应该随着客观事物的具体过程的发展而发展。一般来说，理论作为一种主观认识具有相对的稳定性，而客观事物却每时每刻都在变化与发展，这就形成了主观与客观，理论与实践的矛盾运动过程，人们的认识任务就是求得它们之间的具体的历史的统一。当客观实践的具体过程已经向前推移的时候，主观认识就应当随之而转变，如果认识仍停留在原来的阶段，就会出现理论落后于实际的错误。当客观实践的具体过程尚未完结时，硬要把将来才能做的事情拿到现在来做，同样要犯主观与客观相分裂的错误。理论联系实际的方法，正是达到主观与客观、理论与实践具体的历史的统一的辩证方法。列宁曾多次引用歌德《浮士德》中的诗句："我的朋友，理论是灰色的，而生活之树是常青的。"❸

---

❶ 《列宁选集》第 1 卷，第 203、241 页。
❷ 《马克思恩格斯选集》第 1 卷，第 19、15、10 页。
❸ 《列宁选集》第 8 卷，第 398 页。

理论就是在与实践相结合的过程中，不断地得到检验、修正、补充、丰富和发展的。

（三）

理论联系实际，是马克思主义最基本的方法之一，同时也是最本质、最一般的方法。它是随着马克思主义的产生而产生的。马克思主义以前的旧哲学，有的也曾提出过实践的概念，但是未能对实践本身及其在哲学世界观和认识论中的作用做出科学的解释。同时他们把自己哲学的目的和任务只归结为对世界的解释、批判和说明，因而就不可能提出理论与实践相结合的思想原则和方法论原则。马克思主义哲学则完全不同，它第一次把科学的实践观点引入哲学，全面地科学地论证了实践在世界观和认识论中的基础地位和决定作用，同时它更强调自己哲学的目的与任务不仅仅是为了解释世界，更重要的是为了改造世界，因此它强调自己的全部理论都要付诸实践，指导实践，变为群众的行动，化作改造世界的物质力量。正因为如此，马克思主义的创始人才把自己的学说称为"实践的唯物主义"❶。也第一次在哲学发展史上提出了"理论必须结合具体情况"的思想原则和方法论原则。这是由马克思主义哲学的性质所决定的。

理论联系实际的方法，坚持了实践第一的观点，体现了彻底的唯物主义的一元论。首先，理论来源于实践。实践是认识的基础，一切真知都是从社会实践中得来的，实践对认识起着决定的作用。其次，实践是认识的动力，认识产生于实践的需要。人的正确思想，并不是从头脑里凭空想出来的，而是由于实践的需要，并且是在实践中产生的。实践提出许多新的问题，迫使人们去研究，去解决，实践的发展就成为认识发展的动力。再次，实践是检验认识真理性的唯一标准，人的认识是否正确，只有在实践中才能得到验证。最后，实践是认识的最终目的，正确的理论，只有通过实践，才能变为认识世界改造世界的物质力量。实践对认识的决定作用和认识对实践的依赖关系，决定了理论必须和实践相结合，理论一刻也离不开实践，离开实践，就会变成无源之水、无本之木，就会僵化、枯死。理论与实践相结合的方法，正是尊重实践，坚持实践第一的观点，并在此基础上实现了二者紧密的结合，贯彻了唯物主义一元论的思想。

理论联系实际的方法，坚持了发展的观点，体现了彻底的辩证法思想。辩证唯物主义认为，认识是主体对客体的能动反映，这种能动的反映是在实践中

---

❶ 《马克思恩格斯全集》第 8 卷，第 48 页。

主体和客体相互作用的结果。一方面，主体以客体为前提；另一方面，主体又改变着客体。主体与客体之间的关系，首先是改造和被改造的关系，并由此产生出它们之间的反映与被反映的关系。正是在这种关系中，不断实现着主体与客体之间的辩证转化，这就是由实践到认识，又由认识到实践；物质到精神，又由精神到物质。理论与实践相结合的过程，为实现这种转变奠定了科学的基础。在这里，理论联系实际的方法，首先表现为主观与客观，认识与实践及其相互关系的辩证法，这就是理论来源于实践，又反过来给实践以指导。其次表现为认识过程的辩证法，这就是从实践到认识，又从认识到实践，是认识发展的辩证途径。再次表现为理论发展的辩证法，这就是理论只有与实践相结合，才能在实践中得到检验和发展。

理论联系实际的方法，使辩证法、认识论、逻辑学三者达到了具体的历史的统一辩证法、认识论、逻辑学之所以是一致的，是因为三者所贯穿的根本内容是一致的，即都是客观世界的辩证发展过程的反映。从唯物辩证法来看，人的认识是由个别到一般，然后又由一般到个别；从认识运动的总规律来看，人的认识是由实践到认识，又由认识到实践；从逻辑思维过程来看，人的思维是由具体到抽象，又由抽象到具体。恩格斯指出："历史从哪里开始，思想进程也应当从哪里开始，而思想进程的进一步发展不过是历史过程在抽象的、理论上前后一贯的形式上的反映。"❶ 客观事物的辩证发展过程，决定了辩证法、认识论、逻辑学三者的一致性，这就是逻辑的东西与历史的东西相统一的基本原则。实质上，逻辑与历史相统一的原则是理论与实践相统一的具体表现。毛泽东同志所讲的"主观和客观、理论和实践、知和行的具体的历史的统一"❷，指的就是逻辑与历史的统一。理论联系实际的方法，由于使主观与客观、认识与实践、逻辑与历史达到了具体的历史的统一，因而也必然使辩证法、认识论、逻辑学三者达到了具体的生动的统一。

（四）

人类的自觉的实践，总是在一定的认识指导下进行的，因此理论联系实际的方法，具有普遍的指导意义。但是，如何做到理论联系实际，如何将理论与实际紧密地结合起来，避免理论脱离实际的错误，我们过去在这方面的探讨是远远不够的。因而往往是在不断强调理论联系实际的重要性的同时，又在不断地重犯理论脱离实际的错误。因此，深入探讨理论与实践相结合的具体方法和

---

❶ 《马克思恩格斯全集》第 13 卷，第 532 页。
❷ 《毛泽东选集》第 1 卷，第 272 页。

具体途径并给予论证，是十分必要的。

理论联系实际的方法，是以从一般到个别、从抽象到具体的方法为基础的。列宁指出："从生动的直观到抽象的思维，并从抽象的思维到实践，这就是认识真理、认识客观存在的辩证途径。"❶ 人们对客观事物认识的发展过程是：从感性的具体上升到理性的抽象即从个别到一般，再从理性的抽象上升到理性的具体即从一般到个别。从感性的具体上升到理性的抽象，这是认识过程的第一次飞跃；再从理性的抽象上升到理性的具体，这是认识过程的第二次飞跃。理论联系实际，实际上是认识过程的第二次飞跃，即从精神到物质、从认识到实践、从抽象到具体、从一般到个别的过程。由于理论联系实际贯彻了彻底的唯物论和辩证法思想，强调一切从客观实际出发而不是从本本、概念和主观愿望出发，坚持知与行的具体的历史的统一，坚持从理性的抽象上升到理性的具体，坚持一般号召与个别指导相结合，才能防止主观与客观、理论与实践相脱离的教条主义倾向，达到正确认识世界和改造世界的目的。理论联系实际的方法从某种意义上说，实际上就是一般和个别相结合的方法，从抽象上升到具体的方法，这是实现马列主义的普遍原理和中国革命的具体实践相结合的最一般的方法。

理论联系实际，除了运用一般和个别相结合、从抽象上升到具体等具体方法外，还必须寻求理论与实际结合的具体途径，否则这种结合是不可能实现的。

理论联系实际，首要的问题是如何对待理论的问题。马克思主义的创始人为什么一再强调马克思的整个世界观不是教义，而是方法，其中根本的一点，就是要求不要把马克思主义当作教条，而应当把它当作进一步研究的出发点和供这种研究使用的方法。而历史上的教条主义，恰恰在这一根本问题上违背了马克思主义的基本原则。因此要坚持理论联系实际的原则，首先必须解决态度问题，这就是要运用马列主义的立场、观点、方法去分析和解决问题，而不是教条主义的照搬照抄。

其次，要深入实际，调查研究。要做到理论与实际相结合，不了解中国的具体情况，不研究中国的实际问题，是不可能实现结合的。因此毛泽东同志一再强调"中国革命斗争的胜利要靠中国同志了解中国情况。"❷ "以研究中国革命实际问题为中心，以马克思主义基本原则为指导方针。"❸ 毛泽东同志指出，离开中国的实际来谈马克思主义，只是抽象的空洞的马克思主义。不深入了解和研究中国的实际，理论就失去了结合的基础。

---

❶ 《列宁全集》第 38 卷，第 181 页。

❷ 《毛泽东著作选读》乙种本，第 23 页。

❸ 《毛泽东选集》第 5 卷，第 297、760 页。

再次，理论要和实践相结合，必须做到"有的放矢"，这就要做到有针对性和有重点。所谓有针对性，就是在深入实际调查研究的过程中，对现实中出现的新问题、新情况，运用马克思主义的立场、观点和方法做出科学的解释和说明；所谓有重点，就是要抓主要矛盾，结合实际中出现的重大问题，有目的有重点地给以解决和回答，否则结合就会流于形式和失去目标。

最后，理论联系实际，最根本的就是联系群众，就是把马克思主义哲学武器交给群众，武装群众，指导人们的实践。这是由马克思主义哲学的革命性所决定的。马克思指出："哲学把无产阶级当做自己的物质武器，同样地无产阶级也把哲学当作自己的精神武器。"❶ 要做到这一点，就必须回答群众关心的问题，如果能针对群众关心的问题，用马克思主义的哲学观点去分析解释，从而得出正确的结论，肯定会受到群众的欢迎并且为群众所接受。马克思指出："理论在一个国家的实现程度，决定于理论满足这个国家的需要程度。"❷ 在这里，理论满足国家的需要实际上就是满足人民群众的需要，理论实现的程度也就是理论掌握群众的程度。

（五）

理论联系实际的方法，在马克思主义哲学方法论的体系中占有很重要的地位，具有重要的方法论意义。

第一，理论联系实际是检验认识的真理性的方法。要判明人们的认识是否符合客观实际，只停留在主观范围内是无法解决的。离开人的活动而独立外在的客观世界本身也不会把主观认识同客观现实加以对照。唯一能够充当检验认识的真理性的标准的，只能是把主观和客观联系起来的实践。而理论与实践相结合的方法，正是实现了主观与客观的辩证统一，因而成为检验认识的真理性的方法。第二，理论联系实际是发展真理的方法。客观世界是无限发展变化的，真理性的认识也必须随着客观世界的发展而发展。认识的真理性问题，就是它同历史地发展着的客观实际是否一致的问题。理论联系实际的方法体现了主观和客观、认识和实践的具体的历史的统一，所以是发展真理的方法。第三，理论联系实际是逻辑与历史相一致的方法。历史的东西是逻辑的东西的客观来源和依据，逻辑的东西则是历史的东西在思维中的反映。逻辑与历史的统一，集中表现为主观与客观、理论与实践的统一。理论联系实际正是实现这一统一的基础。第四，理论联系实际是认识世界与改造世界相统一的方法。哲学

---

❶ 《马克思恩格斯选集》第 1 卷，第 19、15、10 页。
❷ 《马克思恩格斯选集》第 1 卷，第 19、15、10 页。

的根本任务不仅是认识世界，更重要的是改造世界。理论与实践相统一的过程，就是认识世界与改造世界相统一的过程。第五，理论联系实际是防止教条主义和经验主义的根本方法。教条主义和经验主义都是以理论与实践相脱离、主观与客观相分裂为特征的，前者是照搬照抄本本，后者则否认理论的指导作用。理论联系实际是克服教条主义和经验主义最有效的方法。

总之，理论联系实际是马克思主义最基本的方法之一。深入研究这一方法，并把它上升到马克思主义哲学方法论的高度加以认识，对于把马克思主义的普遍原理与中国革命的具体实践结合起来，推动改革开放的深入发展，建设有中国特色的社会主义，都具有重要的方法论意义。

（原载《山西师大学报》（社会科学版）1990 年第 3 期）

用唯物辩证法指导改革

我国经济体制的改革，正在相当广阔的领域内和相当深刻的程度上展开。这场改革，直接关系到国家的前途和亿万人民的切身利益。坚持实事求是，一切从实际出发的思想路线，是我们取得改革胜利的思想基础和根本保证。但是仅仅靠正确的思想路线还是不够的，还必须要有正确的思想方法和工作方法。因此，用马克思主义的唯物辩证法指导改革，是整个经济体制改革的一个关键。

马克思主义的唯物辩证法，历来是我们党搞好各项工作的思想方法和工作方法。大革命年代，我们党运用唯物辩证法指导战争，取得了新民主主义革命的伟大胜利。今天，进行社会主义经济建设，特别是当前的经济体制改革，同样要用唯物辩证法来指导。十一届三中全会以来，我们党把工作重点转移到了经济建设上来，恢复了实事求是、一切从实际出发的思想路线和工作方法，用唯物辩证法指导各项工作，因此在农村改革和城市改革方面都取得了重大成就，这是应当充分肯定的。但是，在这种形势下，进一步强调用唯物辩证法指导改革，是不是多余的呢？绝不是。为了使我们的经济体制改革工作更科学，更符合客观实际，更富有成效，继续沿着正确的轨道向前发展，为了进一步贯彻对内搞活经济、对外实行开放的方针，加快以城市为重点的整个经济体制的改革步伐，以利于更好地开创社会主义现代化建设的新局面，同时，也为了把马克思主义的基本原理同中国的实际结合起来，建设有中国特色的社会主义，我们现在提出这个问题是及时的，也是十分必要的。

首先，提倡用唯物辩证法指导改革，是当前形势发展的需要。当群众的积极性一旦被调动起来的时候，我们就要很好地加以引导，既要防止这种热情冷下来，又要防止出偏差。不可否认，我国农村经济体制改革已经取得了重大成就，以城市为重点的整个经济体制改革也已经进行了许多试验和探索，采取了一些重大措施，取得了显著成效和重要经验，使经济生活开始出现了多年未有的活跃局面，但是，正如《中共中央关于经济体制改革的决定》中指出的："改革是极其复杂的、群众性的探索和创新的事业。以城市为重点的整个经济体制改革总的说来还处在积累经验的过程，广大干部不是都很熟悉，这就要求党和政府的各级领导机关保持清醒头脑，进行精心指导。"因此在当前经济体制改革方兴未艾、蓬勃发展的情况下，向全党和全国人民进行唯物辩证法教育，使他们懂得，进行经济体制改革，光凭一股子热情是不行的，还必须要有科学的思想方法和工作方法，这就要在坚持实事求是的思想路线的基础上，提倡用唯物辩证法指导改革。

其次，用唯物辩证法指导改革，也是改革本身的需要。经济体制改革的过程，自始至终都充满了辩证法。这是由事物本身的内部矛盾决定的。《中共中央关于经济体制改革的决定》中指出："社会主义社会的基本矛盾仍然是生产关系和生产力、上层建筑和经济基础之间的矛盾。我们改革经济体制，是在坚持社会主义制度的前提下，改革生产关系和上层建筑中不适应生产力发展的一系列相互联系的环节和方面。"因此，经济体制的改革，说到底，是要尊重事物发展的客观规律，按照事物发展的辩证法，正确地认识，自觉地掌握和运用这一规律，从根本上改革一切束缚生产力发展的经济体制。这是社会主义制度的自我完善和发展。我们过去在经济体制上形成了一种与社会生产力发展状况不相适合的僵化模式，主要原因就是没有正确认识和运用这一规律，主观与客观相分离，理论与实际相脱节，在某些方面，背离了生产关系必须适应生产力状况，上层建筑必须符合经济基础状况的客观规律，违背了事物发展的辩证法。一些地区和一些部门在生产力没有多大变化的情况下，盲目追求"一大二公"和公有制的单一结构、单一形式，人为地拔高生产关系，造成生产关系与生产力实际状况相脱节的现象。同时，在一些问题上，由于存在着唯心主义形而上学的观点与认识，因此形成了许多僵死的"条条"与"框框"。例如实行计划经济同运用价值规律、发展商品经济，二者并不是互相排斥的，而是辩证统一的，但有一段时期却把商品经济与计划经济看成是绝对不能相容的，把它们对立起来；在社会主义所有制形式问题上，也存在着形而上学的片面性认识，认为所有制形式越单纯越好，否认社会主义社会里应有多种经济形式和多种经营方式；在分配问题上，认为社会主义就是要绝对的平均，如果有一部分社会成员的劳动收入较多，出现了较大差别，就会认为是两极分化，背离社会主义等，所有这些问题说明，我国经济体制上的僵化模式的形成，归根到底是违背了事物发展的辩证法造成的。十一届三中全会以后，我们党本着实事求是，一切从实际出发的精神，遵循生产关系必须适应生产力状况的规律，实行了多种形式的经济承包责任制，在唯物辩证法指导下，改革了一系列不合理的"条条""框框"，大大促进了生产力的发展。但是必须看到，事物是发展变化的，改革绝不是一劳永逸的事情。要形成一套符合我国实际情况的经济体制，建设有中国特色的社会主义，就必须在唯物辩证法指导下不断地进行改革。

再次，在我们的工作中，确实还存在着一些违背事物发展规律的思想方法和工作方法，需要在唯物辩证法指导下加以克服。"文化大革命"中，由于唯心主义泛滥，形而上学猖獗，使不少人习惯于在绝对不相容的对立中思维，形成了一种绝对化的思想方法和工作方法。例如我们一再强调要从实际出发，实事求是，因地制宜，但有些地方仍然存在"一刀切""一阵风"的现象。这种作法，不顾本单位的客观条件和实际情况，盲目地照搬照抄别处的经验。有的追求形式，大轰大嗡，不讲求经济效益，因而常常是一哄而起，一哄而散。这些实际上都是形而上学的绝对化的思想方法和工作方法，也是一种不成熟的表现。总之，要使经济体制改革更符合客观实际，更科学，更富有成效，就必须提倡用唯物辩证法来指导。

如何运用唯物辩证法来指导改革，是当前改革工作中的一项值得深入研究和探讨的理论问题和实践问题。长期以来，毛泽东同志等老一辈无产阶级革命家，坚持把马克思主义的普遍原理同中国革命的具体实践相结合，在运用唯物辩证法指导中国革命和建设的实践中，总结出了一套思想方法和工作方法。今天，在以城市为重点的整个经济体制改革中，这些思想方法和工作方法同样有着重大的指导意义。

坚持实事求是，一切从实际出发，这是我们必须遵循的最基本的思想方法和工作方法。十一届三中全会以来，邓小平同志和党中央提出了建设有中国特色的社会主义理论，制定了一系列有关农村、城市经济体制改革的英明决策，都是坚持实事求是、一切从实际出发的思想方法和工作方法，认真分析了我国国情，总结了长期历史经验后提出来的。实事求是，就是要使主观与客观相一致，思想和实际相符合，一切从本地区、本部门、本单位的实际情况出发，因地制宜，发挥优势，解放思想，开动脑筋，在认真调查研究的基础上，充分考虑本地区的特点，分清哪些是有利条件，哪些是不利条件，哪些是应该发挥的优势，哪些是应该克服的弱点，在此基础上制定出切实可行的工作方针和改革步骤，扬长避短，开拓前进，使我们的改革工作始终建立在坚实的基础之上。

坚持实践第一的观点，是改革必须遵循的又一个重要方法。《决定》指出："改革中的一切做法都要接受实践的检验，并在实践中总结出新的经验。"任何一个正确的认识，都不是凭空想象出来的，也不是头脑中固有的，而是在实践中产生，并接受实践的检验，在实践中不断地丰富和发展的。因此，改革的方案、设想、计划、措施，只能在实践中产生并不断地予以充实和完善。当然，失误总是难免的，尤其是面对这样一场前所未有的改革。"但是要尽一切努力避免那些可以避免的失误。当真发生失误的时候，必须力求及时发现，坚决纠正，吸取教训，继续前进。"只要坚持实践的观点，认真总结改革中的经验教训，就一定能加快改革的步伐。

具体情况具体分析，是马克思主义的活的灵魂，也是改革的关键之一。具体情况具体分析，就是要正确认识和处理矛盾的普遍性与特殊性、共性与个性的关系问题。我国地域辽阔，资源丰富。但是，由于自然的历史的等各方面的原因，形成了生产力发展很不平衡的状况。各地区、各部门的实际情况是形形色色，千差万别的，绝不能用一种模式去套用。有些经验，在这个地方是成功的，拿到那个地方就不一定适用了，这就要具体情况具体分析，绝不能照搬照抄，搞"一阵风""一刀切"。所谓具体情况具体分析，从横的方面讲，客观事物存在着多样性、不平衡性以及各个事物内在规律的特殊性，各地区各部门在改革过程中所遇到的问题也是各不相同的，因此解决矛盾的方式方法就不同；从纵的方面讲，事物都是发展变化的，在一定历史条件下，这种方案、设想、计划、措施或许是适用的，但是随着时间、地点、条件的发展变化，曾经适用的可能就会变得不适用了。因此，改革是一个不断变化发展的过程，一切以时间、地点、条件为转移。

注意全面性，防止片面性，是改革应注意的一个重要方面。唯物辩证法提倡用联系的、发展的、全面的观点看待事物，而形而上学则是用孤立的、静止的、片面的观点看待事物。改革是当前我国形势发展的迫切需要，也是大势所趋。从我国目前的形势来看，主流是好的，这已被大量的事实所证实。个别地方出现了一些差错，这只是支流，是暂时的，会逐渐被加以纠正和克服的。各地区、各部门，在改革过程中，一定要全面地、发展地看待问题，切不可带有任何的主观片面性。过去一些地方之所以会出现"一刀切""一阵风"，主要原因，就是看问题带有片面性。陈云同志曾经提出一个重要的思想方法和工作方法，叫作：全面、比较、反复。所谓全面，就是要深入细致地了解实际情况，尽可能掌握和占有全部材料，既要看到有利因素，又要看到不利因素，既要考虑眼前，又要照顾长远，切忌以偏概全。比较是把各方面的利弊因素或者各种方案、设想、计划、措施等进行认真的分析、研究和对比，扬长避短，择优从之，以便发挥优势，使改革更加符合客观实际。反复则是按照实践，认识，再实践，再认识的认识规律，对从实践中产生的新的经济体制或经营管理方式进行反复的检验、修改、充实、提高，直到完全符合客观实际为止。全面、比较、反复三者之间是互相联系，互相制约，互相促进的。这是陈云同志从多年的工作实践中总结出来的科学的思想方法和工作方法，是对唯物辩证法的高度概括和总结，它对于我们防止主观片面性，搞好体制改革，无疑有着积极的指导意义。

改革工作必须坚持群众路线，注意工作方法。改革是群众的事业，必须依靠广大人民群众，坚持从群众中来，到群众中去。广大群众在改革的实践中有着许多伟大的创造和发明。我国农村实行的联产承包责任制就是广大农民群众的创造和发明，后来经过概括和总结，逐渐地形成了一套系统的理论。以城市为重点的整个经济体制改革，也必须坚持从群众中来到群众中去的工作方法，及时发现和总结群众中出现的一些好的经验，把它上升为理论认识，反过来指导改革实践。

改革工作还要善于运用矛盾分析法，抓主要矛盾和矛盾的主要方面。改革是极其复杂的、群众性的探索和创新的事业，有时候，往往会同时出现多种矛盾，因此只有抓住主要矛盾，其他问题就容易解决了。赵紫阳同志在六届人大二次会议《政府工作报告》中指出："城市经济体制改革的中心课题，是要彻底改变企业经营好坏一个样，职工干多干少一个样的状况，做到企业不吃国家的'大锅饭'，职工不吃企业的'大锅饭'。"

赵紫阳同志关于打破"大锅饭"，奖勤罚懒，克服平均主义的提法，抓住了城市改革的主要矛盾，是搞好城市经济体制改革的根本措施。

改革工作要做到积极稳妥，还必须搞好试点工作，把一般号召与个别指导结合起来。正如《决定》中指出的那样，"改革的步骤要积极而稳妥，看准了的坚决改，看准一条改一条，看不准的先试点，不企图毕其功于一役"。"解剖麻雀"，搞好试点，以点带面，点面结合，使改革工作生气勃勃，富有朝气，坚决克服那种千篇一律，一个模式的绝对化的工作方法。

由社会基本矛盾决定的经济体制改革是一场贯穿于四化建设全过程的深刻的社会变革。在生产力和生产关系矛盾运动中，生产力是经常变动的活跃的因素，而生产关系是相对稳定的因素，因此经济体制的改革必须随着生产力的发展变化而变化，这就要求我们一定要用发展的眼光看待这场改革，经常研究生产力发展的实际情况，总结实践提供的具体经验，然后根据生产力发展的趋势和要求，在每一阶段上随时创立与之相应的，便于继续前进的社会主义生产关系的具体形式和经营管理方法，绝不可认为只要经过一两次的改革就会成功。恩格斯指出："我认为，所谓社会主义社会，不是一种一成不变的东西，而应当和任何其他社会制度一样，把它看成是经常变化和改革的社会。"❶ 列宁也指出："今后在发展生产力和文化方面，我们每前进和提高一步，都必定同时改善和改造我们的苏维埃制度。"❷ 恩格斯列宁指出的改革，是社会主义制度走向完善，并由此推动社会生产力迅速发展和社会生活全面进步的重要方式。对此我们要有充分的思想认识，要把它看成是一个不断运动发展变化的过程。在进行具体改革工作的时候，既要坚持实事求是的思想路线，又要注意运用辩证的工作方式和方法，以主人翁的姿态，积极地自觉地投入到这场改革之中，为建设社会主义的物质文明和精神文明进行不懈的努力。

（原载《山西师大学报》（社会科学版）1985 年第 3 期，署名陈思远）

---

❶ 《马克思、恩格斯全集》第 37 卷，第 443 页。
❷ 《列宁全集》第 33 卷，第 89 页。

论实践在马克思主义世界观转变过程中的作用

马克思和恩格斯创立了辩证唯物主义和历史唯物主义，形成了科学共产主义的世界观。但是，马克思不是天生的辩证唯物主义和历史唯物主义者。他的世界观是如何形成的呢？在马克思世界观转变过程中，是什么东西起了决定性的作用呢？也就是说，是什么东西促使他由唯心主义转变为唯物主义，由革命民主主义转变为共产主义的？一般说来，马克思、恩格斯参加革命实践活动，是促使他们世界观发生根本转变的关键，是他们创立科学共产主义学说的根本条件。但是，实践在马克思世界观转变过程中究竟起了一种什么样的作用？本文想就这一问题，作一些初步的探讨。

一、实践是马克思世界观转变的桥梁

科学共产主义世界观的奠基人为什么是马克思、恩格斯而不是其他别的人？这是因为，马克思、恩格斯投身于当时的革命实践活动，才逐步形成了共产主义的世界观，完成了由唯心主义到唯物主义，从革命民主主义到共产主义的转变，从而创立了无产阶级崭新的完整的思想体系和科学共产主义的理论。

毛泽东同志指出："人的正确思想，只能从社会实践中来，只能从社会的生产斗争、阶级斗争和科学实验这三项实践中来。"[1] 马克思以前的哲学家之所以在唯心主义和形而上学上兜圈子，其主要原因就是脱离了当时的社会实践。马克思、恩格斯能够创立科学的世界观，根本的条件就是他们参加了当时的革命斗争实践。如果马克思、恩格斯当时不参加无产阶级革命斗争实践，只是埋头于哲学研究，那么他们就会变成跟费尔巴哈一样的人。马克思、恩格斯和费尔巴哈是同时期的人，他们所处的历史条件、理论状况以及自然科学条件都是相同的，费尔巴哈比马克思、恩格斯更早地从唯心主义转向了唯物主义，在理论条件上，费尔巴哈比马克思、恩格斯条件还更好，但为什么创立辩证唯物主义与历史唯物主义哲学的不是由费尔巴哈而是由马克思、恩格斯完成的呢？最根本的原因，就在于费尔巴哈脱离了当时的革命斗争实践，长期在农村

---

[1] 毛泽东：《人的正确思想是从哪里来的？》，第 1 页。

过着隐居的生活，而马克思、恩格斯则投身于当时的革命斗争实践。这个事实，充分证明了革命实践在马克思世界观转变过程中起了决定性的关键作用。但这并不是说，只要参加了革命实践，就能够创立科学共产主义的世界观。当时的德国以及欧洲工人运动中，曾出现过一批无产阶级的革命家，但他们都没有创立辩证唯物主义和历史唯物主义的世界观和科学共产主义的理论。例如威廉·沃尔弗，他是德国最早的无产阶级革命家和政论家之一，是马克思、恩格斯在共产主义联盟中的忠实战友，也是马克思、恩格斯准备建立无产阶级政党所争取的革命家。马克思写《资本论》就是献给他的，但他却没有能够创立辩证唯物主义与历史唯物主义的科学世界观。类似这种情况的还有魏德迈。这就是说，单纯的实践也是不能够创立科学共产主义世界观的。而要创立科学共产主义的世界观，还必须在实践的基础上进行大量的理论研究工作，将实际的经验上升为科学的理论，对人类的社会实践和现实的斗争经验进行科学的总结和概括。而马克思、恩格斯的杰出之处正在于他们尊重人类的社会实践，并且通过对社会实践的科学研究，使实际经验上升为哲学理论和共产主义的世界观。

二、实践是马克思主义世界观的基石

实践是认识的基础，也是马克思科学共产主义世界观的基石。列宁曾经说过：马克思主义"绝不是离开世界文明发展的大道而产生出来的故步自封、僵化不变的学说。"❶ 马克思的学说是人类在 19 世纪所创造的优秀成果，是德国的哲学、英国的政治经济学和法国的社会主义的必然继承者。马克思、恩格斯正是批判地继承了人类思想史上一切优秀成果，并对它进行革命的改造，才形成了自己的科学共产主义世界观的。然而，在这一发展过程中，实践则成为他思想转变的基础，实践是认识的来源。"人的思维是否具有客观的真理性，这并不是一个理论的问题，而是一个实践的问题"❷。马克思正是在自己的革命实践活动中，逐渐对黑格尔的观念以及费尔巴哈的旧唯物主义产生了怀疑，活生生的客观现实，同他自己头脑中的黑格尔的旧观念发生了矛盾，从而促使他走上了对黑格尔的观点和费尔巴哈旧唯物主义进行批判的道路，也正是在革命实践活动中，他逐渐清除了过去自己的哲学信仰，从而形成了科学的世界观。

1842 年，马克思担任《莱茵报》主编，在办报过程中接触了大量的阶级

---

❶ 列宁：《马克思主义的三个本源和三个组成部分》，《列宁选集》第 2 卷，第 441 页。
❷ 马克思：《关于费尔巴哈的提纲》。

斗争的事实，使他清楚地看到，国家和法律绝不是像黑格尔说的那样，是什么"道德和自由的体现"，而是维护统治阶级利益的工具。黑格尔把国家看成是理性的体现，而实际上普鲁士国家竭力维护林木所有者的利益，并使摩塞尔地区农民陷于贫困破产，而对这一现实的矛盾问题，马克思于 1843 年写了《黑格尔法哲学批判》，正确阐述了国家和法国"市民社会"即资产阶级社会之间的关系，批判了黑格尔的唯心主义。马克思说："我的研究得出这样一个结果：法的关系正像国家的形式一样，既不能从它们本身来理解，也不能从所谓人类精神的一般发展来理解，相反，它们根源于物质的生活关系，这种物质的生活关系的总和，黑格尔按照 18 世纪的英国人和法国人的先例，称之为'市民社会'，而对市民社会的解剖应该到政治经济学中去寻求。"❶ 马克思后来不止一次说："正是他对林木盗窃法和摩塞尔河地区农民处境的研究，推动他由纯政治转向研究经济关系，并从而走向社会主义。"❷ 这是马克思从唯心主义转向唯物主义的一个重要阶段。由于深入社会生活，接触人民群众，直接参加现实的阶级斗争，并把理论研究和革命实践活动紧密地结合起来，这对他的世界观转变起了巨大的促进作用。

如果说，实践是马克思世界观转变的基础，那么，恰恰正是由于马克思在革命实践中把理论批判同现实的政治斗争结合起来，批判地继承了黑格尔的辩证法，结果导致他得出一系列的重要发现，开始走上了一条和费尔巴哈旧唯物主义具有本质区别的道路。1845 年 3 月，马克思写了著名的《关于费尔巴哈的提纲》（以下简称《提纲》），第一次旗帜鲜明地批判了包括费尔巴哈在内的旧唯物主义的主要缺陷，阐明了辩证唯物主义和历史唯物主义的一些最基本的观点，着重强调了社会实践在认识世界和改造世界中的决定作用，也是第一次把社会实践的范畴引入认识论的领域，从而奠定了马克思主义辩证唯物主义和历史唯物主义的哲学基础。因此恩格斯在《费尔巴哈和德国古典哲学的终结》一书中指出，《提纲》"作为包含着新世界观的天才萌芽的第一个文件，是非常宝贵的。"❸

马克思以前的旧唯物主义者，包括费尔巴哈在内，在关于人的认识是从哪里来的这个问题上，回答是明确的，认为人的认识是客观外界的反映。然而，对于客观外界是如何反映到人脑中来的，却不能做出科学的回答。正如马克思一针见血地指出的："从前的一切唯物主义——包括费尔巴哈的唯物主义——的主要缺点是：对事物、现实、感性，只是从客体的或者直观的形式去理解，

❶ 马克思：《〈政治经济学批判〉序言》，《马克思、恩格斯选集》第 2 卷，第 82 页。
❷ 恩格斯：《致理查·费希（1895 年 4 月 15 日）》，《马克思、恩格斯全集》第 39 卷，第 446 页。
❸ 恩格斯：《马克思、恩格斯选集》第 4 卷，第 208－209 页。

而不是把它们当作人的感性活动，当作实践去理解，不是从主观方面去理解。"❶ 旧唯物主义在解决哲学基本问题时，主张物质是第一性的，意识是第二性的，物质决定意识。但他们看不到社会实践的作用，在物质与意识、客体与主体的问题上，采取了一种直观的形而上学的态度。他们把客观世界当作人类的感觉对象、直观对象，而不是当作人类的实践对象、改造对象。同时，他们把作为认识主体的人仅仅看作消极被动的感受主体，就像是"一面镜子"，对于客观事物采取"直观的形式"，只是看到客观世界作用于人的感官，即"物质决定意识"，而看不到人对客观世界的作用，即"主观能动性"。这种片面的形而上学的观点必然会给唯心主义留下可乘之机。总之，费尔巴哈、黑格尔未能对哲学基本问题作出既唯物又辩证的解答，关键在于离开了人类的社会实践活动去考察存在和思维的关系，在于没有确立科学的实践观并把它作为各自哲学的基础。

而马克思在批判费尔巴哈旧唯物主义时，确立了科学的实践观，从而建立了科学共产主义世界观的基础。在哲学基本问题上，马克思克服了旧唯物主义的缺陷，坚持了唯物辩证法的观点。指出客观世界是人的认识对象，也是人的改造对象，人们对客观世界的认识，正是在改造客观世界中产生发展的，因此实践高于认识，它是认识的本源和基础，但认识又反转来服务于实践，成为改造客观世界的能动因素。这样，既阐明了认识对实践的依赖关系，又阐明了主观能动性。在认识的真理性的标准问题上，黑格尔把认识与观念的符合作为真理的标准，费尔巴哈把类意识作为真理的标准，他们都在思想的范围内寻找这种标准。而马克思指出："人应该在实践中证明自己思维的真理性，即自己思维的现实性和力量，亦即自己思维的此岸性。"❷ 明确指出认识的真理性的问题必须到实践中求得解决，实践才是检验认识真理的标准。在此基础上，马克思社会实践的基本范畴从辩证唯物主义领域进而推广到社会历史领域，克服了费尔巴哈人本主义，即只看到人的自然性，而看不到人的社会属性，只能把人与人的关系归结为自然情感的关系，而看不到人与人之间的社会经济关系。马克思发现了社会实践在人们的社会生活和认识中的决定性作用，因而得出一条明确的结论：社会存在决定社会意识。指出"社会生活在本质上是实践的。凡是把理论导致神秘主义方面去的神秘东西，都能在人的实践中以及对这个实践的理解中得到合理的解决。"❸ 马克思从社会实践出发，把辩证唯物主义运用到社会历史领域，为唯物主义历史观的建立奠定了基础。

总之，马克思在积极参加革命实践的同时，坚持用实践的观点，清算了过

---

❶　马克思：《关于费尔巴哈的提纲》。
❷　恩格斯：《马克思、恩格斯选集》第4卷，第208－209页。
❸　马克思：《马克思、恩格斯全集》第3卷，第3页。

去的哲学信仰，用实践的观点考察存在和思维的关系，用实践的观点解释社会历史问题，从而奠定了科学共产主义世界观的基础。

三、实践使马克思主义世界观达到了高度完美的统一

马克思主义的世界观是一个完整的统一体，是一块整纲。也就是说，在马克思世界观中，唯物主义、辩证法、历史观三者是一个统一体，由于马克思建立了科学的实践观，从而找到了一个把唯物主义、辩证法和历史观三者有机统一起来的杠杆和纽带。这个杠杆就是社会实践。正是在社会实践的基础上，马克思把三者辩证地统一起来，从而最终完成了世界观的转变过程。

马克思主义哲学产生以前，唯物主义、辩证法、历史观三者是分离的。而几乎所有的哲学家，在社会历史观方面都是唯心主义者。19世纪资产阶级哲学的最高代表黑格尔和费尔巴哈，虽然他们的哲学也有其合理的成分，却无法也根本不可能把唯物主义、辩证法和历史观统一起来。黑格尔哲学包含着辩证法的"合理内核"，却是建立在唯心主义基础之上的，这就决定了他的辩证法最终必然会重新陷入形而上学的泥坑。费尔巴哈的唯物主义哲学虽然批判了黑格尔的唯心主义，但他又全盘否定了黑格尔的辩证法，重新回到了18世纪法国形而上学唯物主义的旧轨。尽管他在自然观上是唯物主义的，但由于否认辩证法，坚持形而上学，因此不能不导致他最终又转向唯心主义。由此可见，从唯心主义出发，是不可能把辩证法贯彻到底，而坚持形而上学，也不可能把唯物主义贯彻到底，其根本的原因，就是他们都离开了人类社会的实践，因而无法把三者有机地统一起来，建立科学的世界观和哲学体系。

马克思在社会实践基础上，科学总结了19世纪自然科学发展的新成就和无产阶级对资产阶级斗争的新经验，从而使唯物主义、辩证法、历史观达到了有机的统一。首先是唯物主义与辩证法的统一。马克思以前的旧唯物主义者，尽管都承认自然界的客观实在性，承认物质第一，意识第二，但由于不懂得社会实践在认识中的地位和作用，因而认为人的认识只是消极地直观地反映客观事物，而看不到意识通过实践对客观世界的反作用，不懂得人是在改造世界的实践中认识世界的。马克思把实践观点引入了认识论，科学地解决了物质与意识，主观与客观的辩证关系，即基于实践基础上的认识，不仅反映客观外界，而且又通过实践能动地反作用于客观世界。这就使唯物主义与辩证法在实践的基础上达到了统一。其次，马克思在实践的基础上，使辩证唯物论的自然观与历史观也达到了有机的统一。马克思指出社会实践是社会生活即社会存在的基础，社会生活只有通过社会实践才能维持和发展，没有社会实践，也就无所谓社会和社会生活。因此，一切社会现象只有在社会实践的基础上才能得到科学

的解释，正如马克思指出的："它不是在每个时代中寻找某种范畴，而是始终站在现实历史的基础上，不是从观念出发来解释实践，而是从物质实践出发来解释观念的东西。"❶ 正是马克思发现了社会实践是社会生活的本质，从而得出了人的本质是"一切社会关系的总和"，社会存在决定社会意识等一系列历史唯物主义的基本原理，创立了历史唯物主义。至此，马克思完成了世界观的全部转变过程，而在这个过程中，实践则起到了一种杠杆和桥梁的作用。探讨马克思世界观由唯心主义到唯物主义，从革命民主主义到共产主义的全部发展过程，可以清楚地看到，实践起了决定性的作用。实践是马克思科学共产主义世界观的基石。弄清楚这个问题，坚持马克思主义实践观点，对于我们对内搞活经济，对外实行开放，促进当前各项改革的进一步发展，加快四化建设的步伐，都有一定的积极意义。

（原载《吕梁教育学院学报》1987 年第 1 期）

---

❶ 马克思、恩格斯：《马克思、恩格斯选集》第 1 卷，第 43 页。

关于马克思主义思想理论课的几点思考

自党中央提出改革马克思主义理论课的问题之后，全国各高等院校以及有关方面，对于如何搞好马克思主义理论课的教学与改革，曾进行了许多积极的讨论和有益的探索。有的从课程设置、教学内容上提出了自己的看法，有的从教学体系上进行了新的构思，有的则从教学方法的改革上发表了个人的见解。但是，关于师范院校马克思主义思想理论课的教学与改革，这方面的探索和研究还是远远不够的。本文就这个问题谈几点看法。

马克思主义思想理论课，在学校教育中占有特殊重要的地位。它是整个学校教育的灵魂，是党在学校中的思想政治教育的核心，是社会主义学校区别于资本主义学校的重要标志。它决定我们学校教育的政治方向，也决定我们培养出来的学生的政治方向，对于培养德、智、体全面发展的人才，特别是对于青少年的人生观、世界观的形成，具有极为重要的作用。师范院校马克思主义的思想理论课，又具有不同于一般院校的特点。正如我国当代著名教育家叶圣陶先生指出的，"师范院校有自己的特点，不要盲目地向一般院校看齐。师范院校要考虑到自己学生的学生，要看到自己现在培养的学生，将来也要去培养学生。"❶ 师范院校的基本任务是培养合格的教师，其最根本的一个特点就是要面向中学，师范院校的马克思主义思想理论课，不仅要使学生树立共产主义的世界观与人生观，而且必须掌握科学的思想方法和工作方法，有比较渊博的知识，懂得教育规律，具有教书育人的能力。师范院校的马克思主义思想理论课，怎样才能体现"师范性"的特点，这是需要进一步深入研究的问题。特别是师范院校的政教系，其目标是培养合格的马克思主义思想政治理论课教师，他们不仅要有较深的马克思主义基础理论知识，而且还必须具备一定的思想政治教学能力和科研能力，通过向学生进行马克思主义思想理论教育，一方面要把马克思主义的基础理论知识传授给学生；另一方面则是通过这些知识的传授，引导他们树立正确的世界观和人生观，并能初步运用马克思主义的立场、观点和方法来分析事物和认识事物。关于师范院校马克思主义思想理论课如何才能突出"师范性"的特点，本文主要从两个方面来谈谈个人的认识。

---

❶ 《中国教育报》1984 年 9 月 29 日《国庆前夕访叶老》。

一、师范院校马克思主义思想理论课必须从教学内容上进行改革，才能体现"师范性"的特点

首先，要把共产主义的世界观与人生观的教育结合起来，进行马克思主义思想理论教育，主要是引导学生树立正确的世界观与人生观。现在的思想品德课，主要就是渗透着世界观与人生观的教育。但是过去很长一段时间只讲世界观，不讲人生观，似乎有了世界观就不需要再讲人生观。师范院校的马克思主义思想理论课，从教学内容来看，也主要的是世界观方面的内容，因此一些学生毕业以后很难胜任思想品德课的教学工作。有的人，尽管可以把世界观的道理背得滚瓜烂熟，但一涉及切身的利益，则往往就无所适从甚至采取了错误的态度。这种现象，在学生和成年人中都是常见的。其根本原因，就是没有把世界观与人生观的教育结合起来。世界观是人们对整个世界的根本观点和看法，人生观则是人们对人生目的和意义的根本看法和根本态度，尽管从道理上讲，人生观是由世界观所决定，有什么样的世界观，就会有什么样的人生观。但是两者还是有着很大的区别，不能把人生观简单地看作是世界观的自然而然的结论。因为世界观主要解决整个世界的一些根本问题，而人生观则主要解决人生的目的和意义，辩证唯物主义并不直接讨论人生的价值和意义。因此，从培养目标来看，师范院校的马克思主义思想理论课，在教学内容上应该把世界观与人生观的教育有机地结合起来，过去我们很少对此进行系统的研究，也没有比较好的教材，因而应该加强对这方面的研究和探索。

其次，要把马克思主义的基本理论与我国社会主义革命与建设的实践结合起来。马克思主义理论是随着实践的发展而发展的真理。近年来，相当一部分学生对马克思主义理论课兴趣不大，从教学内容方面来说，主要是未能随着形势的发展和历史条件的变化而及时更新，以致不同程度地脱离时代的发展，脱离中国社会主义革命和建设的实践，脱离学生的思想实际。随着对外实行开放、对内搞活经济的政策的实行和经济体制改革的不断深入，政治课的内容也相应进行了一些补充和调整，根据中央关于改革思想政治课程的精神和国家教育委员会的决定，人民教育出版社组织编写了《关于经济体制改革的几个问题》，作为政治经济学常识下册的代用教材。原来的政治经济学常识（社会主义部分）现在基本上以讲授中央关于经济体制改革的决议为主。因此，高等师范院校的马克思主义思想理论课的内容，也必须随着做出相应的调整和改革。把马克思主义的基本原理与我国的社会主义革命和实践结合起来，着重分析现实中出现的重大的理论问题和实践问题，运用马克思主义的立场、观点和方法来回答当前社会主义建设中出现的新情况和新问题。不断充实和更新教学

内容，努力反映马克思主义理论发展中的新成果和新概括，使马克思主义在实践中不断地获得丰富和发展。

再次，要研究当代西方的哲学、经济学等思潮和流派，选择其中有代表性的理论加以评述，有机地反映到新教材中去。同时要多开选修课，特别多开一些当代新兴学科、边缘学科，以及有关文理知识相互渗透的课程，这既有利于知识结构的更新，也有利于用马克思主义理论来分析解答这些新学科和社会问题。进入高等师范院校的学生，大都是刚从中学毕业的二十岁左右的青年人，他们正处在形成自己的世界观和人生观的重要阶段。随着我国开放政策的实行，西方资产阶级的形形色色的哲学、经济学思潮和流派也相继传入我国。这些青年学生，由于年龄小，经验不足，同时又缺乏正确的分析批判能力，很容易受到这些资产阶级思潮和观点的影响和毒害，这正是一些年轻人为什么会产生所谓的"信仰危机"的原因。但是，马克思主义是唯一科学的理论体系，是人类创造的全部知识财富的精华，是人类有史以来各种文化知识、科学知识、各种思想的批判的总结。因此，对于这些西方资产阶级的各种思潮和观点，特别是从根本原理上与马克思主义背道而驰的思潮与观点，我们都应当采取实事求是、具体分析的态度，给以适当的评价，运用马克思主义的立场、观点和方法，批判地吸收其精华，剔除其糟粕，提高学生鉴别真假马克思主义的分析批判能力。只有这样，才能培养出有很强适应性和独立工作能力与鉴别能力的合格的教师。

二、改革师范院校马克思主义思想理论课的教学方法，是体现其"师范性"特点的一个重要方面

马克思主义思想并不是自发产生的，需要由外部灌输。但是马克思主义思想理论课的教学却不能用单纯灌输的方法，我讲你听，不搞"注入式"和"填鸭式"，而要提倡启发式等教学方法，通过学生自己的独立思考，自觉地能动地接受教育。特别是师范院校政教专业的学生，不仅自己要接受马克思主义思想教育，更重要的是将来毕业后也要用马克思主义的思想去教育学生，如果没有科学的教学方法，将来是很难胜任政治课教学工作的。那么，从哪些方面来改革师范院校马克思主义思想理论课的教学方法呢？

第一，改革马克思主义思想理论课的教学方法，必须始终贯彻理论联系实际的原则。马克思主义理论是在实践中不断地丰富和发展的真理，其生命力就在于密切联系实际。学校的思想理论课教学，既要联系我国社会主义革命与建设的实际，又要联系当代世界的实际，同时还要联系青少年思想和心理发展状况的实际。近年来在青少年学生中对马克思主义思想理论感到冷淡，没有兴

趣，甚至表现出厌恶与对立，除了前面提到的教学内容的问题外，教学方法也很不适应新时期、新任务、新问题的需要，因而使学生感到不满意。而教学方法上最主要的问题就是理论脱离实际。空洞地进行说教，教条气息严重，抽象的原理、原则、概念多，要求学生死记硬背一些马克思主义的概念和词句，既无新鲜感，或又无针对性，因而对学生缺乏吸引力。脱离实际，不从学生的思想实际和我国革命和建设的实际出发，不考虑对象的具体特点，不能有针对性地回答学生关心的现实中的理论问题和实际问题。教学方法枯燥，课堂教学以讲授为主，常常是老师讲，学生记，一个模式，一个腔调，千篇一律，千人一面，这种教学方法往往流于形式，收效甚微。因此改革马克思主义思想理论课的教学方法，重点是要解决理论与实际相结合的问题。所谓"结合"，就是运用马克思主义理论的立场、观点和方法来分析讨论回答当代社会主义建设中出现的新情况和新问题，因为"结合"的本身就要求对问题深入研究，要求创造和发展，要求正确解决坚持与发展的辩证关系。坚持理论与实际相结合的教学方法，是掌握理论、深入实际、活跃思想、发展智力的学习方法，它可以提高学生运用马克思主义的基本原理来分析问题解决问题的能力，以适应将来的教学需要。

第二，改变封闭式的教学方法，提倡开放式的教学方法。所谓封闭式的教学方法，就是把马克思主义思想理论课的教学仅仅局限于学校课堂之内，不引导学生了解与接触社会实际，只讲正面的、积极的东西，要求教育环境高度"净化"，不注意培养学生对反面的、消极的东西的识别能力和抵制能力。这种教学方法，是与"教育要面向现代化，面向世界，面向未来"的思想相违背的，也是与当前的对外开放政策不相适应的。开放式的教学方法，则要求在学习马克思主义基础理论的同时，把学生的视野扩展到现实的社会生活之中去，而不是仅仅停留在一百多年前的马克思主义的已有的现成结论上，通过各种方法，组织学生接触社会问题，例如大力开展课外学术研究活动，进行社会调查，组织学生建立跨专业、跨系的学术社团和科研小组，邀请专家学者对当前某些现实问题和理论学术问题开设讲座，共同研讨等。现在进入师范院校的学生，由于都是二十岁左右的年轻人，思想敏锐活跃，除了专业基础理论知识的学习，最关心的是时代、形势、政治、经济生活、社会问题以及理想、青春、爱情、友谊、前途、人生苦乐等，因此只有引导他们接触社会实际，扩大信息量，从中受到生动实际的教育，才能识别和抵制资产阶级思想及其他腐朽思想的侵蚀。

第三，积极开展马克思主义思想理论课教学法的研究，是改革思想理论课的教学方法，突出师范院校马克思主义理论课的"师范性"特点的一个方面。师范院校政教系的学生，将来都要从事政治课的教学，因此除了学习一般的教学方法以外，还应当结合学生的特点，开展思想理论教学法的研究，因为思想理论教育不同于一般的传授知识，它要求在传授马克思主义的基础理论知识的同时，引导学生树立正确的世界观与人生观，因此它有着独特的规律的特点。积极开展这方面的研究，是师范院校政治教育专业的一项义不容辞的责任。

本文所讲的师范院校马克思主义思想理论课要突出"师范性"的特点，要面向实际，决不可将二者作对等的片面理解，以防混淆二者的区别。

改革师范院校马克思主义思想理论课的教学，是促进当前的物质文明和精神文明建设的需要，也是在全国有步骤地实行义务教育，提高民族文化素质的需要。以上所说，仅是个人的一些不成熟的看法，说出来，愿与同志们一起为共同搞好马克思主义思想理论课的教学改革而努力！

（原载《师范教育》1987 年第 1 期）

改革的理论与改革的实践

一、我国改革的理论回顾

十年改革，在方向上是正确的，总体上也取得了一定的成就。但存在的问题也是不少的。关于我国改革的理论问题，不少同志从不同的角度、不同的侧面进行了探讨，归纳起来，主要有以下几种。第一种意见认为，我国改革面临的最突出的问题是通货膨胀，物价上涨幅度过大，这是影响社会安定和妨碍我国改革进一步深入的矛盾聚集点。而通货膨胀的加剧，是经济过热、投资需求和消费需求双膨胀、社会总需求超过总供给的结果。第二种意见认为，改革的直接原因是双轨制发生蜕变。新旧体制转换时期还没有形成一套自我调节、自我约束的新机制。这就给一些人造成了可乘之机，于是出现了资本官僚化、权力商品化等一些消极腐败现象。第三种意见认为，改革缺乏明确的目标和主攻方向，政治体制改革滞后是改革陷入困境的根本原因。新中国成立以来的集权体制，形成了错综复杂的权力结构，从中央到地方的各级政府，都有一些环节利用非规范权力介入商品经济，给深化改革造成了重重障碍。第四种意见认为，困境的出现，不是社会制度造成的，而是经济发展战略失误造成的。改革只涉及了低效的管理体制，而没有根本触及传统战略的政策环境，这是导致混乱的根源。因此改革的出路是：改革传统的管理体制，同时改变传统的政策环境。第五种意见认为，改革停滞的主要原因是缺乏科学的总体方案和长远的系统规划与部署，因此常常是打一枪换一个地方。改革的方案决策没有做到协调和配套，例如把价格改革作为经济改革的关键，孤军深入等，最终使改革陷入困境。以上这些问题从不同的方面和角度对改革的现实进行了理论上的探讨与反思，因而也都不同程度地指出了改革陷入困境的原因和不足，同时也都有一定的根据和合理性，然而我认为，这些都是现象问题或浅层的原因，而深层的原因或本质问题，则是没有完善的具有科学性系统性的理论做指导。

没有革命的理论，就没有革命的实践。理论的不完善，必然导致实践上的失误。这是马克思主义的一个基本原理，也是一个被实践证明了的真理。我们寻找改革失误的原因时，固然可以从主观与客观，经济与政治，管理、运行体制与战略决策等方面找出种种原因，但这些原因都是表层的，它们都只反映了某个方面、某个层次，是应用理论。而根本的是基础理论即哲学指导思想的问题，这是形成各种问题的总根源。因此我们尽管可以作政治的经济的反思，但更重要的是应该从指导思想上进行深刻的反思。然而这正是我们容易忽略的一个重要问题。如果不是从根本上而只是从现象上寻找问题的根源，那只能是头痛医头，脚痛医脚；谁说的都有道理，但谁也只是问题的一个方面，因此谁也说服不了谁，其结果只能是就事论事，这正是为什么难以形成一个统一认识的根本所在。当前我们要进一步搞好治理整顿、深化改革，关键是有没有勇气，能否实事求是地从理论上进行一番深刻的反思。

二、改革理论上存在的几个问题

实践上的失误，是由理论上的不完善造成的。如果光在实践上兜圈子，或者仅仅从政治上经济上即应用理论上寻找问题的原因是远远不够的。对于我国改革在基础理论上存在的问题，我认为主要有以下几个方面。

（一）指导思想上存在着急于求成、急功近利的倾向，对改革的长期性、艰巨性、复杂性缺乏必要的思想准备，改革的理论先天不足。由于急于求成、急功近利的指导思想，因此在一些应用理论如改革的方案和战略决策上缺乏充分的科学论证。我们的决策机构缺乏直接诉诸公众和舆论的强烈意识，而只是满足于由少数"智囊"设计、专家咨询、基层试点和最高层裁定的程序。正因为缺乏充分的科学论证，所以反映在改革方案和决策的制定上没有长远的整体规划与部署，缺乏战略性与预见性。特别在对阶段性目标选择和具体方案设计上，没有做到协调和配套，因而出现孤军深入，如在通货膨胀已经明显的情况下却把价格改革作为经济改革的关键而予以推出，结果加剧了群众对物价上涨的恐慌心理。同时改革方案更动频繁，一些方案刚刚付诸实施，就被新的方案所取代。改革政策和措施的选择也带有明显的急功近利和行为短期化的趋向。在改革的步骤上，企图毕其功于一役，一味追求理想化的模式，搞"一步到位"，违反了事物发展的一般过程。中国有一句古话，叫作"欲速则不达"。任何一个基于急功近利而不是长远目标的国家和民族，不但不会使其经济走向繁荣，而且会带来不可估量的损失。

（二）基础理论存在着一种实用主义的倾向。应用理论的不足，一般来说是由于基础偏差引起的。近年来，随着改革开放的深入发展，西方一些哲学思想也随之传入我国。这是解放思想的客观要求，同时，我们也需要吸收西方哲学思想中的一些合理成分。但是如果不加批判地照搬照抄并用以指导我们的改革实践，则显然是错误的。在我们改革的基础理论上，存在着一种令人忧虑的实用主义倾向。实用主义将"效用原则"引申到真理论上，形成了"有用就是真理"，"如果它能双倍地满足我们的需要，它便是最真的"。我国改革中之所以缺乏长远的整体规划与部署正是实用主义哲学的影响，急功近利，只图眼前利益，形成种种竭泽而渔的现象，甚至一些重大的战略决策也都明显地带有这种倾向。社会上各行各业，短期行为普遍化。出现这种令人忧虑的短视症的根本原因，正是我们理论上的实用主义倾向。在这种轰轰烈烈的短期行为中，却潜伏着深刻而长远的危机。在一些人的眼里，拒绝任何没有功利意义的责任义务，为了牟取利益，可以不择手段甚至无视种种法规。实用主义哲学，已将人们的视野集中引向眼前的物质利益，只顾眼前的局势，一些改革方案和决策的制定与实施，首先看是否近期能取得明显的效果，因此常常是"朝令夕改"。我们并不一般地反对功利主义，然而我们主张以人民的当前利益和长远利益、局部利益与整体利益的统一为根本出发点。对于实用主义哲学，我们并不想一概地加以否定，但是看到它以潜移默化的形式日益渗透到我们的改革决策及其实践中，不能不令人深思。不管我们是否承认这个现实，但客观上存在的这种倾向却是不可忽视的。领导我们事业的核心力量是中国共产党，指导我们思想的理论基础是马克思列宁主义，这是我们党长期以来的基本原则，实用主义哲学能否作为我们制定各项方针的理论基础，难道还不值得引起深思吗？

（三）改革方法上存在着一定的经验主义倾向。关于"摸着石头过河"的方法，曾一度对改革起过很大的作用。然而对这一方法，也应该给予科学的实事求是的评价。改革初期，在既没有现成的理论指导，又没有成功的经验可资借鉴的情况下，要建设有中国特色的社会主义，就只有在实践中不断地摸索符合我国国情的社会主义道路。但是，任何方法都有一定的适用范围和局限性。"摸着石头过河"的方法也不例外。首先，它带有一定的盲目性，摸着了"石头"，就对了，摸不着"石头"，就错了。为什么我们的政策摇摆不定，方案更动频繁，"朝令夕改"，原因正在于此。其次，带有一定的经验主义的倾向。如果说改革初期在缺乏实践经验的情况下运用它能够起到明显的效果的话，那么在改革已经进行了十年之后，还停留在"摸"的阶段，而不是从理论上给以概括与升华，这就是不可理解的了。我国地域辽阔，情况千差万别，只凭一时一地的经验，容易犯经验主义的错误。再次，改革是一项复杂的系统工程，单凭"摸石头"这一种方法无法应付。必须运用现代科学的最新研究成果——系统方法和唯物辩证法从理论的高度进行科学的论证、概括和总结，才能指导改革闯过难关，如果局限在"摸石头"上，必然要出现现在的这种头痛医头、脚痛医脚、众说纷纭、莫衷一是的局面，只有把它和其他科学方法结合起来使用，才能克服它自身的局限性，起到应起的作用。

三、正确的理论只能来自实践

中国的革命之所以能取得成功，正是把马克思主义的基本原理与中国革命的具体实践相结合，在不断总结实践经验的基础上，才找到了一条以农村包围城市，实行"工农武装割据"的正确道路。这已是为历史所证实了的。目前，我国的改革虽然遇到了一些困难，但毕竟我们已经走过了十年的改革历程，也取得了一定的成功的经验。只要我们尊重实践，认真总结经验教训并使之上升到理论的高度，就一定能够形成科学的理论，找到改革的成功之路。

近年来，在我们的理论研究中存在着一种脱离实践的倾向。自改革开放以来，我们克服了过去理论研究上的那种唯书唯上的错误，但又不同程度地存在着照搬照抄西方经验的倾向，一会儿"精英政治"，一会儿"新权威主义"，这是值得注意的。当然我们并不反对学习和吸收西方的一些先进的思想，但是要面对中国的现实，更重要的是尊重实践，把理论与实践结合起来。

任何一个正确理论的形成都要有一个过程。我们不能苛求改革一开始就应该有一个成熟的理论，也不要企望从什么地方寻找到一个包治百病的灵丹妙药。正确的理论要靠我们从实践中去概括，去总结，去升华，去创造。

四、理论应该成为实践的先导

理论是实践的先导。没有正确的理论，就没有正确的实践。理论要用以指导实践，就决定了理论研究的一个重要特点——超前性，否则就无法指导实践。

所谓理论研究的超前性，主要包含两方面内容：一是对现实的批判性。在客观事物的不断发展变化中，一些现实存在的东西会随着时间的推移，逐渐丧失自己存在的必然性和合理性，一些新生的富有生命力的东西则会起来代替正衰亡着的现实存在。而富有批判精神的理论研究正是要指出那些现实的东西已趋向不合理从而趋向灭亡。而那些正在产生的合理的东西注定要成为现实的存在。二是科学的预见性，即决定了理论研究任何时候都要先于现实。正如恩格斯在《法兰西内战》导言中所指出的那样："在伟大历史事变还在我们眼前展开或者刚刚终结时，就能正确地把握这些事变的性质、意义及其必然结果。"❶

理论研究的超前性，决定了理论研究不能有禁区。理论研究以探讨真理为目的，如果对理论研究限制过多的条条框框，就会窒息理论的发展，这样马克

---

❶ 《法兰西内战》人民出版社 1964 年版，第 1 页。

思主义也就停止了发展。因此我们应该提倡一种自由宽松的研究风气，鼓励人们大胆探索，允许理论上学术上不同学派不同观点可以自由争论自由发展，在这里，我们服从的标准只有一个，那就是真理。实际上，坚持真理，修正错误是我党一贯的思想。正因为如此，我们党才能永远立于不败之地，我们的改革才能不断深入发展。

（原载《理论探索》1990 年第 3 期）

毛泽东思想政治工作的科学方法

加强思想政治工作，必须解决方法问题。如果方法得当，就会收到预期的结果；如果方法不当，不但达不到预期的目的，还会造成消极的影响甚至不良的后果。毛泽东同志对此曾有一个生动的比喻，他说："我们不但要提出任务，而且要解决完成任务的方法问题。我们的任务是过河，但是没有桥或没有船就不能过。不解决桥或船的问题，过河就是一句空话。不解决方法问题，任务也只是瞎说一顿。"❶ 我们党的思想政治工作有几十年的优良传统和丰富的宝贵经验，不论是战争年代，还是社会主义建设时期，毛泽东同志和党的各级领导干部在实践中逐步摸索和总结出一系列反映客观实际和思想政治工作规律的重要原则和具体方法，这些被实践证明了的行之有效的成功经验和科学方法，为我们进行思想政治工作奠定了基础，我们应该很好地运用，并在实践中继续探索、不断完善这些科学方法，使之更加科学化、系统化、理论化。

一、思想政治工作的方法论原则

思想政治工作的方法，是为了完成党在各个历史时期思想政治工作的目的和任务服务的，同时也是由思想政治工作的内容来决定的。在长期的革命斗争实践中，如何把马克思主义的普遍真理，变成为群众所能接受的认识世界和改造世界的思想武器，这里就有着一个科学的方法问题。而思想政治工作的方法，并不是孤立的、零散的、互不牵连的单个方法的集合，而是相互联系、相互渗透、相互作用的严密的科学的方法论体系。在这个科学的方法论体系中，首先应该明确必须遵循的反映思想政治工作规律的方法论原则。

第一，加强思想政治工作，必须坚持正面教育和科学的灌输原则。把马克思主义的普遍原理和科学社会主义的学说灌输到工人阶级和广大劳动群众中去，使它成为人民群众的行动指南，这是马克思主义的一项重要原则，也是我们党思想政治工作的优良传统。我们所讲的灌输，就是进行马克思主义和科学社会主义的正面宣传教育，也就是用马克思主义的立场、观点和方法宣传群

---

❶ 《毛泽东选集》第 1 卷，第 134 页。

众、教育群众、武装群众，使人民群众懂得社会发展的基本规律，认清工人阶级的根本利益和历史使命，坚定社会主义信念，树立共产主义远大理想，并为此而努力奋斗。在新民主主义革命时期，需要进行灌输，在社会主义建设时期，同样需要进行科学的灌输。如果放松这样的灌输，就无异于放弃对人民群众的思想政治领导，无异于放弃共产党人的历史重任。

但是前几年，在淡化意识形态和思想政治工作的气候下，马克思主义的灌输原则受到了资产阶级自由化思潮的冲击和反对，出现了种种思想混乱，有的人曾提出要"改造"思想政治工作及其方法，否定系统的马克思主义的思想教育。协商对话本来是一种好形式，但是有的同志却把这种形式的作用范围、运用条件绝对化了，似乎无所不及，把它作为新时期思想政治工作主要的甚至唯一的方式和方法，并把它与正面、系统的思想教育对立起来，否定灌输原则，这就出现了很大的片面性。这些同志把疏导方法、民主原则与灌输原则对立起来，把正面的思想教育完全否定了，系统的马克思主义思想教育、四项基本原则教育、民主与法制教育、国情教育等都不能搞了，前几年深受人民群众欢迎的英模事迹报告会、先进人物讲演，也都被划入"灌输""说教"一类，应运而生的则是各种所谓的"论坛""沙龙"。这不是偏爱哪种教育方法的问题，而是还要不要用马克思主义教育人、培养人，使人们树立共产主义的远大理想和掌握马克思主义的立场、观点、方法的问题。把思想工作与经济工作紧密结合起来，进行广泛、深入、平等、双向的社会协商对话，这是正确的。但是，如何进行较为系统的马克思主义的思想教育，也是不能忽视的。光靠消极的适应和疏导还是不行的，必须充分发挥系统的正面教育的配合作用。消极的适应和疏导，终究不能代替系统的理性教育。一些同志以这种消极被动的疏导方法，代替马克思主义的积极主动的灌输原则，是和他们长期以来淡化思想政治工作的一贯主张和基本思想相一致的。正是由于这种指导思想上和方法上的错误，从而导致了十年最大的失误，即思想政治教育上的失误。

马克思和恩格斯不但在直接参加和领导工人运动的实践中，创立了马克思主义的理论体系和科学社会主义学说，而且极为重视革命理论的宣传和教育。但明确提出和深刻阐释马克思主义的灌输原则的则是列宁，列宁积极倡导并身体力行地"把社会主义思想和政治自觉灌输到无产阶级群众中去"。列宁在《怎么办？（我们运动中的迫切问题）》等著作中，针对社会主义运动中崇拜自发性的机会主义思潮，反复强调科学社会主义意识不可能在工人运动中自发地产生，这种意识只能通过宣传教育灌输进去。工人阶级虽然由于他们所处的被压迫、被剥削的地位而具有"社会主义天赋"，但毕竟受到主客观因素的限制而不具备创造革命理论的条件，单纯的工人运动只能产生工联主义。反映工人阶级历史地位和历史使命的科学社会主义思想体系，是由马克思、恩格斯这样掌握了丰富科学的知识分子，在总结国际无产阶级斗争经验、吸收人类优秀思想文化成果的基础上，经过科学研究创造出来的。只有把这种科学思想体系灌输到工人运动中去，使这种思想成为工人群众自己的思想，使马克思主义与工人运动结合起来，工人阶级才能认识自己的地位、作用和历史使命，实现从自在到自为的转变，工人运动才能摆脱自发性，成为自觉推翻资产阶级统治和剥削制度的无产阶级革命运动。毛泽东同志历来十分重视马克思主义的灌输原则，强调"认真看书学习，弄通马克思主义"，并多次在全党和全国人民中倡导进行马克思主义的教育运动。延安整风那次马克思主义的教育运动，使我们党的理论水平空前提高，就是因为坚持了科学的灌输原则。新中国成立后，毛泽东同志又多次号召全国人民学习马克思主义，学习哲学，收到了很好的效果。进行马克思主义灌输，是我们党的政治优势。我们一定要善于发挥这个政治优势，认真总结经验教训，努力探索在新形势下怎样搞好灌输的经验。

进行马克思主义的灌输，要重视科学理论的系统性、全面性，重在阐释马列主义、毛泽东思想的基本理论及立场、观点和方法，有计划有目的地进行正面教育。同时还要注意研究灌输的具体方法，讲究灌输的艺术，做到有吸引力、感染力、说服力。要防止照本宣科的空洞说教，"填鸭式"的硬性灌输、居高临下"你打我通"的行政命令方式，至于如何进行灌输以及思想政治工作的具体方法，后面还要论及，这里只是提出了应该遵循的灌输的方法论原则。

第二，加强思想政治工作，必须坚持理论联系实际的方法论原则。理论联系实际是马克思主义的一个基本原则，是我们党的优良作风。毛泽东同志指出："把马克思列宁主义的理论和中国革命的实践密切地联系起来，这是我们党的一贯的思想原则。"❶ 在《改造我们的学习》等著作中，毛泽东同志反复阐明理论和实践相结合的重要性和必要性，指出"马克思列宁主义的态度"，就是"理论和实践统一的态度"，"就是有的放矢的态度"，"就是实事求是的态度"❷。长期以来，我们党就是运用理论联系实际的方法，用马克思主义思想教育和培养了一批又一批的革命干部。历史的经验证明，加强马克思主义的思想教育，进行科学的灌输，贵在理论与实践相结合。延安整风运动为什么会取得良好的效果，很重要的一条就是结合革命实际和思想实际，有的放矢地学习马克思主义。这是以毛泽东同志为代表的老一辈无产阶级革命家倡导的进行思想教育和学习马克思主义的基本方法。在当前的新形势下，要加强思想政治工作，我们可以创造性地加以运用，形式可以多种多样，生动活泼，紧密联系国际国内社会主义实践中提出的思想问题、实际问题、理论问题，用生动丰富的实际

❶ 毛泽东：《在中国共产党第八次全国代表大会上的开幕词》，《中国共产党第八次全国人民代表大会文献》，第9页。
❷ 《毛泽东选集》第3卷，第758－759页。

材料来说明深刻的道理，揭示事物的本质和运动规律，帮助人们解决问题。

在加强思想政治工作，进行马克思主义基本理论教育的过程中，要贯彻理论联系实际的方法，必须把学习马克思主义的基本原理和科学社会主义的理论同批判资产阶级自由化的反动观点结合起来，同总结改革和建设的历史经验结合起来，同中国的具体国情和社会主义建设中出现的新情况新问题结合起来，同本地区、本部门、本单位的实际工作结合起来，更重要的是同广大干部和群众所最关心的问题与思想实际结合起来，只有这样，才能够收到良好的效果和达到预期的目的。

加强思想政治工作，贯彻理论联系实际的方法论原则，就是要联系人们的思想实际，更好地解决深层次的思想问题。因此要提倡和鼓励人们敞开思想，亮明观点，这是有的放矢地解决思想问题的前提。在学习和讨论中要切实执行"不抓辫子，不扣帽子，不打棍子"的方针，做耐心细致的说服教育工作。要相信马克思主义的真理是能够说服人的，也要相信广大干部和群众是能够接受真理的。学习马克思主义理论，要提倡大家敢于把想不通的问题提出来，把心里话说出来，并及时把提出的疑难问题加以梳理，进行分析研究，针对不同的问题，采取不同的解决办法，或者组织群众自己讨论解决，或者举办理论讨论会研讨疑难问题，或者在报刊上开展问题征答，或者组织理论工作者集中攻关，把理论教育、理论宣传、理论研究有机地结合起来，这样会取得思想政治工作的更佳效果。

第三，加强思想政治工作，必须坚持思想领先与物质利益相统一的原则。新时期的思想政治工作要更富有成效，就必须创建思想领先原则与物质利益原则相结合的科学的动力机制，片面地强调任何一方而忽视另一方都是极其错误的。

思想领先原则是以辩证唯物主义认识论为基础的。所谓思想领先原则，是指从事各项工作时，要把思想工作做在前头，坚持正确的政治方向，坚持用正确的思想即马克思主义作为指导。辩证唯物主义认为，人的思想是客观的社会存在在人的头脑中的反映，它依赖于客观存在，又反作用于客观存在，具有很大的能动作用。毛泽东同志历来重视思想领先原则，他为抗大制定的教育方针是："坚定正确的政治方向"，就体现了思想领先的原则。新中国成立后，在农村社会主义合作化高潮中，他又提出"政治工作是一切经济工作的生命线"，同样体现了这一原则，即突出无产阶级政治，坚持社会主义方向。毛泽东同志指出："人们的社会存在决定人们的思想。而代表先进阶级的正确思想，一旦被群众掌握，就会变成改造社会、改造世界的物质力量。"❶ 由此可见，存在决定意识，意识又具有反作用。这种反作用表现在思想能够指导人们的实践活动。列宁所说的没有革命的理论便没有革命的实践，也是思想领先的

---

❶ 毛泽东：《人的正确思想是从哪里来的？》，人民出版社 1963 年版，第 1 页。

原则。但是前几年，由于淡化思想政治工作，资产阶级自由化思潮泛滥，有的人认为"'思想领先'的原则是违反唯物论的，妄图否定这一原则，有的人甚至攻击思想领先原则"把共产主义的东西搬到了社会主义初级阶段"。这种认识是极其错误的。我们认为，思想领先原则是坚持四项基本原则、反对资产阶级自由化的有力武器。"自由化"对思想政治工作的冲击，其危害之大，莫过于从思想上动摇人们的信仰，搞垮人们的精神支柱。鼓吹"自由化"思潮的人反对用先进思想武装人们的头脑，反对用先进的思想指导人们的行动，他们要反对思想领先原则，其目的是要搞乱人们的思想，1989 年春夏之交的政治风波，从某种意义上说，就是不坚持思想领先原则的结果。因此思想政治领先原则是我们党政治思想工作的一个重要原则，必须毫不动摇地继续坚持。要坚持思想领先原则还必须与物质利益原则结合起来运用，才能收到良好的效果。思想政治工作并不是万能的，片面地强调思想领先而忽视物质利益原则，就会形成空头政治。物质利益是人类从事一切活动的一项基本的内在的动因。马克思、恩格斯指出："人们为了能够'创造历史'，必须能够生活。但是为了生活，首先就需要衣、食、住以及其他东西。"❶ 正是基于这个认识，我们党在思想政治工作中，在强调思想领先的基础上，又重视物质利益原则，关心人民群众的生活如衣、食、住、行和柴米油盐问题。"文化大革命"中，这条原则受到了践踏，物质利益被视为"经济刺激"，甚至把发展生产、创造利润也要扣上"经济主义""利润挂帅"的帽子，结果严重挫伤了人民群众的劳动积极性。邓小平同志曾经指出："不重视物质利益，对少数先进分子可以，对广大群众不行，一段时间可以，长期不行。""如果只讲牺牲精神，不讲物质利益，那就是唯心论。"❷ 因此，重新确立物质利益原则在思想政治工作中的应有地位，是思想政治工作的客观需要。思想领先原则与物质利益原则并不是对立的、矛盾的，而是辩证的统一。坚持思想领先，重视精神激励，历来是我们党克服困难、战胜敌人的一大政治优势。在治理整顿深化改革的今天，我们同样要注意发挥这一优势。但是反过来，"'思想'一旦离开'利益'，就一定会使自己出丑"❸，只有在一定的物质利益基础上，思想领先原则才能起到它应起的作用。同样，利益一旦离开思想的导向，也会使自己陷入窘境。前几年，由于淡化思想政治工作，片面追求物质奖励，出现了"靠钱管，为钱干"，"千讲不如一奖"的状况，有的人钻进钱眼里，"一心向钱（前）看"，从一个极端走到另一个极端。片面地运用精神手段或物质手段调动群众的积极性，都有失偏颇，不能持久。只有把两者有机地结合起来，才是思想政治工作比较科学

---

❶ 《马克思恩格斯选集》第 1 卷，第 32 页。

❷ 《邓小平文选》，第 36 页。

❸ 《马克思恩格斯全集》第 2 卷，第 103 页。

的做法。这就是说思想领先与物质利益原则的统一，是在根本利益一致的基础上的统一，因为我们奋斗的目标代表了国家和人民的根本利益。二者的统一，也并不是一半对一半，不分主次。而是要以精神激励为主，物质奖励为辅。即使将来国家的经济达到了较高的发展水平，也要坚持这一点。因为人总是要有一点精神的。在思想政治工作中，要坚持思想领先与物质利益相统一的原则，必须把解决思想问题与解决实际困难结合起来。群众中的实际困难，关系到其切身利益，思想政治工作不能不管，但教育要跟上。在照顾个人利益时，不能忘记要把国家和集体的利益置于个人利益之上。在讲眼前利益时，不能忘记长远利益。在讲索取时，不能忘记奉献精神，把确立共同奋斗目标与尊重个人积极向上的人生追求结合起来。

第四，加强思想政治工作，除了必须遵循科学的灌输原则，理论联系实际的原则和思想领先与物质利益相统一的原则等方法论原则外，还必须遵循以下几个原则，这就是系统性、科学性、经常性、针对性。所谓系统性，就是有目的有计划地对马克思主义的思想体系进行深入的学习和研究，真正做到由浅入深，由表及里，争取对马克思主义的科学理论体系有一个整体的全面的理解，而不是断章取义，搞片言只语，或者干什么学什么。在进行马克思主义教育的同时，还应该进行党的基本路线教育，爱国主义、集体主义、社会主义和自力更生、艰苦奋斗的思想教育及革命传统教育。所谓科学性，主要是指学习的方法，正如毛泽东同志指出的，对于马克思主义，"不应当把他们的理论教育当做教条看待，而应当看作行动的指南。不应当只是学习马克思列宁主义的词句，而应当把它当成革命的科学来学习。不但应当了解马克思、恩格斯、列宁、斯大林他们研究广泛的真实生活和革命经验所得出的关于一般规律的结论，而且应当学习他们观察问题和解决问题的立场和方法"❶。所谓经常性，是指要把加强思想政治工作当作一项长期的政治任务来完成，不能赶形势，搞突击，热一阵，冷一阵，紧一阵，松一阵，抓抓停停，断断续续，而是要坚持不懈，一抓到底，不管经济建投和生产任务多忙，思想政治工作都不能有丝毫的松懈。所谓针对性，就是指联系实际，有的放矢地批判资产阶级自由化的反动观点，解答当前改革开放过程中出现的新情况、新问题，帮助干部和群众解决他们所关心的思想问题和实际困难，回答他们提出的各种疑问和要求，解开他们思想上的疙瘩，而不是回避问题，调和矛盾，见着困难绕道走。以上几点，体现了思想政治工作的客观规律和一般特点，带有一定的普遍性，因而应该成为思想政治工作的方法论原则。

---

❶ 《毛泽东选集》第 2 卷，第 521 页。

二、思想政治工作的具体方法

加强思想政治工作，不仅要遵循一定的方法论原则，而且要善于运用具体的科学方法。这正如船与桨的关系。方法论的原则，只是为我们过河解决了"船"的问题，但如何把船划过去，这就要运用具体的方法即"桨"来一步一步地划过去，如果方法不当，过河的任务还是完不成的。近年来，我们在思想政治工作方面，一味地强调"理解""宽容""沟通"，结果在思想政治工作的具体方法上只知道消极地适应，而不知道积极主动地进行教育。因此改进思想政治工作的方法，就是要变一味地迁就和消极适应为积极主动。长期以来，毛泽东同志以及各级党政部门的广大政工干部，在长期的思想政治工作实践中，总结和摸索出了一系列行之有效的科学方法，为我们加强思想政治工作积累了许多极其宝贵的经验。那么，搞好思想政治工作，都有哪些具体的方式和方法呢？

1. 调查研究的方法。思想政治工作主要是做人的工作，因此首先要了解人们的思想实际，摸清群众都在想些什么，有什么困难和意见等，这就需要深入实际，到群众中去，调查研究，了解第一手的情况，如摸清群众思想动态的主流，找到他们思想上的热点和议论的中心话题，弄清群众日常生活中为之困扰、容易引起思想波动的潜在动因，了解生产经营中的难点和薄弱环节，听取群众对各项重大决策的思想反映等。总而言之，要如实掌握群众的思想状况，掌握第一手材料，才能对症下药，制订各种方案和措施，使思想政治工作落到实处。毛泽东同志历来重视调查研究，他指出："一切实际工作者必须向下作调查。""没有调查就没有发言权。""有许多人，'下车伊始'，就哇啦哇啦地发议论，提意见，这也批评，那也指责，其实这种人十个有十个要失败。"❶他一再强调："一切结论产生于调查情况的末尾，而不是它的先头。""调查就像'十月怀胎'，解决问题就像'一朝分娩'。调查就是解决问题。"❷ 事实说明，调查研究是搞好思想政治工作的基础。

2. 有的放矢的方法。所谓有的放矢，就是指对症下药，要有针对性。思想政治工作，必须要有很强的针对性，否则只能是隔靴搔痒，"闭着眼睛捉麻雀""瞎子摸鱼"，不起作用。毛泽东同志曾有一个生动的比喻，他说："马克思列宁主义理论和中国革命实际，怎样互相联系呢？拿一句通俗的话来讲，就是'有的放矢'。'矢'就是箭，'的'就是靶，放箭要对准靶。马克思列宁主义和中国革命的关系，就是箭和靶的关系。有些同志却在那里'无的放矢'，

---

❶ 《毛泽东选集》第 3 卷，第 791 页。
❷ 毛泽东：《反对本本主义》，人民出版社单行本，1930 年 5 月，第 23 页。

乱放一通，这样的人就容易把革命弄坏。"❶ 从事思想政治工作的干部，只有及时了解群众的思想状况，才能够制订出切实可行的教育方案和步骤，并根据群众思想上存在的问题采取有效的方法，及时发现问题和解决问题。

3. 谈心方法。谈心是满足人们心理需要的一种双向情感交流，它是思想政治工作的一种有效方法，也是我们党密切干群关系的一种具体形式。谈心的范围很广，形式多种多样，既有领导干部深入基层同群众谈心，也有领导之间互相谈心，还有群众之间互相谈心，先进分子与后进同志谈心等。一个单位，无论大小，只要有关领导干部在思想政治工作中重视开展谈心活动，就可以从这一侧面促进本单位同志之间在思想上交心，在生活上关心，在事业上同心，从而形成一种团结奋进、互相帮助的生动局面。广泛开展谈心活动，可以帮助有关同志排除心理障碍，解开思想疙瘩，增进相互的沟通理解，促使其积极进取，奋发向上。通过谈心，也可以找出好的表现和错误思想形成的原因，并在了解大量情况的基础上把握人们行为发展的趋势，从而把某些可能发生的问题解决在萌芽状态。要搞好谈心，必须事先了解对象的思想、工作、生活状况以及主要的思想问题和问题发生发展的过程。在谈心过程中，要遵循人的思想活动规律，循循善诱，启发开导，才能收到预期的效果。

4. 自我教育的方法。运用身边的事教育身边的人，让群众自己教育自己，是思想政治工作行之有效的方法之一。人民群众是实践和认识的主体。人民群众改造客观世界的过程，同时也是改造自己主观世界的过程，实际上也就是自我教育的过程。毛泽东同志指出："事物发展的根本原因，不是在事物的外部而是在事物的内部，在于事物内部的矛盾性。""唯物辩证法认为外因是变化的条件，内因是变化的根据，外因通过内因而起作用。"❷ 自我教育的方法，就是人民群众自己教育自己的方法。思想政治工作的责任，就是在马克思主义指导下，不断发掘人民群众在实践中涌现出来的代表历史发展趋势的先进思想、先进经验，帮助他们加以概括和总结，使之系统化、科学化，同时利用各种形式进行宣传推广，用群众创造的先进思想和先进经验来教育群众，用群众中涌现出来的先进人物和先进事迹教育群众，这就是从群众中来到群众中去的马克思主义的工作方法。人民群众自己教育自己，决定了教育内容以及教育者与教育对象之间的平等关系，也决定了教育方法上的平等讨论、互教互学的民主方式和方法。

5. 批评与自我批评的方法。我们强调以正面教育为主，绝不意味着放弃必要的思想斗争。在人民内部，思想上的斗争也是存在的。认真开展批评和自我批评，过去、现在和将来都是克服思想上的偏差和片面性，克服资产阶级自

---

❶ 《毛泽东选集》第 3 卷，第 821 页。
❷ 《毛泽东选集》第 1 卷，第 289 - 291 页。

由化的影响和其他各种错误倾向的影响，做好思想政治工作的重要方法。毛泽东同志指出："我们有批评和自我批评这个马克思列宁主义的武器，我们能够去掉不良作风，保持优良作风。"❶ 关于开展人民内部的积极的思想斗争，毛泽东同志曾有过一些生动的比喻，他说："我们曾经说过，房子是应该经常打扫的，不打扫就会积满了灰尘；脸是应该经常洗的，不洗也就会灰尘满面。我们同志的思想，我们党的工作，也会沾染灰尘的，也应该打扫和洗涤。""对于我们，经常地检讨工作，在检讨中推广民主作风，不惧怕批评和自我批评，实行'知无不言，言无不尽'，'言者无罪，闻者足戒'，'有则改之，无则加勉'这些中国人民的有益格言，正是抵抗各种政治灰尘和政治微生物侵蚀我们同志的思想和我们党的肌体的唯一有效的方法。"❷ 毛泽东同志还强调了开展党内思想斗争的重要性和必要性。他说："我们主张积极的想想斗争，因为它是达到党内和革命团体内的团结使之利于战斗的武器。"❸ "党内如果没有矛盾和解决矛盾的思想斗争，党的生命也就停止了。"❹ 今天，在改革开放的新形势下，重新学习毛泽东同志关于批评与自我批评的论述，对于搞好思想政治工作是大有裨益的。但是人民内部的批评，必须从团结的愿望出发，经过积极的思想斗争，最后达到团结的目的。

6. 典型方法。榜样的力量是无穷的。长期以来，我们党在思想政治工作的实践中，采取树立典型的方法教育了一代又一代人。毛泽东同志就是积极主张运用典型教育群众的，不论在革命年代，还是社会主义建设时期，他都善于运用典型教育人民。他曾经号召人民学习白求恩同志"毫不利己，专门利人"的精神，学习张思德"全心全意为人民服务"的精神，亲自为刘胡兰烈士题词："生的伟大，死的光荣"。新中国成立以后，又号召人民"向雷锋同志学习"。正是在这些先进典型和光辉榜样的感召和激励下，涌现出了一批又一批的英雄模范人物，使我们的革命和建设事业兴旺发达，毛泽东同志不但善于利用正面的典型，而且也善于运用反面的典型即反面教员来教育人民。在"三反""五反"运动中，他曾用刘青山、张子善这些反面人物，促进了党的廉政建设，即使在今天，也都还有着现实的意义。

7. 寓教于乐的方法。坚持寓教于乐，让群众在丰富多彩的精神文化生活中受到感染、熏陶。把思想政治教育的内容寓于文化娱乐活动之中，也是文化娱乐活动健康发展的需要。只有当我们能够提供越来越多的健康、美好、有益的精神产品，组织起丰富多彩的文化、娱乐、体育活动，把我们提倡的东西渗

---

❶ 《毛泽东选集》第 4 卷，第 1440 页。

❷ 《毛泽东选集》第 3 卷，第 1067 页。

❸ 《毛泽东选集》第 2 卷，第 347 页。

❹ 《毛泽东选集》第 2 卷，第 294 页。

透、溶化进去，把人们的精神空间和业余时间充实起来，把那些有害的、丑恶的东西排挤出去，用社会主义的和各种健康有益的思想文化占领上层建筑意识形态领域才能真正成为现实。近年来，由于我们放松了思想政治工作，曾一度使资产阶级自由化思想占领了这块阵地。如何更好地使群众在多种活动中受到潜移默化的教育，电影、电视、新闻、出版、广播等大众传播工具在这方面起着十分重要的作用，这些部门的同志，都要深刻认识自己所肩负的社会责任，努力为广大群众提供更多健康有益、喜闻乐见的文化产品。

8. 言传身教的方法。正人须先正己。思想政治工作，是做人的工作即正人和树人的工作。要想使别人正确做人，首先要求思想政治工作者本身严于律己，发扬以身作则、率先垂范的优良作风。在现实中，一个德才兼备、言行一致、表里如一的人，和一个品德不怎么样、表里不一的人，去做人的思想工作，效果截然不同。思想政治工作要真正说服人，一靠真理的力量，二靠人格的力量。所谓真理的力量，就是宣传者、教育者讲的东西必须合乎实际，反映事物的本质和社会进步趋势，所谓人格的力量，就是宣传者、教育者必须言行一致，带头实践自己提倡的道德标准和价值观念，树立表率，吃苦在先，享受在后，这是共产党人的本色，是思想政治工作者的本色，也是我们党同剥削阶级政党相区别的显著标志。

9. 坚持为群众办实事的方法。坚持为群众办实事，把解决思想问题和解决实际问题结合起来，应该作为思想政治工作的原则和方法。为群众办实事，就是要想群众所想，急群众所急，扎扎实实为群众办实事，把党的温暖送到群众心上，让群众从切身利益和小事中，增进对党、对社会主义的热爱和拥护，这也是我们党密切联系群众的优良传统。

以上方法，是思想政治工作的一些主要的方法。而这些方法的运用，可以根据教育对象的不同而因人而异。同时，也不能把这些方法当作包治百病的灵丹妙药去到处套用。要搞好思想政治工作，除了以上方法外，还可以采用一些有效的形式如座谈会、讨论会、英模事迹报告会、先进人物演讲会等。

三、思想政治工作的有效途径

加强思想政治工作，特别是对青年一代的思想教育，除了要掌握科学的方法，还必须引导他们走上一条自我锻炼、自我成长的正确道路。近年来，不少青年由于受资产阶级自由化思潮的影响，脱离我国改革开放的实际生活，而热衷于搞什么所谓的"自我设计""自我完善""自我发展""自我奋斗"的道路，不能恰当地把自己的成长与党和国家的命运前途统一起来，结果不少人走上了与党和人民相背离的道路，这些教训是惨痛的。因此，思想政治工作不仅需要遵循科学的方法，而且还必须给他们指出一条健康成长的有效途径。

第一，加强社会实践，坚持走与工农相结合的道路。青年人积极向上，思想活跃，这是优点。但是他们阅历浅、缺乏实际生活的锻炼，这又是他们的弱点。他们自我估计过高，缺乏实事求是的自我解剖精神。不少人"好高骛远，眼高手低""大事做不来，小事又不做"，轻视实践，轻视工农群众。他们不了解我国的历史和现状，往往由崇洋而滋生一种自惭形秽的心理，甚至发展成为一种民族虚无主义的情绪。因此，加强社会实践，走与工农相结合的道路，不仅是当代青年成才的必由之路，而且也是他们接受实践锻炼，正确认识社会、认识人生、认识自我，树立正确的世界观和人生观的必由之路。

毛泽东同志过去曾一再教导我们，知识分子必须与工农民众相结合。这就是要通过社会实践，真正与工农群众打成一片，建立感情，与他们同吃同住同劳动，改造自己的思想，向工农群众学习，体会工农群众的思想感情，学习他们艰苦奋斗的精神和优秀的思想品德，从实践中了解国情，体会党的方针政策，树立为人民服务的思想，培养为四化作贡献的实际本领。毛泽东同志指出："不少青年人由于缺乏政治经验和社会生活经验，不善于把旧中国和新中国加以比较，不容易深切了解我国人民曾经怎样经历千辛万苦的斗争才摆脱了帝国主义和国民党反动派的压迫，而建立一个美好的社会主义社会要经过怎样的长时间的艰苦劳动。因此需要在群众中间经常进行生动的、切实的政治教育，并且应当经常把发生的困难向他们作真实的说明，和他们一起研究如何解决困难的办法。"❶ "要使全体青年懂得，我们的国家现在还是一个很穷的国家，并且不可能在短时间内根本改变这种状态。全靠青年和全体人民在几十年时间内，团结奋斗，用自己的双手创造出一个富强的国家。社会主义制度的建立给我们开辟了一条到达理想境界的道路，而理想境界的实现还要靠我们的辛勤劳动。"❷

对青年一代来说，投身社会实践是健康成长的必经之路。新中国成立之初，高等学校很重视让青年学生参加社会实践，土地改革、抗美援朝等活动，都让学生参加，还组织学生到工厂、农村参加劳动。那个时候，青年学生的想想脉搏总是与工农群众的情绪和新中国前进的步伐紧密相联的。"文化大革命"期间，这一活动搞得过了头。十一届三中全会以后，我们虽然也搞了一些社会实践，但都是蜻蜓点水，搞形式走过场，而没有深入下去，真正与工农群众同吃同住同劳动，这是应该引起注意的。

---

❶ 毛泽东：《关于正确处理人民内部矛盾的问题》，人民出版社，第 32－33 页。
❷ 《毛泽东选集》第 5 卷，第 386 页。

　　有人说，现在知识分子已经成为工人阶级的一部分，为什么还要走与工农相结合的道路呢？我们认为，中央提出知识分子是工人阶级的一部分，是针对我国社会主义制度建立以后，有人仍然把我国绝大多数知识分子当成资产阶级知识分子那样一种"左"的观点提出来的，是拨乱反正的一个重要论断。但这绝不意味着知识分子无需再与工农结合。工农群众是我们社会的主体，知识分子只有熟悉工农群众，为工农群众谋利益，受到工农群众的欢迎，自己的事业才能有所成就。知识分子之所以能够成为工人阶级的一部分，一个很重要的原因，就是知识分子努力走与工农相结合的道路的必然结果。因此，知识分子尽管属于工人阶级的一部分，仍然有一个向工农群众学习，从他们身上汲取营养来提高、丰富和发展自己的问题。所以，知识分子走与工农相结合的道路，在今天仍然是十分必要的。

　　第二，坚持教育与生产劳动相结合，也是思想政治工作的一个有效途径。马克思、恩格斯、列宁和毛泽东都非常重视教育与生产劳动相结合，认为在资本主义社会里，这是改造社会的最强有力的手段之一，在无产阶级夺取政权以后，这是培养理论与实际结合、学用一致、全面发展的新人，逐步消灭脑力劳动和体力劳动差别的重要途径。实行教育与生产劳动相结合是我们党一贯倡导的方针。毛泽东同志指出："教育必须为无产阶级政治服务，必须同生产劳动相结合。"❶

　　值得注意的是，近年来，这一方针不怎么强调了，而背离这一方针造成的后果是相当严重的。在青年学生中，出现了许多不良倾向。一是轻视劳动，有些人甚至连自我服务的劳动都不愿干。劳动创造世界。中华民族的优良传统之一是勤劳勇敢、艰苦奋斗。轻视劳动必然导致贪图安逸享受，很容易走向蜕化变质的道路。二是轻视实践，形成了理论脱离实际的不良学风，不愿扎扎实实了解中国的国情，不愿到生产斗争第一线工作，不愿意再艰苦奋斗，相反却盲目崇拜西方，主张"全盘西化"。三是轻视劳动人民，自以为是"社会精英"，有一种"超人感"，感到比劳动人民高贵得多，不愿深入群众，追求"精英政治"，向往做高踞于人民头上指手画脚的"领袖"等。而加强思想政治工作，强调教育同生产劳动相结合，都是从爱护青年学生出发的，是有利于青年学生健康成长的。我们进行社会主义现代化建设，必须尊重知识，尊重人才，知识分子与青年一代是我们所依靠的力量，知识分子的脑力劳动也是社会劳动的重要组成部分，但知识分子和青年学生只有积极参加生产劳动，接受劳动锻炼，与广大劳动人民结合起来，才能在社会主义现代化建设中更好地发挥聪明才智，才能大有作为。

　　　　（原载《毛泽东思想政治工作理论研究》山西高校联合出版社1991年版）

---

❶　1958年9月16日《中共中央国务院关于教育工作的指示》。

三、马克思主义哲学研究

哲学社会科学研究与我国的经济社会发展

改革开放以来，我国的哲学社会科学研究获得了长足发展，取得了举世瞩目的成就，不仅为我国的科学文化事业和社会主义精神文明建设作出了重大贡献，更重要的是推动了新时期的思想解放运动，促进了我国改革开放的不断深入，为我国的经济社会发展和社会主义现代化建设事业作出了重大贡献。

正确认识哲学社会科学研究在我国经济社会发展中的地位和作用，总结经验教训，对于建设和谐社会和实现全面建设小康社会的奋斗目标，无疑有着重要的理论与实际意义。

一、哲学社会科学研究为我国的改革开放提供了思想保障和精神动力

哲学社会科学研究有着与自然科学一样的共性与特点，但同时又具有一定的特殊性即鲜明的党性原则。它不仅要研究各种社会现象和社会发展规律，同时又涉及人的世界观、人生观、价值观和思想认识的方法论等问题，是社会的上层建筑和意识形态的重要组成部分。因此，它不仅以研究和传播社会科学知识为己任，同时还发挥着特殊的思想导向和价值导向作用。人类社会的每一次革命和进步，都必然以思想解放为先导。党的十一届三中全会以来，我国的改革开放正是以哲学社会科学界所开展的"真理标准问题的讨论"为先导，从而引发了一场深刻的思想解放运动，并为以后的改革开放和社会主义现代化建设事业提供了思想保障和精神动力。

首先，真理标准问题大讨论，形成了一场深刻的思想解放运动。在"文化大革命"中，由于"唯心主义盛行，形而上学猖獗"，给人们的思想造成了极大的混乱。"文化大革命"结束后，中国处在向何处去的重大历史关头，特别在人们的思想上，存在着一个拨乱反正、正本清源的问题，但是当时情况下，"两个凡是"仍然禁锢着人们的思想。现实向哲学社会科学工作者提出了一个重大的历史课题。而真理标准问题的大讨论，正是在我国的历史转折关头应运而生并成为社会变革的思想先导。真理标准问题大讨论，帮助人们从"左"的思想和"两个凡是"的精神枷锁中解放了出来。

其次，真理标准问题大讨论，为党的十一届三中全会的召开和新时期思想路线、政治路线的制定奠定了思想和理论基础。1978年年底召开的党的十一届三中全会坚持解放思想、实事求是的思想路线，决定把全党的工作中心由以阶级斗争为纲转移到社会主义现代化建设上来。从此，坚持以经济建设为中心、坚持改革开放、坚持四项基本原则的新时期党的基本路线逐步形成，进而实现了党的历史和我国社会生活的重大转折。如果没有真理标准问题的大讨论，就不可能有党的思想路线和政治路线的确立。

再次，我们党的第二代、第三代领导集体，在新的实践的基础上继承前人又突破陈规，形成了当代中国的马克思主义——邓小平理论和"三个代表"重要思想，开创了"马克思主义在中国发展的新阶段"。这是改革开放以来哲学社会科学研究领域的最高成果，它为我国的改革开放和社会主义现代化建设提供了最强有力的思想保障和精神动力。没有邓小平理论和"三个代表"重要思想的思想保障和理论指导作用，就没有今天中国的改革开放和社会主义现代化建设的巨大成就。

二、哲学社会科学研究为我国经济社会发展战略目标的确定提供了理论支持

我国的改革开放和社会主义现代化建设是一项前无古人的事业，没有成功的经验可资借鉴。没有改革的理论，就不会有改革的实践。正是哲学社会科学工作者不懈的努力和积极的探索，把马克思主义的普遍原理同我国的改革实践相结合，把改革开放和现代化建设的重大理论问题和实践问题作为哲学社会科学的主攻方向，积极探索中国社会主义的发展道路、发展阶段、根本任务、发展动力、外部条件、政治保证、战略步骤、党的领导和依靠力量以及祖国统一等一系列基本问题，不断进行理论创新，创造性地概括和总结出了一系列重大理论成果，从而为我国社会主义现代化建设及战略目标的确定提供了科学的理论支持。

1. 关于社会主义本质的认识。建设中国特色的社会主义，最根本的一条，就是要弄清楚什么是社会主义，如何建设社会主义。什么是社会主义，属于认识范畴；怎样建设社会主义，属于实践范畴。而正确认识社会主义是正确建设社会主义的前提。新中国成立以来，我们在建设社会主义的过程中之所以走了许多弯路，最根本的一点就是对社会主义缺乏科学的认识。对社会主义的认识，曾经历了一个长期的过程，马克思、恩格斯、列宁、斯大林、毛泽东等都对此作过探讨和论述。改革开放以来，我国的哲学社会科学研究总结历史经验教训，结合我国社会主义现代化建设的实践进行了积极探讨，对什么是社会主义和怎样建设社会主义开始有了一个正确的认识。关于社会主义本质，邓小平同志将其概括为：

"解放生产力，发展生产力，消灭剥削，消除两极分化，最终达到共同富裕。"这一科学论断，把发展生产力和解放生产力统一起来，把生产力与生产关系统一起来，把社会主义的基本任务和根本目标统一起来，系统回答了在中国这样经济文化比较落后的国家如何建设社会主义的问题。我国改革开放的一系列方针政策都是在此基础上制定和衍生出来的，它对于我们在坚持社会主义基本制度的基础上推进改革、建设中国特色社会主义，有着重大的理论和实践意义。

2. 关于社会主义初级阶段的理论。"文化大革命"结束后，中国面临着向何处去的历史转折关头，此后的一段时间里，曾出现过"超阶段论"和"补课论"。在这种决定党和国家前途命运的关键时刻，我国的哲学社会科学研究勇敢地肩负起历史使命，正确地分析国情，认真总结历史经验，提出在我国这样经济文化比较落后的国家进入社会主义以后必须经历一个很长的初级阶段的科学论断，即社会主义是共产主义的初级阶段，而中国又处在社会主义的初级阶段，就是不发达阶段。我国从半殖民地半封建社会进入社会主义，生产力发展水平远远落后于发达国家，这就决定了我国必须经历一个相当长的社会主义初级阶段，去实现工业化和现代化。这是一个不可逾越的历史阶段。要建设社会主义，只能一切从社会主义初级阶段的实际出发，而不能从主观愿望出发，不能从外国模式出发，不能从对马克思主义著作中个别论断的教条式理解和附加到马克思主义名下的某些错误论点出发。我们党正是坚持了一切从社会主义初级阶段的实际出发，并在此基础上制定出了一系列符合中国国情的路线、方针和政策，才取得了改革开放和社会主义建设的巨大成就。

3. 关于科教兴国战略。科学技术是第一生产力，科技进步是经济发展的决定性因素。但是，科学在新中国的发展道路也是曲折的。"文化大革命"的10年，不仅哲学社会科学研究成为政治运动的"附属物"和"传声筒"，而且自然科学研究和工程技术的发展也受到严重影响。党的十一届三中全会以来，邓小平同志曾明确提出"改革就是解放生产力、发展生产力"的思想，并进一步提出"科学技术是第一生产力"的论断。我国的社会科学研究充分估量未来科学技术特别是高新技术发展对综合国力、社会经济结构和人民生活的巨大影响，正确认识加速科技进步在经济社会发展中的关键地位，极力倡导把经济建设真正转移到依靠科技进步和提高劳动者素质的轨道上来。社会科学研究还深刻论证了人才是科技进步和经济社会发展最重要的资源，发展科学技术，不抓教育不行。这就为自然科学研究和工程技术的发展扫清了道路，也为我们党制定科教兴国战略，促进科学技术的繁荣和发展提供了理论上的支持。

4. 关于树立和落实科学发展观。我国改革发展正处于关键时期。历史表明，一个国家坚持什么样的发展观，对这个国家的发展会产生重大影响，不同的发展观会导致不同的发展结果。多年来，我国哲学社会科学研究领域致力于发展问题和发展观的研究，取得了诸多有价值的科研成果。我们党在及时总结国内外发展的实践经验、及时吸收我国社科研究成果的基础上，及时提出了要坚持以人为本，全面、协调、可持续的发展观，并坚持以科学发展观统领经济社会发展全局。这对全面加强小康社会建设、构建和谐社会有着重要而深远的意义。

5. 关于"一国两制"和祖国统一的理论。完成祖国的统一大业，是全中国人民包括台、港、澳同胞和海外侨胞的共同愿望。邓小平"一国两制"的科学构想，有力推动了祖国和平统一的进程。"一国两制"的基本内容是在一个中国的前提下，国家的主体坚持社会主义制度，台湾、香港、澳门保持原有的资本主义制度和生活方式长期不变。这一构想，既体现了实现祖国统一、维护国家主权的原则性，又充分考虑台湾、香港、澳门的历史和现实，体现了高度的灵活性，是推进祖国和平统一大业的基本方针。

1997年7月1日香港回归祖国，标志着"一国两制"构想的巨大成功和中国人民在实现祖国统一大业的道路上迈出了重要一步；1999年澳门也回到祖国怀抱，这更是中华民族的又一盛事；同时这也为台湾问题的解决创造了有利条件。邓小平同志提出的"一国两制"的构想，有功于民族，有益于人民。这中间也渗透着广大哲学社会科学工作者的积极探索和有益贡献，从"一国两制"构想的提出，到"港人治港""澳人治澳"的高度自治的方针的制定；从《香港特别行政区基本法》和《澳门特别行政区基本法》的起草，到"一国两制"构想的具体实施，我国哲学社会科学工作者都作出了创造性的贡献。

三、哲学社会科学研究为我国的经济社会发展和各项具体改革提供了正确决策的科学依据和政策建议

改革开放以来的实践证明，我国社会主义现代化建设所取得的每一项巨大成就，都是与哲学社会科学工作者为各项具体改革提供的正确决策的科学依据和政策建议分不开的。无论是经济体制改革、政治体制改革，还是科技教育文化的发展以及法制建设，从改革的方向、目标、任务、步骤以及方针、政策到具体的贯彻实施，都浸透着哲学社会科学工作者的心血和汗水，凝结着他们的聪明才智和创造贡献。

1. 经济体制改革。我国的改革开放首先是从经济体制改革起步的，而经济体制改革的重大突破又首先是从农村开始的。改革开放以来，我国在经济领域取得了辉煌的令世界瞩目的成就，这一切都是与经济理论工作者的辛勤努力和积极探索分不开的。从计划经济到党的十二届三中全会提出的有计划的商品经济，再到党的十四大提出"我国经济体制改革的目标是建立社会主义市场经济体制"，这中间曾经历了艰苦的探索和长期的实践，经济理论工作者有筚路蓝缕

之功。纵观我国的经济改革与发展历程，变化是如此巨大：在农村经济体制上，实现了人民公社制度向以家庭承包经营为基础、统分结合的双层经营体制的转变；在生产流通领域的资源配置方式上，实现了从计划向市场的转变；在国有企业管理体制上，经历了从传统体制向现代企业制度的转变；在所有制关系上，实现了从单纯的一大二公向以公有制为主体、多种所有制经济共同发展的转变；在经济调控方式上，实现了从政府直接调控向间接调控的转变；在分配制度上，实现了从平均主义"大锅饭"到以按劳分配为主、多种分配方式并存、允许生产要素参加分配的转变；在对外经济关系上，实现了从封闭到开放的根本转变。而经济体制改革所实现的这些转变，既离不开经济理论的理论探索与指导，也离不开在正确决策和具体实施过程中社会科学研究界所提出的科学依据与政策建议。

2. 政治体制改革。政治体制改革是一项复杂而艰巨的系统工程，在改革过程中，我国的社会科学研究界对政治体制改革的目标、原则、方法和手段等问题进行了深入探讨。改革开放以来，社会主义民主理论的研究，从不同方面、不同角度、不同层次对社会主义民主建设的历史经验进行了总结，形成了关于社会主义民主建设问题的一系列科学理论，诸如人民民主是社会主义的本质要求、内在属性和重要特征；社会主义民主是国体与政体的统一，形式与内容的统一，目标与手段的统一，政治民主、经济民主与社会民主的统一；社会主义民主必须制度化、法制化；社会主义民主建设要与经济、文化建设协调进行；社会主义民主建设是一个渐进和发展的过程等。这些理论既坚持了马克思主义关于社会主义民主的基本原理，又反映了中国社会主义初级阶段民主建设的具体特点，为推进我国的社会主义民主建设提供了理论指导、科学依据和政策建议。我国的政治体制改革和民主化建设正是在采纳了这些理论成果和建议的基础上不断深化的。在改革开放的实践中，我们逐渐探索出了中国政治发展的独特道路和方法，不断健全和完善基本政治制度，推进社会主义民主，扩大和巩固了广泛的政治联盟，坚持和发展了以民主集中制为原则的人民代表大会制度和政权组织形式，充分发挥民主党派政治协商、民主监督的职能，不断完善民族区域自治制度，进一步加强基层民主制度建设等。这些成就既是广大人民群众实践的结晶，也是社会科学研究界科学探索的结果。

3. 依法治国和法制建设。中国共产党执政以来，面临的一个重大理论问题和实践问题就是采取什么方式来治理国家和社会。改革开放以来，我国的社会主义法制建设取得了令人瞩目的成就，这与我国法学界的积极探索是分不开的。无论是基础理论研究还是案例分析，法学界的研究成果都为我国的立法、执法、司法工作奠定了坚实的理论基础，为我国的法制建设和正确决策提供了科学依据和政策建议。这些理论研究，不仅深入研究了社会主义法制建设的基本方针、社会主义法制建设的根本原则、法治与人治的关系、依法治国的基本方略、党的领导与法制建设的关系等重大理论问题，而且对经济法、民商法、行政法等诸多具体的法律制度进行了深入探讨，提出了诸多有价值的立法建议。今天，我国已初步建立了有中国特色社会主义法律体系的基本框架，我国社会生活的各个方面逐步进入了法制轨道，已基本形成了依法治国的良好格局。我国的法学研究为建设中国特色的社会主义法治国家作出了突出贡献。

4. 思想文化建设。我国社会主义初级阶段的主要矛盾是人民日益增长的物质文化需要同落后的社会生产之间的矛盾。"落后的生产"包含文化建设和精神生产也处于落后水平，与人民日益增长的精神文化需求不相适应。而社会主义现代化的基本标志是：既要有高于以往一切社会形态的物质文明，又要有高于以往一切社会形态的精神文明。这就决定了在坚持以经济建设为中心的基础上，必须大力抓好文化建设和精神生产，创造绚丽多彩的有中国特色的社会主义文化。社会主义文化建设包括非常广泛的内容，发展教育和科学，繁荣文学和艺术，营造良好文化环境，提高社会文明程度等都是文化建设的重要内容。其中具有根本性的文化建设，则是在全社会形成共同理想和精神支柱，这是社会主义文化建设的重要特征。改革开放以来，我国思想文化战线和广大哲学社会科学工作者，牢记邓小平同志"两个文明都搞好，才是有中国特色的社会主义"的教导，切实加强思想道德建设，努力发展科技文化，以科学的理论武装人，以正确的舆论引导人，以高尚的精神塑造人，以优秀的作品鼓舞人，为培育有理想、有道德、有文化、有纪律的公民，为有力地提高全民族的思想道德素质和科学文化素质，为我国的精神文明建设作出了突出贡献。

四、正确认识哲学社会科学研究在我国经济社会发展中的地位和作用

通过上述分析不难看出，我国的哲学社会科学研究，对我国的改革开放、经济社会发展作出了巨大贡献。尽管哲学社会科学研究在我国的经济社会发展中发挥了如此巨大的作用，但是在现实中仍然存在着轻视哲学社会科学研究的倾向。有的人不能正确认识哲学社会科学研究在经济社会发展中的地位和作用；有的人甚至认为社会科学不是科学；有的人则称之为"软科学"，是务虚的，可有可无的。所谓"软"，当然是与自然科学相比较而言的，即自然科学可以转化为现实生产力，直接应用于生产，创造巨大物质财富和经济效益，而社会科学则不行。这些观点在现实中形成了轻视社会科学研究的倾向，甚至影响了决策部门的科学决策，从经费划拨、基础设施、人员配给、地位待遇等方面与自然科学相去甚远。对此我们应该有一个正确的认识。

1. 要树立正确的科学观。说到科学，很多人都习惯上认为是指自然科学，

并不包含社会科学。这当然是有着一定的社会和历史原因的。古代的科学包括自然科学和社会科学，它们都包容在当时的科学之科学——哲学之中，所以那时候的科学家如苏格拉底、柏拉图、亚里士多德等亦是哲学家。近代以后，科学从哲学中分离出来，获得了独立的发展，并开始了分门别类的研究。20 世纪以来，科学的发展又出现了融合的趋势，自然科学、社会科学、思维科学相互联系、相互交叉、相互渗透，出现了许多边缘学科、横断学科和交叉学科，信息论、控制论、系统论和耗散结构论、协同学、突变论等综合学科不断出现。因此，从真正的含义上来说，科学的概念包括自然科学、社会科学和思维科学三大组成部分，是关于自然、社会和思维发展规律的知识体系。

2. 社会的进步，必须是自然科学和社会科学、物质文明与精神文明的全面发展，厚此薄彼都是有失偏颇的。我国古代社会重文轻理，尽管有"四大发明"等领先世界的科学技术成就，但从整体上来说，中国传统文化视自然科学和工程技术为"雕虫小技"，这是与汉代以来"罢黜百家，独尊儒术"的统治思想分不开的。清朝建立后，朝廷实行了闭关锁国的政策，把西方科学技术视为"奇技淫巧"而加以排斥，更是造成了我国科技停滞不前，经济文化落后，社会积贫积弱的状况。这些教训是惨痛的。但是反过来，重理轻文，只重视自然科学而轻视社会科学，经济和社会也同样难以获得和谐发展。西方发达国家科技进步，经济发达，创造了惊人的物质文明，但由于忽视精神文明建设，结果造成犯罪增多、道德堕落等一系列的社会问题。正如有哲人指出的那样，没有道德的智慧是邪恶的。英国哲学家罗素也指出：没有爱，科学是破坏性的！自然科学固然可以直接转化为现实的生产力，获得经济发展，但却无法保障社会的正确方向。我这里丝毫没有贬低自然科学在经济社会发展中的重大作用的意思，只是强调社会科学与自然科学在经济社会发展中具有各自不同的特殊作用。

3. 正确认识哲学社会科学在我国经济社会发展中的地位和作用。既然科学的概念中既包含自然科学又包含社会科学，那么"科学技术是第一生产力"的论断中就理所当然地包涵社会科学，换句话说，社会科学也是第一生产力。且不要说管理科学可以直接应用于生产，而科学的管理会创造巨大的经济效益和物质财富，即使从生产力的三要素之一的"人"来说，如果从哲学社会科学的理论成果中获取了思想营养和精神动力，就会形成巨大的精神力量，并直接反作用于生产过程，创造出更大的物质财富。很显然，在推动经济社会发展进步的过程中，社会科学与自然科学同样重要。改革开放以来，我国历届党和国家领导人对社会科学的重要性也多有论述，关键是，我们要采取行之有效的具体政策措施来推进哲学社会科学事业的繁荣与发展。

（原载《中州学刊》2005 年第 6 期）

论实事求是的方法论意义

　　实事求是，是毛泽东思想的精髓和灵魂。它是毛泽东同志把马克思主义的普遍原理同中国革命的具体实践相结合的产物与结晶，是中国革命实践经验的科学概括、总结、提炼与升华，是毛泽东思想这一科学体系的高度的蒸馏与凝结。不论我们考察中国革命的发展史，还是研究毛泽东思想理论体系，都会发现，实事求是像一根红线贯穿始终。邓小平同志指出"毛泽东思想的基本点就是实事求是"❶ "实事求是，是无产阶级世界观的基础，是马克思主义的思想基础"❷。中国共产党党章也明确指出："党的思想路线是一切从实际出发，理论联系实际，实事求是，在实践中检验真理和发展真理。" 实事求是作为我党的思想路线，不仅有着世界观方面的意义，同时也有着重要的方法论意义。毛泽东同志在长期的革命实践中，坚持实事求是的思想路线，总结出了一系列科学的思想方法、认识方法和工作方法，这是对马克思主义哲学的一个伟大贡献。但是在以往的研究中，一般多注重于它作为党的思想路线在认识论和世界观方面的意义，而忽略了其作为哲学方法在改造世界方面的方法论意义。虽然也有不少文章谈到了方法论问题，但缺乏系统的理论论证和探讨。在马克思主义的哲学方法论体系中，实事求是的方法有着极其重要的地位和作用，它与列宁的具体地分析具体的情况、斯大林的一切以条件、地点和时间为转移等方法一样，都是对马克思主义的高度概括和总结。从某种意义上说，它更凝练、更深刻，也更系统、更全面。这是因为它既是思想方法，也是认识方法和工作方法。在毛泽东思想的诸多方法中，它犹如一个纲，举一纲而万目张。本文专就实事求是的思想方法、认识方法和工作方法进行一些探讨。

一、对实事求是的科学理解

　　"实事求是"，语出《汉书·河间献王传》，原文为"修学好古，实事求是"。唐人颜师古解释说"务得实事，每求真是也"。毛泽东同志运用马克思

---

❶ 《邓小平文选》第 121 页、第 133 页。
❷ 《邓小平文选》第 121 页、第 133 页。

主义的观点对这一成语进行了科学的阐释，赋予了崭新的内容，使这一成语成为马克思主义的一条最基本的思想原则，获得了强大的生命力。在《改造我们的学习》一文中，毛泽东同志对实事求是作了这样的解释："'实事'就是客观存在着的一切事物，'是'就是客观事物的内部联系，即规律性，'求'就是我们去研究。"❶ 这一解释，既概括了中国革命的历史经验，又包含了马克思主义哲学的基本思想，其蕴涵是非常丰富的，其意义也是极其深远的。

对于实事求是的理解，一般都是根据毛泽东同志的解释。从"实事"出发即从客观存在着的一切事物出发，经过"研究"，求出"是"即内部联系和规律性来。实事求是，从全部过程来说，就是出发于"实事"，着眼于"是"，而用力于"求"。从哲学基本问题即思维与存在的关系来看，"实事"就是不依赖于我们的意识而独立存在的客观实在；"是"从某种意义上来说就是符合客观存在的内在联系和规律性的正确认识。那么，"求"是什么？毛泽东同志把它解释为"研究"。至于什么是研究，怎样研究，毛泽东同志没有再做具体的规定，也没有进一步展开论述。因此人们对"求"的理解，一般也就到此为止，很少再作深入的探讨与研究。我个人认为，这里的"求"就是实践，"研究"的过程就是实践的过程。从哲学基本问题来说，主要包括思维与存在何者为第一性的问题，思维与存在有没有同一性。凡是主张物质第一性、精神第二性的，都属于唯物主义的观点。而实事求是正是坚持了一切从实际出发即物质第一性的唯物主义观点，并通过"求"与"研究"即实践，使思维与存在、主观与客观、物质与精神达到了辩证的统一。

我们把"求"与"研究"理解为实践，主要是基于这样的考虑，要从"实事"即客观存在着的一切事物出发研究出"是"来，即规律性来。怎么研究？是坐在办公室里，关起门来研究？这显然不符合毛泽东的思想，正确的办法与途径就是必须通过实践。只有通过实践，才能发现客观规律，从"实事"中求出"是"来；同时也只有通过实践，才能运用客观规律，达到认识世界与改造世界的根本目的。由此可见，毛泽东同志关于"'求'就是我们去研究"的观点，实际上就内在地包含了实践的观点。要达到"求"的目的，只能在实践过程中经过系统的调查，在充分占有材料的基础上，通过去粗取精，去伪存真，由此及彼，由表及里的改造提炼，从"实事"中求出"是"来，获得对客观事物内在规律的认识，并运用这一规律性的认识去指导实践。列宁指出"人的意识不仅反映客观世界，而且创造客观世界。"❷ 反映客观世界是在实践的基础上由存在向思维、由物质向精神、由客观向主观转化的过程；而

---

❶ 《毛泽东选集》第 3 卷，第 759 页、第 810 页、第 757－759 页、第 854－855 页、第 853 页、第 777 页、第 759 页。

❷ 《列宁全集》第 38 卷，第 228 页。

改造客观世界，则是在实践的基础上，又由思维向存在、由精神向物质、由主观向客观转化的过程，这两者都是在"求"即实践的基础上实现的，它反映了实事求是的两个方面，即认识世界与改造世界。

关于实事求是的"是"，一般的理解是"客观事物的内部联系，即规律性"。马克思指出：以往的"哲学家们只是用不同的方式解释世界，而问题在于改变世界。"❶ 从马克思主义的哲学目的来看，认识世界是为了改造世界。因此实事求是就不仅仅是为了认识世界，更重要的是为了改造世界。所以"是"也应该包含改造客观世界的正确方法。这就是说，"是"包含两层含义：一是对事物的正确认识即规律性；二是从这些规律中找到解决问题的正确方法。毛泽东同志指出"要有目的地去研究马克思列宁主义的理论，要使马克思列宁主义的理论和中国革命的实际运动结合起来，是为着解决中国革命的理论问题和策略问题而去从它找立场、找观点、找方法的。"❷"要从客观存在的事实出发，从分析这些事实中找出方针政策、办法来。"❸ 可见，毛泽东同志也是主张从"实事"中"求"方法的，这是由马克思主义哲学的实践性特点所决定的。因此，从根本上来说，实事求是就是从客观存在着的一切事物出发，通过"求"即实践，去获得"是"即对于客观世界的正确认识和改造客观世界的正确方法。

实事求是，关键在"求"。求什么，怎么求，这是关系到主观能否与客观相一致，认识能否与实际相统一的根本所在。而"求"就是实践。马克思主义哲学是以实践为基础的。实践性是马克思主义哲学区别于其他一切哲学的最主要、最显著的特点。正因为如此，马克思主义哲学的创始人才把自己的学说称为"实践的唯物主义"❹ 毛泽东同志也指出"实践的观点是辩证唯物论的认识论之第一的和基本的观点"❺ 实践作为联结主体和客体的唯一纽带，作为沟通主体与客体的中介环节和桥梁，是实现主观与客观、认识与实际相一致的科学途径，也是达到实事求是的唯一渠道。只有抓住了实事求是的"求"即实践性，才是理解这一原理的一把钥匙，也是体现其方法论意义的根本所在。

二、实事求是的思想方法

实事求是作为党的思想路线，是我们党在长期的革命和建设实践中，总结

---

❶ 《马克思恩格斯选集》第 1 卷，第 19 页。

❷ 《毛泽东选集》第 3 卷，第 759 页、第 810 页、第 757－759 页、第 854－855 页、第 853 页、第 777 页、第 759 页。

❸ 《毛泽东著作选读》第 529 页。

❹ 《马克思恩格思全集》第 3 卷，第 48 页。

❺ 《毛泽东选集》第 1 卷，第 261 页、第 135 页、第 287－288 页、第 272 页、第 261 页、第 285 页。

了正反两方面的经验后才逐步确立的。而中国革命之所以能够取得一个又一个的胜利，都是在这一思想路线的指引下取得的。一般来说，思想路线体现了一定阶级及其政党的哲学指导思想和理论基础，例如坚持用唯物主义和辩证法的世界观看待世界，还是坚持用唯心主义和形而上学的世界观看待世界。而一定的思想路线，必然要表现为一定的思想方法；一定的思想方法则反映了特定的思想路线。实事求是的思想路线体现了彻底的唯物论和彻底的辩证法，是唯物论与辩证法的高度统一。其所表现出来的方法论意义，也已为中国革命的实践所证实。

首先，实事求是的思想方法，就是要坚持一切从实际出发，这是彻底的唯物主义一元论的基本观点。所谓从实际出发，就是不要从书本出发，不要从经验出发，不要从原则出发，不要从意志出发，总之一句话，不能从主观出发，而要从客观存在的实际出发。这是实事求是思想方法的根本原则。

那么，什么是实际呢？这就是客观存在的一切事物。比如中国革命，就要从中国的实际出发，这个实际包括中国的基本国情，中国的历史状况和现实状况，中国的政治、经济、军事、文化特点，中国的国际环境等，只有从这些实际的情况出发，才能得出中国革命的客观规律来。毛泽东同志指出："马克思主义叫我们看问题不要从抽象的定义出发，而要从客观存在的事实出发"❶"应当从客观存在着的实际事物出发，从其中引出规律，作为我们行动的向导""我们要从国内外、省内外、县内外、区内外的实际情况出发，从其中引出其固有的而不是臆造的规律性，即找出周围事变的内部联系，作为我们行动的向导。而要这样做，就须不凭主观想象，不凭一时的热情，不凭死的书本，而凭客观存在的事实，详细地占有材料，在马克思列宁主义一般原理的指导下，从这些材料中引出正确的结论。"❷ 新民主主义革命时期，毛泽东同志正是坚持了一切从实际出发的实事求是的思想路线和思想方法，对中国革命的实际情况进行了深入的调查研究和具体分析，才找到了一条合乎中国国情的革命发展道路。从《中国社会各阶级的分析》到《湖南农民运动考察报告》，正是在深入了解中国国情的基础上，毛泽东同志认识到中国作为半封建、半殖民地社会，深受三座大山的压迫，没有资产阶级民主。中国无产阶级受压迫最深，革命性最强，但数量较少；而人数众多的农民则是革命的主力军。敌人在城市力量强大，农村则比较薄弱，因此中国革命不能像俄国十月革命那样在城市搞武装起义，而只能走"工农武装割据"，以农村包围城市，最后武装夺取政权

---

❶ 《毛泽东选集》第 3 卷，第 759 页、第 810 页、第 757－759 页、第 854－855 页、第 853 页、第 777 页、第 759 页。

❷ 《毛泽东选集》第 3 卷，第 759 页、第 810 页、第 757－759 页、第 854－855 页、第 853 页、第 777 页、第 759 页。

的道路。实践证明，这是一条唯一正确的道路。

今天，建设有中国特色的社会主义，同样要坚持一切从实际出发、实事求是的思想路线和思想方法。20 世纪 50 年代，由于我们照搬照抄苏联的经验，脱离了中国的具体国情和实际情况，结果走了一段弯路。十一届三中全会以来，我们党又恢复了实事求是的思想路线和思想方法，坚持从中国的实际情况出发，建设有中国特色的社会主义。然而一些顽固坚持资产阶级自由化立场的人，却极力鼓吹"全盘西化"，照搬照抄西方资本主义国家的东西，这同样是违背中国的具体国情和实事求是的思想方法的，因而也是行不通的。

其次，实事求是的思想方法，不仅要坚持唯物主义的基本原则，而且要坚持辩证法的基本原则，这就是要用全面的、发展的观点看问题。这是彻底的辩证法的基本观点。

客观世界是一个复杂多样、普遍联系的整体，因此实事求是的思想方法要求用联系的全面的观点看问题，而不是随意地从现实中抽取片面的个别的事实。用系统论的观点说，就是从整体上进行全面的把握。列宁指出："要真正地认识事物，就必须把握、研究它的一切方面、一切联系和'中介'。我们决不会完全地做到这一点，但是，全面性的要求可以使我们防止错误和防止僵化。"❶ 毛泽东同志也强调看问题要坚持全面的观点，反对片面性。他说"马克思主义者看问题，不但要看到部分，而且要看到全体。"❷ "不了解矛盾各方的特点，这就叫做片面地看问题。或者叫做只看见局部，不看见全体，只看见树木，不看见森林。这样，是不能找出解决矛盾的方法的，是不能完成革命任务的，是不能做好所任工作的，是不能正确地发展党内的思想斗争的。"❸ 从全面的实际出发而不是从片面的个别的事实出发，这才是实事求是的科学态度。

客观事物不仅是普遍联系的，而且是每时每刻都在不停地运动、变化、发展着的。要使主观符合客观，认识符合实际，就必须使我们的思想随着客观事物的发展而变化。实事求是的思想方法，就是要求用发展变化的观点看问题。主观与客观、认识与实践具体的历史的统一，就是实事求是。当事物的具体过程已经向前推移，如果主观认识仍然停留在原来的阶段上，思想落后于实际，就会犯"右"的保守主义的错误；当事物的具体过程尚未完结，硬要把将来才能做的事勉强拿到现在来做，超越了客观实践的具体阶段，就要犯"左"的冒险主义的错误。实事求是的思想方法，就是要做到"主观和客观、理论和实践、知和行的具体的历史的统一，反对一切离开具体历史的'左'的或

❶ 《列宁选集》第 4 卷，第 453 页。
❷ 《毛泽东选集》第 1 卷，第 261 页、第 135 页、第 287－288 页、第 272 页、第 261 页、第 285 页。
❸ 《毛泽东选集》第 1 卷，第 261 页、第 135 页、第 287－288 页、第 272 页、第 261 页、第 285 页。

'右'的错误思想。"❶

再次，要坚持实事求是的思想方法，就必须反对主观主义的思想方法。所谓主观主义，一般是指主观唯心主义和主观片面地看问题的方法。毛泽东同志指出："主观主义就是不从客观实际出发，不从现实可能性出发，而是从主观愿望出发。"❷ 毛泽东同志一生同主观主义进行了长期的斗争。可以说，实事求是的思想路线和思想方法就是在同主观主义思想方法的斗争中逐渐形成和确立的。"我们党内的主观主义有两种：一种是教条主义，一种是经验主义。他们都是只看到片面，没有看到全面。如果不注意，如果不知道这种片面性的缺点，并且力求改正，那就容易走上犯错误的道路。"❸ "教条主义脱离具体的实践，经验主义把局部经验误认为普遍真理，这两种机会主义的思想都是违背马克思主义的。"❹ 在我党历史上，始终存在着实事求是的思想方法与主观主义思想方法的斗争。第二次国内革命战争时期，以王明为代表的"左"倾机会主义，拒绝对中国革命的具体情况进行具体的分析，只知把马克思主义的片言只语当作教条到处套用，结果给革命事业造成极大的损失。毛泽东同志后来在回顾这一段历史时指出"在民主革命中，我们受主观主义的害时间很长，受了很大的惩罚，根据地差不多丧失干净，革命力量丧失百分之九十以上，一直到这个时候我们才开始觉悟。经过延安整风，着重调查研究，从实际出发，才把这个问题搞清楚。"❺ 在社会主义时期，同样存在着两种思想路线和思想方法的斗争。从认识根源看，主观主义还会以各种形式不断产生。正如毛泽东同志指出的："主观主义永远都会有，一万年，一万万年，只要人类不毁灭，总是有的。有主观主义，总要犯错误。"❻ 因此坚持实事求是的思想方法有着极其深远的意义。

三、实事求是的认识方法

马克思主义哲学既是科学的世界观，又是方法论。它不仅要转化为无产阶级及其政党的思想路线和思想方法，同时也要转化为一定的认识路线和认识方法。我们的教科书中，一般把思想路线等同于认识论路线，这样的表述是不科学的。实际上，思想路线和思想方法是马克思主义哲学世界观在实际工作中的

❶ 《毛泽东选集》第1卷，第261页、第135页、第287－288页、第272页、第261页、第285页。
❷ 《毛泽东选集》第5卷，第297页。
❸ 《毛泽东选集》合订本，第777页、第995页。
❹ 《毛泽东选集》合订本，第777页、第995页。
❺ 《毛泽东选集》第5卷，第297页。
❻ 《毛泽东选集》第5卷，第297页。

总的体现与反映，它不仅包括唯物主义，同时也包括辩证法，是世界观与方法论的统一。而认识论路线和认识方法则主要是从认识论角度来探讨这一问题的，它们不论是从层次上、内涵上、还是应用范围上都是有所区别的。那么，实事求是体现了哪些认识论路线和认识方法呢？

第一，实事求是的认识方法体现了实践第一的认识论观点。我们要做到实事求是，首先就要肯定人的认识的来源即人的正确思想是从实践中来的。人们要获得正确的思想，必须从"实事"即客观存在的事物出发，经过"求"即实践，才能获得正确的思想与认识即事物的内在联系和规律性。实事求是的"求"字，就是在实践中去认识事物，它体现了认识从实践中来即实践第一的唯物主义观点。毛泽东同志指出："人的正确思想，只能从社会实践中来，只能从社会的生产斗争、阶级斗争和科学实验这三项实践中来。"❶ 而教条主义者不懂得实践是认识的来源，他们把向书本学习和向他人的经验学习绝对化，从而割断了他们同直接经验的联系，脱离了具体的实践。毛泽东同志针对这种错误，明确指出一切真知都是从直接经验发源的。"共产党的正确而不动摇的斗争策略，决不是少数人坐在房子里能够产生的，它是要在群众的斗争过程中才能产生的，这就是说要在实际经验中才能产生。"❷

第二，实事求是的认识方法，体现了理论与实践统一的原则。认识来自实践，从实践中得到的正确认识，反过来又能积极地指导实践，成为改造客观世界的锐利的思想武器。所谓理论联系实际，并不是从理论出发去裁剪实际，而是从实际出发，以理论为指导来分析问题和解决问题。因为脱离实际的理论是空洞的理论，而离开理论指导的实践则是盲目的实践。实事求是，就是在坚持一切从实际出发的过程中，把尊重客观实际同接受科学理论的指导密切地联系起来，有机地统一起来，去观察、分析和解决问题。马克思主义是从客观实际中产生出来并在客观实际中获得实践证明的科学理论，但马克思主义不是教条，而是方法。我们学习马克思主义的理论，是为着解决中国革命的实际问题，从它那里找立场、找观点、找方法的，而不能把它当作教条去到处套用。我国革命的每一个胜利，都是我们党把马克思主义的普遍真理同中国革命的具体实践相结合、坚持实事求是的结果。而历史上的教条主义和经验主义，都是主观与客观相分裂，理论与实践相脱离，违背了实事求是的原则，因而使革命受到损失。

第三，实事求是的认识方法体现了实践是检验真理的唯一标准的根本原则。认识来源于实践，又要接受实践的检验，并在实践中不断丰富和发展。实

---

❶ 《毛泽东著作选读》乙种本，第251页。
❷ 《反对本本主义》，第9页。

事求是的"求"字，不仅体现了认识来源于实践，同时体现了认识的全过程，即实践，认识，再实践，再认识，循环往复，以至无穷，直到认识完全符合客观实际即实事求是为止。而实事求是的基本过程，就是在实践中检验真理和发展真理的过程。人们的认识是否符合客观实际，是否具有真理性，只有通过实践及其后果才能最终加以确定。离开实践这个客观标准，对于究竟是做到了实事求是还是违背了客观实际根本无法判别。毛泽东同志指出"只有人们的社会实践，才是人们对于外界认识的真理性的标准。"❶ 实事求是的认识方法，完整、准确、鲜明地体现了通过实践发现真理，又通过实践证实和发展真理的马克思主义的认识论。

四、实事求是的工作方法

我们说马克思主义的唯物辩证法既是世界观，又是方法论，但是，世界观并不是直接的现成的方法论。这里有一个转化的过程即理论运用于实践的过程，只有在理论和实践的结合中，世界观才能转化为方法论。毛泽东同志在把马克思主义的普遍原理同中国革命的具体实际相结合的过程中，不仅总结出了实事求是的思想方法和认识方法，而且创造性地总结出了一整套科学的行之有效的工作方法和领导方法，这在马克思主义哲学方法论体系中也是绝无仅有的。

如前所述，实事求是不仅要获得对客观世界的正确认识即规律性，而且要找出改造客观世界的正确方法。所谓实事求是的工作方法，就是改造世界的实践方法，它与思想方法和认识方法既密切联系又相互区别。思想方法与认识方法具有一般性的意义，它们决定了工作方法；工作方法则是思想方法与认识方法在实际工作中的具体应用和具体表现，体现着思想方法与认识方法。在改造世界的实践活动中，二者是紧密联系不可分割的。毛泽东同志总结出了哪些实事求是的工作方法呢？

1. 群众路线的领导方法。毛泽东同志历来强调要切实贯彻党的群众路线，这是因为群众路线是我们党的根本的政治路线，也是我们党根本的组织路线。以毛泽东同志为代表的中国共产党人，正是依靠群众路线这个科学的领导方法，才取得了中国革命和建设的伟大胜利。所谓群众路线，就是相信群众，依靠群众，从群众中来，到群众中去。一切从人民群众的利益出发，一切为了人民群众，一切向人民群众负责，相信群众能够自己解放自己，虚心向人民群众学习。毛泽东同志指出："在我党的一切实际工作中，凡属正确的领导，必须

❶ 《毛泽东选集》第 1 卷，第 261 页、第 135 页、第 287－288 页、第 272 页、第 261 页、第 285 页。

是从群众中来，到群众中去。这就是说，将群众的意见（分散的无系统的意见）集中起来（经过研究，化为集中的系统的意见），又到群众中去做宣传解释，化为群众的意见，使群众坚持下去，见之于行动，并在群众行动中考验这些意见是否正确。然后再从群众中集中起来，再到群众中坚持下去。如此无限循环，一次比一次地更正确、更生动、更丰富""从群众中集中起来又到群众中坚持下去，以形成正确的领导意见，这是基本的领导方法。"❶ 党的群众路线的理论基础就是马克思主义的唯物史观，即人民群众是历史的创造者和发展动力的学说。它的认识路线就是马克思主义的认识论，即实践、认识、再实践、再认识在党的领导方法上的体现。"群众—领导—群众""实践—认识—实践""个别——一般—个别"在这里达到了高度的、完美的统一，体现了实事求是的基本原则，因而是科学的领导方法。

2. 调查研究的方法。这是实事求是的一个根本方法。它是毛泽东同志在长期的革命实践中，为了反对主观主义特别是教条主义而倡导的一种科学方法。他非常重视调查研究的重要性，认为这是一切工作的第一步，没有调查就没有发言权。回顾我党的历史，可以清楚地看到，调查研究是我们党制定路线、方针、政策的基础，是一切工作的根本。毛泽东同志提出的中国革命的道路以及一整套路线、方针、政策，可以说都是调查研究的产物。我们说调查研究是实事求是的根本方法，这是因为：第一，调查研究是从实际出发的基础。要从实际出发，就必须深入实际，深入群众，向社会作调查。因为在基层的群众，他们最了解情况，最有智慧。只有了解了客观事物的具体情况，掌握第一手材料，经过分析研究，才能从中找出规律性，作为我们行动的向导。第二，调查研究是理论联系实际的前提。要联系实际，就必须了解实际。不了解实际，理论联系实际就无从谈起。第三，调查研究必须坚持全面性，忌带片面性和表面性。这就是说，对调查材料要进行全面的分析和综合，既不要为假象所蒙蔽，也不要满足于个别的、片面的事实与材料。总之，要做到实事求是，就必须从调查研究开始。

3. 一般与个别相结合的方法。所谓一般和个别相结合，就是把一般号召和个别指导结合起来。毛泽东同志指出："任何工作任务，如果没有一般的普遍的号召，就不能动员广大群众行动起来。但如果只限于一般号召，而领导人员没有具体地直接地从若干组织将所号召的工作深入实施，突破一点，取得经验，然后利用这种经验去指导其他单位，就无法考验自己提出的一般号召是否

❶ 《毛泽东选集》第 3 卷，第 759 页、第 810 页、第 757－759 页、第 854－855 页、第 853 页、第 777 页、第 759 页。

正确，也无法充实一般号召的内容，就有使一般号召归于落空的危险。"❶ 一般与个别相结合之所以成为科学的工作方法与领导方法，就在于它是以辩证法的矛盾学说为其理论基础的，它体现了矛盾的普遍性与特殊性之间的关系即矛盾问题的精髓。同时它也是一个认识论问题，是和人类认识发展的规律相适应的。毛泽东指出："人类认识的规律表现为两个相互联结的过程，一个是由特殊到一般，一个是由一般到特殊。人类的认识总是这样循环往复地进行的，而每一次的循环（只要是严格地按照科学的方法）都可能使人类的认识提高一步，使人类的认识不断地深化。"❷ 毛泽东同志在运用这一方法时，还创造了许多具体的方法，如解剖麻雀、典型示范、以点带面、点面结合等。由于它体现了实事求是的原则，因而得到了广泛的应用。

4. 有的放矢的方法。这是实事求是的又一个科学方法。毛泽东同志指出："马克思列宁主义理论和中国革命实际，怎样互相联系呢？拿一句通俗的话来讲，就是'有的放矢'。'矢'就是箭，'的'就是靶，放箭要对准靶。马克思列宁主义和中国革命的关系，就是箭和靶的关系。"❸ "我们中国共产党人所以要找这根'矢'，就是为了要射中国革命和东方革命这个'的'的。"❹ 有的放矢，关键是要找准靶子。客观事物是复杂多样的，存在着多种多样的矛盾，这就要求我们要抓住事物的主要矛盾和矛盾的主要方面；客观事物每时每刻又是在不停地运动发展变化的，不同的阶段存在着不同的问题和矛盾。因此一切从实际出发，理论联系实际，并不是盲目地漫无边际地了解实际，而是要做到有目的性，有针对性，要找准实际存在的问题在什么地方，并经过分析、研究，找到问题的症结所在，然后对症下药。因此有的放矢不仅体现了一切从实际出发的实事求是的思想，而且强调了理论联系实际的目的性、计划性和科学性，揭示了实事求是的有效途径，避免了盲目性和随意性。

毛泽东同志在把马克思主义的理论应用于中国革命的实际过程中，创造性地总结和概括出了实事求是的科学方法。他运用这一方法，不仅获得了对中国革命的正确认识即找到了革命胜利的道路，而且找到了解决中国革命问题的正确方法，从而达到了改造世界的目的，创建了一个新中国。马克思主义理论在实际应用中曾被转化为许多科学的方法，但没有一个像实事求是这样从根本上涵盖了马克思主义的基本内容，也没有像它这样形成了从思想方法、认识方法

❶ 《毛泽东选集》第3卷，第759页、第810页、第757－759页、第854－855页、第853页、第777页、第759页。
❷ 《毛泽东选集》第1卷，第261页、第135页、第287－288页、第272页、第261页、第285页。
❸ 《毛泽东选集》第3卷，第759页、第810页、第757－759页、第854－855页、第853页、第777页、第759页。
❹ 《毛泽东选集》第3卷，第759页、第810页、第757－759页、第854－855页、第853页、第777页、第759页。

到工作方法的方法论体系，更没有像它这样得到如此深刻、全面和广泛的应用。它在马克思主义哲学方法论体系中的地位、作用及意义，已为中国革命的实践经验所证实。

（原载《山西师大学报》1991 年第 3 期）

阶级本性不能改变吗

"狗改不了吃屎，狼改不了吃人，阶级本性永远不会改变。"长期以来在人们的头脑里几乎成为一种绝对的观念。有一阶段曾被人们奉为金科玉律，甚至当作绝对真理到处奉行。人们用它分析事物，认识事物，用它指导工作、学习和实践，并把它作为宗教信条处处套用。这种观念，使人们的思想逐渐地趋于僵化，在人们的眼里，阶级本性成为一种离开物质的抽象不变的东西，由此得出世界上任何事物的本性都是抽象的、僵死不变的结论。结果出现了许许多多违背客观事物发展规律的怪现象，造成了极其严重的后果和恶劣的影响。

华国锋同志在第五届全国人民代表大会第二次会议的《政府工作报告》中提出："作为阶级的地主阶级、富农阶级已经消灭"，"作为阶级的资本家阶级也已经不再存在"。按照"阶级本性永远不会改变"的观点，如何解释华国锋同志的关于剥削阶级已经消灭的这一论断呢？如果说，作为阶级的剥削阶级已经被消灭，那么，作为阶级的阶级本性是随着被改变了呢，还是继续存在着呢？这个问题，不仅是一个认识问题，而且还是一个理论问题和实践问题。弄清楚这个问题，对于进一步理解华国锋同志关于我国剥削阶级已经消灭的理论，澄清长期以来在人们头脑中形成的错误观念和糊涂认识，促进四化建设，都有积极的意义。

一、阶级本性能不能改变？

马克思主义哲学认为，世界是永恒运动着的物质世界。世界上根本不存在什么绝对不变的东西。科学的全部成就都证明，物质世界的一切，处在永不停息的运动变化中。

整个宇宙从微观世界到宏观世界，从无机物到有机物，从生物界到人类社会，无一不在运动着，无时不在发展变化着。离开了物质的运动、发展和变化，就没有世界，也就没有人类社会的历史。

既然如此，阶级本性能不能改变呢？为了弄清楚这个问题，我们不妨作一些初步的分析。

什么是本性？本性即事物的本质属性。阶级本性即阶级的本质属性或社会属性。在物质世界中，任何事物都具有一定的质，而任何质都必然表现出一定的属性。世界上事物之所以形形色色、千差万别，是由事物的各自特殊的质及其特殊的属性所决定的。

事物的属性是事物的质的表现与反映，是在一事物和他事物发生联系时表现出来的质。从根本上说，质是本源的东西，是性赖以存在的基础，质决定了性，质的变化必然引起性的变化；而性则是派生的东西，它依附于质，随着质的变化而变化。在这里需要加以区别的是，性是属于物质的还是属于精神的呢？既然性是在一事物和他事物发生联系时表现出来的质，质是客观存在的，那么，性也是客观存在的。由此得出：性是物质的而不是精神的，是发展变化的而不是抽象不变的结论。但属性又不同于现象，虽然它们都表现了质。因为现象是事物外部的表面的表现形态，而属性则是事物内部的本质的表现形态。它比现象更深刻更直接地表现了质。由于事物常常是包含着多种运动形态和多种矛盾的统一体，这就使事物具有多方面的质。人们要全面地认识事物，就必须从不同的侧面研究事物的本质属性，正如对于人，社会科学研究的是他的社会的质及社会属性（即阶级性），医学和生理学研究的是他的生理的质及自然属性。这是根本不同的两种本质属性。人们为了认识世界和改造世界，通过事物之间的相互联系和相互作用，对事物的木质属性有了进一步的认识和了解，所谓的性质、性能、特性、属性等，虽然表达方式不同，但意义都是相同的，都是对事物本性的概括和总结。

在物质世界中，一切物质形态都依一定的条件互相转化，事物由一种质的形态转变为另一种质的形态，事物的属性也就发生了变化。在生物界，达尔文根据极其丰富的材料证明，现在的一切动植物的物种，都是由单细胞经过长期发展的结果，动植物所以获得现有的属性和机能，是由于遗传和变异的交互作用（这里是指生理遗传和自然属性的遗传，不仅有遗传，而且还有变异），是物质自身的发展和变化。印度的"狼孩"在世界上很闻名。印度加尔各答一个森林中发现两个被狼"抚养"大的女孩，尽管她们具有人的外形及特征，但从本质上（这里指社会的质）发生了变化，因此丧失了人的一切特性。相反，在她们的身上，却明显地保持了许多狼的本质与属性。人和动物的质的区别，是人的社会的质及其社会属性，其中最根本的表现是：动物不能制造和使用工具，只能消极地适应环境；而人则能制造和使用工具，积极地改造环境。人的社会本质，在阶级社会里最根本的是其阶级性。由于早期生活脱离了人类社会而与狼生活在一起，"狼孩"不会说话，不会劳动，尽管是人，却怕与人接触，喜欢单个活动，要吃肉、吃生食，智力水平十分低下……事实证明，人的本性（即社会属性）并非是先天的，而是后天产生的；随着条件的改变，其本性也是能够改变的。这件事也生动地证明：狼吃人的本性也不是一成不变的。

那么，世界上有没有一成不变的阶级本性呢？从阶级产生与消亡的过程看，世界上是不存在什么一成不变的阶级本性的。

任何事物都有其产生、发展和灭亡的过程，阶级并不是从来就有的，而是社会发展到一定历史阶段的产物，是在社会生产力有了一定发展但又发展不足的情况下产生的，因此阶级是一个历史的范畴。当生产力高度发展之后，阶级的消灭就会成为一种历史进步的必然趋势。阶级灭亡了，阶级本性也就会随着消失。"皮之不存，毛将焉附？"因此说阶级本性是完全能够改变的。

首先，从历史发展的总过程看，阶级本性是能够改变的。从历史发展的阶段性来看，阶级本性又是不能改变的。

自阶级产生以来，人类社会经历了奴隶社会、封建社会、资本主义社会和社会主义社会几种社会形态。这中间，奴隶主阶级被封建地主阶级所代替，封建地主阶级又被资产阶级所代替。虽然地主阶级和资产阶级同属剥削阶级，但它们各自代表了不同的生产力和生产关系，在阶级本性上是有区别的。这种转变表现了剥削阶级的根本性质未变而比较次要的性质发生了变化，但这也足以说明阶级的本性是发展变化的，它为阶级的最终消灭作了量的准备。直到进入社会主义，随着阶级的消灭，阶级本性必将得到改变而逐渐消失。这是一个由量变到质变，由部分质变到全面质变，由次要的质变到根本的质变的发展过程。

但是，从历史发展的阶段性来讲，阶级本性又是不会改变的。事物在其发展的一定阶段和一定时期，具有质的稳定性，在这个阶段和这个时期内，它的性质基本不变。例如，在奴隶社会，奴隶主阶级的本性是不会改变的；在封建社会，封建地主阶级的本性是不会改变的；在资本主义社会，资产阶级的本性是不会改变的。在阶级社会这个总过程总阶段中，剥削阶级的本性是不会改变的。但历史是前进的、发展的，因此这种不变只是相对的、有条件的、暂时的，而变化则是绝对的、无条件的，这就是历史的辩证法。

其次，从整体讲，阶级本性是不能改变的；从个体讲，阶级本性又是能够改变的。

在阶级社会里，阶级是由一些大的集团、阶层组成的，这些集团、阶层又是由个人组成的。由于在社会生产关系中处于同一地位，拥有共同的利益，使单独的个人联系成为阶级。一旦组成阶级，就必然会产生出这一阶级所共有的阶级的本质属性，这种共有的阶级的本质属性就叫作阶级性，这种阶级性在其整个阶级没有消灭之前是保持相对稳定的，是不会改变的。

反过来，从个体讲，其本性又是可以改变的。阶级是由个人组成的。每个人在一定历史条件和社会关系中，尽管他属于某一阶级，受到阶级本性的制约和支配，但作为个人，他仍然具有区别于他的阶级本性的个性。这种个性也并不是什么抽象不变的东西，而是一定历史条件的产物，它总是受到非常具体的阶级关系的制约，自然也随着一定的历史条件和具体的阶级关系变化而变化。例如，某些剥削阶级家庭出身的人，可以转变为无产阶级，其原因是多方面的，可能是因为天灾人祸造成破产，也可能是因为其他特殊原因所致。同样，一些无产阶级家庭出身的人，也可以转变为资产阶级。这种整体与个人的关系即共性与个性的关系的转变就有可能引起阶级本性的改变。在一定历史阶段内，共性是普遍的、无条件的，因而也是绝对的，而个性则是具体的、有条件的、暂时的，因而也是相对的。所以，从整体上讲，阶级本性是不可改变的，从个体上讲，阶级本性又是可以改变的。这种变与不变，是事物辩证的统一。

二、如何理解现阶段我国剥削阶级反动本性的改变呢？

在我国，作为阶级的剥削阶级已经被消灭，剥削阶级的反动本性是不是也随之改变了呢？

阶级是在一定的经济条件下产生的，因此是一个经济范畴。但同时，它又是一个社会范畴。社会阶级的矛盾和对立也表现在政治生活和精神生活上。但是，社会各阶级在政治上和思想上的特点，归根到底还是决定于它们的经济地位，人们在社会中的经济地位决定了人们的阶级立场和阶级本性。显然，阶级本性的改变首先决定于经济地位的改变，其次通过斗争和教育，在劳动中改变其阶级立场和思想。任何一个剥削阶级在其失去生产资料后就丧失了它赖以生存的经济基础，其阶级本性不变也得变。一般说来，当剥削阶级的所有制被改变以后，它赖以存在的经济基础已经消灭，其中的大多数人已被改造成为自食其力的劳动者，作为阶级的剥削阶级已经不再存在，那么剥削阶级的反动本性也就必然随之发生变化。但是，如何才能体现阶级本性的改变呢？辩证唯物主义认为，事物的本性是在一事物与他事物发生联系时表现出来的。资产阶级和一切剥削阶级的反动本性正是在与无产阶级和其他劳动人民发生联系时暴露出来的，而这种改变，也只能通过这种联系去认识，去体现。剥削阶级被推翻以后，政治上的失败和政权的丧失，使他们无法再压迫别人；生产资料的被剥夺，使他们丧失了剥削别人的条件和可能；长期的斗争、教育和劳动改造，又使他们由原来的不劳而获、唯利是图、贪得无厌变成一个自食其力、奉公守法的劳动者。这就应该承认他们的阶级本性已经发生了变化。这里所说的阶级本性的改变，并不是说把他们改造得同工人农民一样，而仅仅是成为遵守法令、没有反动行为和自食其力的劳动者。因此说，在我国，作为阶级的剥削阶级被消灭以后，剥削阶级的反动本性也随之发生了变化。

　　既然剥削阶级的本性已经改变，为什么还会存在着阶级斗争呢？阶级本性的改变不是阶级本性的消灭。剥削阶级消灭之后，从整体上讲，剥削阶级的阶级本性得到了改变；但其残余分子还存在，从个体讲，这些残余分子身上还保留着某些剥削阶级的反动本性。但这种本性已不是原来意义上的那种普遍的阶级的本性了，而通常则明显地表现为鲜明的个性，并且也总是受到非常具体的历史条件的限制，因而也是暂时的、易变的。

　　例如某个反动分子，总是受到生命的限制、环境的限制等，此时他们只能是残余的、单个的、零散的，而不可能是一个阶级。尽管如此，这些残余分子的反动本性也是要得到改变的，它必将随着非常具体的历史条件的变化而变化，直至最后得到改造。

　　如前所述，事物的本质属性是物质的、具体的，不是精神的、抽象不变的。同样，阶级的本性也是物质的、具体的，不是精神的、抽象不变的。它不同于观念形态的东西，具有相对的独立性。一般说来，随着阶级的消灭，阶级本性也就消失了。但社会意识（即观念形态）的变化则落后于社会存在的变化。剥削阶级在我国经营了几千年，在思想上形成了一定的观念形态。当剥削阶级被消灭以后，虽然其反动的阶级本性也得到改变，但其形成的观念形态还可能存在一个相当长的时期。一方面，它还继续存留于那些未经改造好的剥削阶级的残余分子头脑中，这些人身上还保持着剥削阶级的反动本性；另一方面，这些剥削阶级的观念形态，还会影响腐蚀劳动人民的思想意识，并且还会由于其他种种原因和一定的经济条件，产生一些新的反革命分子和新的剥削分子，在这些人身上，还会暴露出剥削阶级的反动本性来。这是毫不奇怪的。恩格斯曾指出，阶级的划分是以生产力的不足为基础的。只要社会生产力没有发展到足以从根本上消灭阶级的高度，这种剥削阶级的观念形态还会有其市场，新的剥削分子和反动分子就必然有其产生的经济条件，而剥削阶级的反动本性也还会得到充分的暴露。只有社会的生产力高度发展了，阶级彻底消灭了，那么，阶级的本性就会随着阶级的消灭而消失。

　　马克思主义哲学认为，实践是检验真理的唯一标准。一种认识是否正确，只有通过实践才能证实。阶级本性能够改变的观点不仅在理论上是站得住脚的，而且在实践上也是被充分证实了的。

　　毛泽东同志指出："对于反动阶级和反动的人们，在他们的政权被推翻以后，只要他们不造反，不破坏，不捣乱，也给土地，给工作，让他们活下去，让他们在劳动中改造自己，成为新人。"根据毛泽东的这一思想，我党对剥削阶级进行了长期的斗争、教育和改造工作。经过二三十年的教育改造，我国的剥削阶级已经从根本上发生了变化，他们中的绝大部分是奉公守法，积极参加社会主义生产劳动的，确已改造成为社会主义自食其力的劳动者。实践说明，剥削阶级的本性是完全能够改变的，而且已经得到了改变。

三、阶级本性不能改变的观点是一种唯心主义和形而上学的观点

"阶级本性不能改变"的观点，是一种唯心主义和形而上学的"本性"说。这种"本性"说，把一切都看成是孤立、静止和永远不变的。它否定了辩证唯物主义关于事物都是互相联系、互相作用、不断运动发展和变化的观点，导致人们思想僵化，认识片面，工作教条，造成极其恶劣的影响。这种"本性"说，基本上又可分为两种。一种是形而上学唯心主义的本性说。即把阶级本性看成是一种抽象的一成不变的东西，这种东西可以离开物质而独立存在，它像一种绝对观念和绝对精神一样，可以脱离物质实体永远存在下去，即使物质改变了、消灭了，这种本性也不会改变。辩证唯物主义认为，世界上绝对没有什么抽象不变的东西。在人类社会里，只有具体的人性，没有抽象的人性，只有具体的阶级性，没有抽象的阶级性，任何离开物质的东西都是不存在的。另一种是形而上学唯物主义的"本性"说。即把阶级本性看成是一种固有的属性，这种属性不会随着阶级的变化而变化。我们认为阶级本性也不是固有的，就像阶级并不是从来就有的一样，它是社会发展到一定阶段的产物，它必将随着阶级的消灭而消失。总之，无论是形而上学唯心主义的本性说，还是形而上学唯物主义的本性说，其实质都是否认了事物的发展和变化，因而都是对历史的反动。

思想上的错误，必然导致理论上的错误。阶级本性不会改变的观点，否定了马克思主义关于阶级产生、发展和消亡的理论。马克思指出，阶级的存在仅仅同生产发展的一定历史阶段相联系。它是以生产力发展不足为基础的。等到生产力高度发展了，阶级就消灭了。离开生产力的发展空谈阶级斗争的理论，完全违背了事物的客观规律，其结果必然会阻碍生产力的发展和社会的前进，等于宣布阶级永远不会被消灭，人类永远不会进入无阶级社会，共产主义在人们的眼里便会变得虚无缥缈，无法实现。

阶级本性永远不会改变的观点，在实践上也带来极其严重的后果。首先，它否定了我们党对剥削阶级的改造。新中国成立以来，我党对剥削阶级进行了大量的教育和改造，并取得了伟大的胜利。林彪、"四人帮"一伙不顾这些事实，片面地强调资产阶级对无产阶级的影响，完全无视无产阶级对资产阶级的改造，从而否定了我党在消灭剥削阶级问题上对马克思主义的发展。其次，它导致了阶级斗争无限长期化和扩大化。再次，容易形成"血统论"。阶级属性本来是社会属性，是人们的阶级地位决定的。但是这种"本性"说则把阶级

本性当作一种抽象不变的东西，似乎这种东西会像动植物的某种生理遗传一样，一代一代地保留下来，且还是有遗传、无变异。父亲是反动的，儿子也一定是反动的，这种反动本性是不会改变的。所谓"老子英雄儿好汉，老子反动儿混蛋""龙生龙，凤生凤，老鼠儿子会打洞"等，正是这种本性遗传的典型说教。在这种思想支配下，有些地主、富农或资本家已经死了，却把他们的子女甚至子女的子女继续划为地主、富农或资产阶级。这种做法毋庸置疑是极其错误的。当前，在我国，剥削阶级虽然已经被消灭，林彪、"四人帮"也被打倒，但有许多过去形成的错误观念和糊涂认识还存在着，还在继续束缚着人们的思想和手脚，成为人们前进的羁绊与障碍。为了进一步解放思想，加快四化建设步伐，就必须逐步清除这些错误观念，为四化建设扫清道路。

（原载《山西师院学报》（社会科学版）1980 年第 4 期）

真理总是首先在少数人手里

　　真理总是首先在少数人手里，这已为人类认识发展史上的无数客观事实所证实。但是多年来，人们一直认为"真理总是在群众（或大多数人）手里"。还有一种观点认为"真理有时也在少数人手里。"这两种观点都带有一定的片面性和不彻底性，因而容易为唯心主义和形而上学所利用。"四人帮"时期，唯心主义盛行，形而上学猖獗，与这种真理观不能说不无关系。直到现在，这种认识也还继续存留在人们的思想中。为了弄清问题的实质，我觉得有必要提出这样一个问题，以期引起讨论。

　　一、从发现真理的过程看，真理总是为个别人首先发现。任何一个真理的认识，都是被个别人首先发现的。从哥白尼的太阳中心说，到达尔文的生物进化论，从爱因斯坦的相对论，到门捷列夫的元素周期律，从牛顿的万有引力定律，到马克思、恩格斯的剩余价值学说和唯物史观，纵观人类认识史，可以看到，几乎没有一项真理的认识不是由个别人首先发现的。

　　真理总是为个别人首先发现，是以人类的实践为其前提条件的。历史上，一切唯心主义者都认为"先觉觉后觉"。所谓"先觉觉后觉"，是指有些人天生下来就是"先知先觉"的圣人、英雄，劳动人民则是愚昧无知的群氓，必须由这些圣人英雄来启迪开导。真理总是为个别人首先发现，与这种唯心史观有着本质的区别。首先，它是建立在实践的基础上，认为任何真理的发现，都是人类实践的结果，而不是脱离人类实践的"生而知之"的所谓"先知先觉"的先验论。其次，它承认人民群众是历史的创造者。人民群众的生产斗争、阶级斗争和科学实验三大实践活动是发现真理和认识真理的基础。离开这个基础，是不可能提出任何真理性的认识的。但是真理不是自然而然地产生的。人类的实践固然是真理认识的基础，然而仅仅有这个基础还不行，还必须有人对它进行科学的概括和总结，否则任何真理都不会自动地产生。历史上一些杰出的科学家、思想家，只不过是对人类的实践进行了科学的概括和总结，从中揭示出事物发展的客观规律，才提出了真理性的认识。因此，真理为个别人首先发现是建立在人民群众的实践基础之上的。

　　基于实践基础上的真理的认识为什么总是个别人首先发现呢？因为事

物的发展是不平衡的。无论是自然界、人类社会还是人们的思维都是这样，任何时候，任何情况下，人们的认识能力都不可能是整齐划一地停留在一个水平线上。这就决定了不可能同时发现和认识一个真理。当然，有时也会出现这样一种现象，就是几个人在不同的地点却同时发现了一个真理，但这也终究还是个别的少数人，而不可能是整个社会或人类集体同时发现。

为什么有的人发现了真理而有的人就发现不了真理呢？这是由主客观条件造成的。首先，真理的认识必须具备一定的客观条件。为什么欧文、圣西门、傅立叶不能发现科学社会主义的真理，而马克思、恩格斯则揭示了这一真理呢？"不成熟的理论，是和不成熟的资本主义生产状况、不成熟的阶级状况相适应的"。在欧文、圣西门、傅立叶所处的时代，人类社会的生产斗争、阶级斗争和科学实验对认识和发现这一真理所提供的客观条件还不成熟。到了马克思、恩格斯时期，认识这一真理的客观条件已完全具备了，马克思、恩格斯正是在此基础上对人类的优秀文化遗产和阶级斗争的实践进行了科学总结，才提出了这一真理性的认识。其次，真理的认识还必须具备一定的主观条件。为什么相同的时间、地点和历史条件，有的人发现了真理，有的人却发现不了呢？这是由于每个人的主观条件不同引起的。例如每个人的阶级出身、受教育程度、知识水平、阅历深浅、实践范围、观察问题的立场观点方法等主观条件各不相同，尽管处在相同的客观历史条件下，却不一定都能够发现真理。甚至对同一客观事物及其规律的真理性的认识，由于主观条件不同，认识都截然不同或者完全相反。因此，真理的认识和发现不仅要具备一定的客观条件，而且还要具备一定的主观条件。

在客观条件已经成熟的情况下，具备哪些主观条件才能够认识真理呢？第一，就阶级地位来说，他们必须是先进阶级利益的代表。这个阶级的利益是和事物发展的方向和历史前进的客观规律相一致。真理是客观的，真理本身没有阶级性。但是在阶级社会中，人们对真理的认识是受阶级的制约和影响的。人们总是站在一定的阶级立场上，代表一定的阶级利益和愿望去观察认识问题，尤其对社会问题的观察和认识更是如此。反动阶级由于他们的根本利益要求与历史发展的规律相违背，因此很难发现，特别是不敢承认关于社会发展客观规律的真理。自然科学真理，一般说来并不直接涉及各个阶级的利益，可以为不同的阶级所认识和运用。但是，当它触犯人们的利益的时候，也会遭到强烈的抵抗和反对。历史上进步的阶级，由于他们的地位和利益同社会历史发展规律基本上是一致的，因此能在不同程度上发现和利用社会的科学的真理。第二，就认识来看，他们必须能够坚持正确的立场、观点和方法，坚持实事求是的科学态度。"真理只有一个，而究竟谁发现了真理，不依靠主观的夸张，而依靠客观的实践。"❶ 这主要取决于他是否有一个老老实实的科学态度，是否能从实际出发，运用辩证唯物论和历史唯物论的立场、观点、方法分析事物，认识事物，如实地反映客观事物及其发展规律。第三，就知识水平和受教育程度来看，他们必须具有丰富的科学文化知识。真理的认识是一个不断地由相对真理向绝对真理发展的过程。因此人们对真理的认识也有一个继承性的问题，假如他们对以往人类文化的优秀成果缺乏深刻的研究和必要的了解，也就无法在此基础上提出新的真理性的认识。当然也有这种情况，有些人并未受过什么良好的教育，他们的知识也远不是那样的渊博和丰富，但却在某个方面作出了科学的发明和创造，提出了真理性的认识。尽管如此，他们也还是在自己作出贡献的问题上继承发展了以往人类实践的经验。第四，就个人阅历和实践范围来看，他们必须是积极投身于所处时代的社会实践活动，否则将一事无成。马克思、恩格斯和费尔巴哈是同时期的人，所处的历史条件、理论状况以及自然科学条件都是相同的，费尔巴哈比马克思、恩格斯还更早地从唯心主义转向了唯物主义，在理论条件上，费尔巴哈比马克思、恩格斯的条件还要好，但为什么创立辩证唯物主义和历史唯物主义哲学的不是费尔巴哈而是马克思和恩格斯，根本原因在于费示巴哈脱离了当时的社会实践，长期隐居农村，而马克思和恩格斯则积极投身于当时的革命实践。第五，从真理本身的发展来看，他们必须具有为真理而献身的精神。真理是在同谬误的斗争中发展起来的。从真理被发现的时候起，就开始了同谬误的斗争。因此要追求真理，认识真理，就必须要勇于斗争，随时准备为真理而献身。总之，发现真理和认识真理，并不是一件轻而易举的事，这正是真理为什么总是为个别人首先发现的真正原因。

二、从认识真理的过程看，真理总是被少数人首先认识和掌握。真理被个别人发现后，所面临的一个问题，就是它是否能够得到社会的承认，是否能够被人们所认识。应当肯定，真理最终总是要被大多数人所认识，所掌握。但是，往往一个新发现的真理，不能立刻得到社会上大多数人的承认。这是毫不奇怪的。

为什么一个真理发现之后，往往不容易一下子被人们所认识呢？

第一，真理本身的发展是一个过程，与之相应的人们的认识也必然要有一个过程。任何一个真理被发现后，并不能一下子就充分证实它是真理。这里有一个被逐渐证实和认识的过程。只有当真理在长期的生产斗争、阶级斗争和科学实验中被证实了时，人们才会认识到它的真理性。

第二，真理是在同谬误斗争中才逐渐被人们认识的。一个真理性的认识，往往不是一开始就得到人们的理解和承认，有时反而会被当作异端邪说遭到反

---

❶ 《毛泽东选集》第 2 卷，第 623 页。

对。这是因为，真理同谬误的界限并不是一开始就十分清楚明确的，只有经过反复的斗争和实践才能判明。必须看到，千百万人的旧习惯势力是一种可怕的保守力量。人类经历了漫长的私有制社会的发展过程，给人们留下了封建主义、资本主义的腐朽思想和小生产的习惯势力的沉重的精神枷锁，形成了一代又一代人的顽固的阶级偏见。而偏见比无知离真理更远。同时还应看到，在阶级社会里，有些真理所揭示的客观规律同处于不同阶级地位的人们的切身利益有直接或间接的关系。当真理触犯了一些人的利益的时候，就会遭到他们的强烈的反对。正如列宁指出的："有一句著名的格言说：几何公理要是触犯了人们的利益，那也一定会遭到反驳的。"

第三，由于事物发展不平衡，人们的认识不可能是整齐划一或同处在一个水平线上，因此真理被发现后，人们的认识总是有先有后，有快有慢，有迟有早。关于这一点，前面已有叙说，这里不再赘述。

三、真理总是首先在少数人手里是真理认识的重要环节。如前所述，实践是真理认识的前提条件，也是检验真理的唯一标准。真理的认识总要经过"群众实践（前提）—少数人发现和认识（概括总结）—多数人掌握（再实践）"这样一个发展过程。当真理为多数人掌握以后，真理的发展就完成了一个周期。但真理并没有就此完结。"客观现实世界的变化运动永远没有完结，人们在实践中对于真理的认识也就永远没有完结。"❶ 真理又在新的基础上向前发展了。然而新的真理的认识又必然要经过"群众实践—少数人发现和认识—多数人掌握"这样一个过程。这是真理认识的规律。这个规律，是和"实践—认识—实践"的认识论的总规律相一致的。在认识论总规律中，认识是从实践开始的，由实践到认识，再由认识到实践，这是认识发展的全过程。在真理规律中，真理的认识也是以实践为前提的，个别少数人在群众实践的基础上进行科学的概括和总结，提出真理性的认识，然后又回到实践中去，接受实践的检验，最后为多数人所掌握，变成认识世界和改造世界的锐利武器。这同样经历了由实践到认识，再由认识到实践的认识发展过程。真理的认识总是按照这个规律循环往复以至无穷，最终达到由相对真理到绝对真理的过渡。

基于实践基础上的真理的认识从发现过程看，总是个别人首先发现；从认识过程看，总是被少数人首先认识；真理被多数人掌握后，新的真理又出现了，但同样是在群众实践的基础上由少数人首先发现……由此得出结论：真理总是首先在少数人手里。

但是多年来，人们却一直认为"真理总是在群众（或大多数人）手里"，或者说，"真理有时也在少数人手里。"这是需要弄清楚的两个理论问题。

---

❶ 《毛泽东选集》第 1 卷，第 272 页。

"真理总是在群众（或大多数人）手里"，这种认识带有一定的片面性。如果说，从一定意义上讲，它有其正确的一面，那就在于，把它放到真理认识的全过程中，认为真理总是来自群众，最终总是要被群众所认识，所掌握，并将成为认识世界和改造世界的巨大的物质力量，这当然是正确的，无可非议的。但是，从另一种意义上讲，如果撇开真理的认识过程，而把它作为一种绝对的观念单独抽出来，仅仅认为"真理总是在群众手里，"把它绝对化，这就必然要犯形而上学的错误。显然，这种观点是从后一种意义上来讲的，它运用绝对的僵死不变的方法看待真理，认为"真理总是在群众（大多数人）手里"，把真理固定在某一点上，否认真理是发展变化的过程，把它看作是孤立的、静止的、停滞不变的绝对的东西。这就否认了真理的认识是一个过程，即总是"群众实践——少数人发现和认识——多数人掌握"，从而违背了真理认识的客观规律。这种形而上学的观点，必然会陷入主观真理论的泥坑。按照"真理总是在群众（大多数人）手里"的观点，社会上多数人承认的观点就是真理，这实质上与主观唯心主义者波格丹诺夫的观点没有什么两样。波格丹诺夫认为，真理是"社会的、全人类的经验形式"，他把社会上大多数人承认的观点说成是真理。但是，认识是否具有真理性，并不取决于承认它的人数的多少，如宗教迷信在相当长的时间里曾为相当多的人所接受，至今在一些国家里还普遍流行，受到多数人的信仰，但它并非是真理。因此说"真理总是在群众（大多数人）手里"是一种形而上学的观点。

"真理有时也在少数人手里"，这种说法含糊其词，模棱两可，给人一种似是而非的感觉。实质上也是否认了真理认识的客观规律，把真理认识过程中必须经过的"群众实践——少数人发现和认识——多数人掌握"的中间环节"少数人发现和认识"看成是可有可无的偶然现象，好像有时需要经过这个环节，有时就不需要经过这个环节，从而割裂了真理认识过程的内在联系，使真理的认识规律变成一个变化无常、不可捉摸的东西，否定了真理认识规律的客观性，说到底也是一种形而上学的观点。总之，以上两种观点，前一种否认了真理的认识是一个辩证发展的过程，完全去掉了真理认识过程的中间环节即少数人发现和认识，因此带有极大的片面性；后一种则是将这个中间环节看作是可有可无的东西，因此带有极大的不彻底性。

真理总是首先在少数人手里，不等于说少数人手里都是真理。这是两个本质不同的东西，必须加以区别。真理总是首先在少数人手里，是指一个科学的真理性的认识的提出，总是首先从少数人开始的。反过来，少数人手里的并不都是真理，主要看其是否反映了事物发展的客观规律，是否具有科学性，而不是取决于人数的多少。

真理总是首先在少数人手里，并不否认真理最终要被群众所掌握，二者是互相联系，不可分割的辩证统一。问题的实质在于我们在听取群众意见的同时，也应该注意倾听少数人（例如一些专家）的意见，防止片面性。过去我们在这方面犯有错误，结果造成思想僵化，认识片面。现在弄清这个问题对于我们发现真理，认识真理，追求真理，捍卫真理，在真理指导下有效地改造世界，加快四化建设，都有着一定的理论意义和实践意义。

（原载《山西师院学报》1982 年第 2 期）

人格的本质及其他

在马克思主义的伦理学说中，人格问题是一个需要进一步探讨的问题。这不仅仅是为了从理论上加以说明，更重要的，是要在社会主义的精神文明建设中，用马克思主义教育青少年一代，培养他们共产主义的道德品质和高尚情操，塑造优良的人格，使他们成为有理想、有道德、有文化、守纪律的社会主义新人。列宁指出："应该使培养、教育和训练现代青年的全部事业，成为培养青年的共产主义道德的事业。"❶ 18 世纪法国资产阶级启蒙思想家孟德斯鸠说过："在一个人民的国家中还要有一种推动的枢纽，这就是美德。"❷ 因此，彻底弄清人格的本质及其他一些问题，对于培养青年一代的优良人格，建立社会美德，无疑是大有裨益的。

（一）

人格的本质究竟是什么，历史上各个阶级的思想家们都企图用自己的观点来解释它。他们有的把人格归结为一种与物质根本无关的抽象的纯粹精神实体，有的则把人格归结为一种自然性的生物特质。

德国古典唯心主义哲学创始人康德在他的《实践理性批判》中提出了一种先验的、普遍的"善良意志"的道德原则，从这个原则出发，康德把人格看作是一种超现实的"灵物"，是一个由自由意志支配的"独立于全部感性世界以外的一种生命"，要实现"至善"即"道德与幸福的结合"，则要在人格的无限绵延中达到，因此设定灵魂不死与上帝的存在。他把人格看成是一种抽象的超现实的东西。马克思、恩格斯指出："康德只谈'善良意志'，哪怕这个善良意志毫无效果他也心安理得，他把这个善良意志的实现以及它与个人的需要和欲望之间的协调都推到彼岸世界。"❸ 黑格尔则是从他的"绝对观念"出发，认为精神是第一性的，理性是世界的灵魂，"绝对观念"是世界的本质和基础，一切都是"绝对观念"的产物，一切又都要回到"绝对观念"中去，

---

❶ 《列宁选集》第 4 卷，第 351 页。
❷ 《法的精神》，《十八世纪法国哲学》，第 30 页。
❸ 《马克思、恩格斯全集》第 3 卷，第 211 –212 页。

提出实体即是主体的思想。在他看来，人格表示概念本身……是理念，由此得出人格"无条件地具有真理性"。❶ 这同样也把人格看成是一种抽象的绝对的"理念"。马克思指出："把实体了解为主体，了解为内部的过程，了解为绝对的人格。这种了解方式就是黑格尔方法的基本特征。"❷

当前西方流行的人格主义是一种属于人本主义思潮的宗教唯心主义哲学流派。美国人格主义的创始人鲍恩认为，"宇宙的本原是人格"，人格是宇宙的基础，世界只是为我们的理智而设的。❸ 自然界和社会是第二性的，是人格的派生物，一切事物都不能离开人格而存在，在人格之上，还有一个最高的人格即上帝，上帝是一切现象的原动力，上帝的人格是自然界的唯一实体。在人格主义看来，资本主义社会的种种矛盾、冲突和危机的根源，不在于资本主义经济制度，而在于伦理观念的减弱和社会道德的败坏，以至于导致自由的平衡的破坏和个人的人格的沦亡与人的价值的丧失。因此他们认为需要改造的不是客观世界和现存的社会制度，而是人格，或"道德的再生"，只有实现"全世界人格化"，那么人类社会就能进入"永恒的安宁与和谐。"从康德、黑格尔到人格主义，都把人格看成是一种抽象的超越现实的"观念"或"意志"，这些"观念"或"意志"决定人们的现实生活，这无疑颠倒了二者的关系。

近数十年来，西方对人格心理学的研究颇为盛行。人格是心理学研究的重要对象之一。揭示人格的本质，不仅与解决心理学本身的理论任务直接相联系，而且也具有广泛的实践意义。但是，他们有的从生物学的观点出发研究人格，如德国精神病学者克瑞奇米尔，提出一种所谓的体型预定人格的生物学化观点，有的从心理学的观点出发研究人格，如瑞士心理学家、苏黎世学派领导人荣格，从人的心理活动的倾向性等心理学因素方面解释人格，还有的从文化、社会学的观点出发研究人格，如德国心理学家肖卜兰格和底尔太，用哲学思辨方法，以人类社会意识形态倾向性作为出发点来划分人格。因此，无论是从纯生物学、心理学的观点还是纯社会学的观点出发研究人格，他们都犯了一个共同的错误，就是忽略了人格的社会实质，脱离了一定的社会经济基础和生产关系，所以都无法揭示出人格的本质。

马克思主义伦理学从社会存在决定社会意识这个历史唯物主义的基本原理出发，认为只有从人们赖以生存发展的社会物质生产活动即社会关系出发，才能正确认识社会历史发展，才能说明人、人性、人的本质以及人的人格。马克思说，人的本质"在其现实性上，它是一切社会关系的总和"。❹ 道德是人的

❶ 《法哲学原理》，第 206 页。
❷ 《马克思、恩格斯全集》第 2 卷，第 75 页。
❸ 《人格主义》1908 年英文版，第 53 页。
❹ 《马克思、恩格斯选集》第 1 卷，第 18 页。

本质的体现。社会的道德归根到底是社会化了的人的道德。人的道德观点只能在社会关系中产生并得以成为行为的规范，人们自觉地或不自觉地，归根到底总是从他们阶级地位所依据的实际关系中——从他们进行生产和交换的经济关系中，吸取自己的道德观念。❶ 有关社会道德的基本问题，都应从人的本质规定中加以说明。因此马克思说："特殊的人格的本质不是人的胡子、血液、抽象的肉体的本性，而是人的社会特质。"❷ 这就是说，人格既不是那种纯生物学的自然特质，也不是那种超越现实经济关系的抽象的"观念"与"意志"，而是人的社会特质即社会关系的反映。在阶级社会中，一切人"只是经济范畴的人格化，是一定的阶级关系和利益的承担者。……不管个人在主观上怎样超脱各种关系，他在社会意义上总是这些关系的产物。"❸ 所以，人格的本质不是别的，而是人的社会本质的道德体现，是由社会存在决定的作为自然的社会的主体的人的权利、地位、尊严等基础上产生的一种道德意识，是自我意识根据道德规范对自己的思想、感情、意志以及行为进行调节的能力。

（二）

马克思主义的人格概念都包含哪些内涵呢？既然人格的本质"是人的社会特质"，那么，人格的内涵就要从实际存在的人的社会性所包含的许多方面和层次来分析。人的社会性，除了生产关系以外，还有阶级关系、国家民族关系、两性关系、家庭亲属关系、师生关系、朋友关系、信仰和思想的精神关系，等等。在此基础上产生的人的人格，其内涵也是丰富的、多方面的。它既包括作为自然和社会的主体的人应该享有的法律的自由、权利与尊严，又包括人对社会所负有的道德责任、义务和道德观念，同时还包括一些心理因素如自信心、自尊心、自制力以及毅力意志等。总之，人格的内涵是一个包含有法律、道德、心理因素等方面特征的道德意识的综合体。

唯物主义的人格理论具有哪些特点呢？第一，人格具有一定的客观历史性。不同的社会，不同的阶级具有不同的人格。原始社会的人格是一种自然人格，具有两重性质。一方面，在原始公有制条件下，氏族成员在经济上社会地位上的平等，决定了在人格上也是平等的；另一方面，生产力低下和"血族复仇"，有时不仅杀死甚至吃掉战争俘虏，而且也杀死本部落丧失劳动能力的老人来充饥而不受任何道德的谴责，这同时又是对人的价值和尊严的践踏与否定。私有制和阶级的产生，人类第一次出现了不平等的现象，开始形成对立的

---

❶ 《马克思、恩格斯选集》第 3 卷，第 133 页。
❷ 《马克思、恩格斯全集》第 1 卷，第 270 页。
❸ 《马克思、恩格斯选集》第 2 卷，第 208 页。

人格。因此奴隶社会的人格，是以奴隶主阶级残酷野蛮地剥夺奴隶的人格来作为自己人格的基础的，而奴隶则过着非人的生活，没有任何的人身自由和权利，完全丧失了人的尊严。封建社会的人格是以封建的宗法等级制度为基础的。我国西汉董仲舒和唐代韩愈曾提出"性三品说"，把人性分为上、中、下三品，认为上品的人性生来就是善的，具有仁、义、礼、智、信等伦理道德，中品的人性虽有伦理道德，但还不够纯粹，下品的人性生来就是恶的，不具备伦理道德。到了魏、晋、南北朝，统治阶级则提出了"九品中正制"（"九品官人法"），把人分成上上、上中、上下、中上、中中、中下、下上、下中、下下九品，吏部依品授官，品第越高，官职越大。品定士人不按才能，而是根据家世高低，因此出现"上品无寒门，下品无势族"的局面，这实际上是按照经济地位确定人格的一种制度。（至于经济和政治上没有地位、处于地主阶级压迫之下的农民则被定为"斗筲之性"（"斗筲"，即卑小微贱）而在人格上受到践踏与污辱。在资本主义社会，人格是以金钱财富为基础的，谁有钱，谁的财富越多，谁就会受到尊敬。在这里，不仅劳动产品成了商品，就连劳动力、人们的血汗，甚至人的名誉和良心也都成了买卖的对象。尽管资产阶级的思想家们叫嚷什么"自由""平等""人权"等，却永远无法消除这种事实上存在的人格上的不平等。社会主义实现了生产资料公有制，劳动人民当了国家的主人，享有最充分最广泛的民主和自由，我国宪法也明确规定公民有人身自由和人格尊严不受侵犯的权利，这才实现了历史上真正的符合人的本质的人格上的尊严与平等。

第二，人格作为道德意识具有相对的独立性。马克思主义虽然认为社会存在决定社会意识，人格是社会经济关系的产物，但同时也承认个人有确定自己人格的相对的意志自由。历史上许多出身于剥削阶级的人却具有高尚的人格，他们一方面或者是出于对劳动人民人格上的同情；一方面或许是为了本阶级的长远利益而提出改变现状、调整社会关系、改革时弊以恢复劳动者的一些人格与权益。如唐代伟大诗人杜甫，就曾写过这样感人的诗句："安得广厦千万间，大庇天下寒士俱欢颜""何时眼前突兀见此屋，吾庐独破受冻死亦足！"宋代范仲淹在《岳阳楼记》中提出了"先天下之忧而忧，后天下之乐而乐"的道德思想。清朝的龚自珍在他的《己亥杂诗》中说："落红不是无情物，化作春泥更护花"。所有这些，都表达了他们的崇高的道德精神和高尚人格。但是在阶级社会中，要使劳动人民享有自由、平等的权利，离开社会制度的革命是根本不可能的。

第三，人格的主观能动作用。人格是社会关系的产物，是一定社会的人在现存的各种社会关系中的实际状况如人的尊严、权利等基础上产生的一种道德意识。这种道德意识，对人的社会活动具有一定的能动作用。一个人一旦确立了一种高尚的人格，就能运用这种意识来调节自己的行为，按照自然规律和社会规律对自己的行动后果做出预见和评价，并根据这种预见和评价自觉地控制自己的行动。

（三）

人类开始追求自觉的人格，是在进入文明社会以后。原始社会后期，由于生产力的发展，产品有了剩余，私有制开始产生。奴隶主阶级作为统治者，具有至高无上的人格。他们完全占有奴隶，对奴隶有生杀予夺之权。奴隶不过是"会说话的工具"，可以像牲畜一样随便买卖，没有丝毫的人身自由与权利。原始社会那点有限的朴素的自然人格，在这里也被野蛮地剥夺了，奴隶主阶级的尊严则是建立在对奴隶的非人统治基础上的。奴隶不堪忍受这种非人的统治，起来反抗斗争以争取自己做人的权利与尊严，也正是从这时候起，人类才结束了蒙昧时代而真正开始自觉地意识到了人的权利与尊严。实际上，私有制的全部罪恶，不仅仅是一个阶级对另一个阶级的压迫和剥削，而且也在于它导致了整个人类尊严的沦丧。在私有制条件下，劳动人民的人格遭到粗暴的践踏与摧残，难怪18世纪法国启蒙思想家卢梭曾发出这样的呼声："人是生而自由的，但却无往不在枷锁之中"。在这里，人的人格被物化，完全被金钱、财产所代替，成为一种物化了的人格。因此马克思指出，在资本主义社会，"作为资本家，他只是人格化的资本，他的灵魂就是资本的灵魂。"❶ "资本家只是作为资本的人格化才受到尊敬。"❷ 与此相应的是，劳动者完全丧失了人格，成为自己对象的奴隶，屈服于非人的力量的统治。他们生产的财富越多，他们就越贫困；他们创造的商品越多，他们就越变成廉价的商品。人本是通过创造性劳动而得到自由的全面的发展，现在在劳动中却受到肉体上和精神上的摧残。他们只有在运用自己的生物机能时，才觉得自己是一个人，而在劳动中运用人的机能时，却感到自己不过是动物。"动物的东西成为人的东西，而人的东西成为动物的东西。"❸ 这样，他们就在实际意义上失去了人格，成为"精神上和肉体上非人化的存在物"。❹ 这种人格的物化现象，是私有财产的必然产物。

因此，要真正恢复人的尊严与权利，就必须推翻私有制。追求理想的人格，这是人类社会不断发展和道德精神文明不断进步的标志。历史上，一定社

---

❶ 《资本论》第1卷，第260页。

❷ 同上，第649页。

❸ 《马克思、恩格斯全集》第42卷，第94页。

❹ 同上，第105页。

会和阶级的人们，由于他们共同的利益和愿望，常常会自然形成一种共同的理想人格，并且将它作为大家向往、追求的目标来加以赞美和效法。在远古社会中，由于生产力水平低下，人们不能科学地解释自然现象和社会现象，就借助想象，把自然力加以形象化和拟人化，这就产生了他们理想的人格神。这表现了古代人民对理想的追求和向往。进入阶级社会后，各个阶级根据自己的经济利益和社会愿望，也都确立了各个阶级的理想人格。但是，由于剥削阶级的理想人格是与社会历史发展规律背道而驰的，因而也就必然逐渐地被历史淘汰和淹没了。只有作为社会的先进代表的无产阶级的理想人格，体现了全人类的共同利益和政治愿望，代表了社会历史发展的根本方向，体现了共产主义的道德原则和人格标准，因而成为人们效法和追求的目标。

在长期的社会实践中，人们不断地认识世界和改造世界，同时也在不断地认识自己和改造自己。从某种意义上说，人格正是人类对自身的一种自我认识。这种自我认识，不仅表现在人类社会，而且也表现在自然界。人们在同自然界接触的过程中，逐渐认识和了解到一些事物的自然属性和品质，与人的品格发生联想，从中受到了一定的启发与教育，因而给它们赋予了一定的人格。我国历史上，许多文学家和诗人，把自己的情操和理想寓寄于对某一事物的歌颂之中，如前面说到的龚自珍的《己亥杂诗》中的诗句就是借物咏志的。伟大的无产阶级革命家陈毅同志曾写过一首诗："大雪压青松，青松挺且直。要知松高洁，待到雪化时。"用以表达自己的高尚品格和坚强不屈的革命气节。此外，人们常常还用一些事物来比喻人，如把一些品格恶劣的人比作像狐狸一样狡诈，像豺狼一样凶狠，把一些品格高尚的人比作像黄牛一样勤劳，像绵羊一样善良。或者把人的意志比作像钢铁一样坚强，把人的品格比作像莲花一样"出污泥而不染"，把人的心灵比作像玉石一样晶莹纯洁，把人的节操比作像松柏一样四季常青，等等。这实质上也是一种人格的物化，但这种人格的物化与私有制条件下的人格物化有着本质的不同，私有制条件下的人格物化，是对人的尊严、权利的否定、污辱与践踏，而自然界的人格物化，则是人们在认识自然的过程中对优良人格的肯定、赞美与追求，同时又是对一些卑劣人格的否定、贬斥与摈弃，它可以净化人的灵魂，陶冶人的情操，培养人的高尚人格。

（四）

在社会主义物质文明和精神文明建设中，对人们进行共产主义的人格教育，是社会的要求，也是我们义不容辞的责任。应该看到，近几年来，有些人"为了出国，为了搞钱，违法乱纪，走私受贿，投机倒把，不惜丧失人格、丧失国格、丧失民族自尊心，这是非常可耻的。"❶ 究其原因，一方面，是十年浩劫给人们在道德上带来的精神创伤还没有消除，那时候，人的尊严遭到了践踏与污辱，善恶是非标准被颠倒与混淆，高尚被说成卑鄙，丑恶被说成善良，野蛮被说成文明，有的人连起码的人格也丧失了；另一方面，则是我国近年来实行了开放政策，一些人受了西方资产阶级思想的腐蚀和影响。但更主要的是缺乏一种高尚的人格。

要造就共产主义一代新人的高尚人格，首先要加强共产主义的道德品质教育，提高人们的道德认识，培养人们的道德感情，锻炼人们的道德意志，坚定人们的道德信念，使人们树立无产阶级的人生观，并使之转化为他们的内在品质，自觉地履行共产主义的道德责任和义务。要使人们意识到，我们是社会的主人，享有最广泛的民主，具有人身自由和人格尊严不受侵犯的权利，因而我们应该以主人翁的姿态，积极地负起对社会应负的法律责任和道德义务，自觉地维护公共利益和公共秩序，热爱党，热爱社会主义祖国，热爱人民，坚决同一切损害社会主义利益的不道德行为进行斗争，用我们自己创造性的劳动，为共产主义的实现进行不懈的努力。

历史上，许多伟大的人物，他们之所以能对人类的进步作出巨大的贡献，除了具有非凡的才能和卓越的智慧之外，还有十分重要的一点，就是他们都具有高尚的人格。罗曼·罗兰说："没有伟大的品格，就没有伟大的人，甚至也没有伟大的艺术家、伟大的行动者。"贝多芬在给他的兄弟卡尔的遗嘱中说："对你们的孩子主要教之以德性，只有德性，而不是金钱，才能使人幸福，这是我的经验之谈。"❷ 大科学家爱因斯坦也曾说过："人们努力追求的庸俗的目标——财产、虚荣、奢侈的生活，我总觉得都是可鄙的。"正因为他们都具备一般人所没有的高尚人格，所以他们才能取得一般人所无法取得的成就。

高尚的人格，是从平时一点一滴的小事做起的。古语云："勿以恶小而为之，勿以善小而不为。"❸ 一个人，既要尊重自己，也要尊重别人。如果不尊重别人，侵犯他人的权利与尊严，就是践踏了别人的人格，如果没有尽到自己应尽的社会责任和义务，就是丢掉了自己的人格；如果做了一些庸俗低下的事情，就是降低了自己的人格；如果为了某种卑鄙的目的去干坏事，就是丧失了自己的人格。一个人的一言一行、一举一动，都能体现出人格的低下与高尚。因此德谟克利特说过："要留心，即使当你独自一人时，也不要说坏话或做坏事，而要学得在你自己面前比在别人面前更知耻。"❹ 古希腊唯心主义哲学家

---

❶ 《邓小平文选》，第 297－298 页。
❷ 《贝多芬书信全集》，第 58 页。
❸ 《三国志·蜀书·先主传第二》，第 891 页。
❹ 《西方伦理学名著选辑》上卷，第 86 页。

毕达哥拉斯也说："不论是别人在跟前或者自己单独的时候都不要做一点卑劣的事情；最要紧的是自尊。"为了维护人格的尊严，在我国历史上，古人曾经宁肯饿死，也不食"嗟来之食"，这和今天那些为了一些金钱和私利而不惜丧失人格、国格和民族自尊心的人，形成了多么鲜明的对照。

现实生活中，人格与国格是密切联系在一起的。国格是指一个国家在长期的历史发展和国际交往中所形成的国际地位、威望与尊严，以及在国际事务中所承担的权利、义务和责任。人格与国格是相辅相成、息息相关的。国格是人格的基础，没有国格，没有一个在国际上享有崇高威望与尊严的国家作后盾，人格是没有保障的，这一点，从旧社会走过来的人是永远不会忘记"华人与狗不得入内"的耻辱的，许多在国外工作的人以及海外华人对此也是深有体会的。人格则是国格的内涵，离开人格，国格就会成为一个空壳而失去其存在的价值和实际意义。人格一旦丧失了，国格亦就随之丧失了，二者是不可分割的辩证统一的。春秋时期，齐国的晏婴曾经依靠自己的智慧与才能，维护了高尚的人格和国家的尊严，今天，我们每一个人特别是在国外工作的人，都要时时想到自己是中华人民共和国的公民，自己的一言一行都代表着整个中华民族，一举一动都要维护自己的人格，维护整个中华民族的尊严！决不做任何丧失人格、丧失国格的事情！

俄国19世纪唯物主义哲学家车尔尼雪夫斯基曾说过："要是一个人的全部人格、全部生活都奉献给一种道德追求，要是他拥有这样的力量，一切其他的人在这方面和这个人相比起来都显得渺小的时候，那我们在这个人的身上就看到崇高的善。"❶ 抛弃那些精神上的渣滓吧，让我们以一种全新的共产主义人格，去迎接新时代的到来吧！

（原载《山西师院学报》（社会科学版）1984年第4期）

---

❶ 《车尔尼雪夫斯基文学》中卷，第57页。

求同思维与"一刀切"

"一刀切"的思想方法与工作方法，为什么能够风行全国，广泛流传，这其中固然有着一定的认识根源，但是一个很重要的方面，则是与我国传统的求同思维方式有着直接的关系。

一、传统的求同思维是产生"一刀切"的思想基础

我国曾经历了一个漫长的封建社会的发展过程。由于长期的封建专制的统治，形成了一种封建"大一统"的思维模式。"天子"一道圣旨，无论正确与否，普天之下不得有违，黎民百姓只能唯命是从，不敢越雷池半步。这是封建专制的"一刀切"。同时，在自给自足的自然经济基础上，不仅产生了"男耕女织"、田园牧歌式的封建文化，而且使农民形成了一种根深蒂固的求同心理和思维方式。这种由封闭的小生产方式决定的求同心理，使小生产者在政治上要求平等，思想上要求平衡，经济上要求平均，反映在他们的社会政治理想上，就是空想社会主义的大同思想。这种思想，《礼记·礼运》篇中曾有过描述，康有为的《大同书》中也提出"大同之世，天下为公，无有阶级，一切平等"的思想，以至到孙中山，也受过大同思想的影响。不仅如此，在我国历代农民起义中也可以看到求同思想的深刻影响。起义农民在经济上要求"均贫富"，在政治上要求"等贵贱"，到太平天国时代，这种求同思想达到了高峰。虽然，在小生产的基础上，大同社会是永远无法实现的。然而，与这种思想观念相联系的求同思维方式，却一代一代地承袭了下来。

几千年的封建社会，给我们留下了一条长长的封建主义的尾巴。这中间不仅有封建的思想和文化，而且有传统的思维模式即求同心理。我国十亿人口，八亿农民，小生产者像汪洋大海。几千年来形成的心理定势和思维框架，使得这种求同心理有着顽固的习惯惰性和根深蒂固的影响，它正是形成"一刀切"的工作方法的思想基础和社会基础。五十年代末期的"共产风"，提出"跑步进入共产主义"的口号，劳动不计报酬，吃饭不要钱，等等，就是典型的"一刀切"。十年内乱期间，唯心主义横行，形而上学猖獗，"一刀切"的作风更是盛行。在所有制问题上，不顾生产力发展的实际状况，人为地拔高生产关

系，急于建立单一的公有制，在分配问题上，吃大锅饭，搞平均主义，干多干少一个样，干与不干一个样；在劳动管理上，追求大规模、"大呼隆"等等，无不是"一刀切"的表现和结果。所有这些"一刀切"的做法，除了主观主义、官僚主义以及"左"的思想影响，传统的求同思维方式不能不说是一个极其重要的原因。

二、"求同排异"，必然会产生"一刀切"

求同思维又叫"聚敛性"思维，它与求异思维即"发散性"思维是对立的统一，二者实际上是归纳与演绎的逻辑方法的具体应用与展开，都是创造性的思维形式。然而，如果片面地强调求同思维，排斥求异思维，必然会产生"一刀切"的工作方法。

在实际工作中，常常会出现意见不一致、认识不统一的时候。在这种情况下，为了取得一致意见，统一思想，统一步调，实行民主集中制的原则，求同存异，这是必要的。因为一个国家、一个地区、一个单位，需要有一个统一的思想，统一的政策，统一的纪律。但是，如果把"求同存异"理解为"求同排异"，对不同意见持完全否定的态度，那就是错误的。因为"求同存异"不等于"求同排异"，对于少数人的不同意见，尽管采取保留的形式，但并不是简单的否定与排斥，而是暂时的"保留"，以求有一个统一的思想。同时暂时"保留"也不是不予考虑，而是有待于在实践中加以验证，以便使统一的思想得到修改、补充、完善、提高。如果采取"求同排异"的做法，不可避免地要犯"一刀切"的错误。

唯物辩证法认为，任何事物都是共性与个性、普遍性与特殊性的辩证统一。共性存在于个性之中，个性中又包含着共性，二者是相互联系、相互渗透的统一整体。在辩证思维中，求同思维侧重于追求事物的统一性即共性和普遍性，求异思维则侧重于追求事物的多样性即个性和特殊性。求同思维之同和求异思维之异，正如矛盾的共性与个性、普遍性与特殊性一样，是互相渗透、相辅相成的。同中有异，异中有同，二者相互联系，不可分割。辩证的思维方式，正是要求求同与求异的辩证统一。在异中求同，在同中求异，不能离开异去求同，也不能离开同去求异。传统的求同思维，正是离开异片面地追求同，离开个性和特殊性去片面地追求共性与普遍性。求同排异，只承认矛盾的普遍性、共性，不承认矛盾的特殊性、个性，把在一定范围内具有普遍性意义的认识，当作教条和公式到处套用，用一种方式和方法来解决千差万别、形形色色的客观事物，这正是形成"一刀切"的一个重要原因。

三、克服片面的求同思维方式是防止"一刀切"的有效方法

在实际工作中，由于受求同排异的思维方式的影响，人们往往会自觉不自觉地犯"一刀切"的错误。

在国家管理制度上，由于存在着官僚主义、权力过分集中、家长制等弊端，因而往往采取简单的行政命令的手段，不是按照客观规律办事，而是把上级的指示、精神以红头文件的形式往下一发，要求下边原原本本照搬照抄，一丝一毫不能走样，这是官僚主义的"一刀切"。

我们过去把计划经济和商品经济对立起来，片面强调计划规律的调节作用，忽视价值规律的调节作用，把社会主义公有制同高度集中的计划体制等同起来，实行全面的计划生产、计划分配，只强调统一性、计划性，忽视多样性、灵活性，违背了社会主义经济发展的客观规律，这是主观主义的"一刀切"。

在实践活动中，尊重客观规律，按客观规律办事，这是正确的。因为任何被实践证明了的客观规律，都不可能被推翻。但是规律只提供一般的指导，例如马克思主义的普遍真理，虽然揭示了人类社会必然会走向共产主义的客观规律，然而如何走向共产主义，由于各国的具体情况不同，所走的道路就不会完全一样。如果片面强调规律的指导作用，只重视普遍性而忽视特殊性，把马克思主义的普遍真理当作永恒不变的僵化教条到处套用，否认研究各种具体情况的相异之处，这就会走向教条主义的"一刀切"。

"解剖麻雀""以点带面"，是我们党历来提倡的工作方法。但是，如果将认识仅仅停留在经验阶段，把一时一地的经验绝对化，不顾各地的实际情况如何，便作为"先进""典型"在面上推广，或者以"取经""探宝"的旗号，千里迢迢前去"参观""访问"，回来后也不管是否符合本单位的实际便一律"照葫芦画瓢"，这是经验主义的"一刀切"。

凡此种种，不一而足。这说明，我们实际工作中求同排异的做法是相当普遍的，影响也是根深蒂固的，这种传统的心理习惯和思维方式，似乎已在人们的思想上和实际工作中形成了一种顽症，因此要克服"一刀切"，仅从认识根源上解决问题是远远不行的，必须从根本上彻底改变这种传统的求同排异的思维方式。为什么在冲破了"左"的思想束缚之后，有些地方"一刀切"的现象仍然相当严重，正说明了这个问题。随着新技术革命的兴起，人们正在积极地思考究竟是什么样的思维方式束缚了人们的头脑，以便用新的科学的思维方式来代替传统的落后的思维方式。这几年来报刊杂志上关于求异思维的研究文章大量涌现。这说明人们已逐渐认识到了传统的求同排异的思维方式对人们思想的束缚和危害，从而提倡求异思维，以克服和改变传统的求同排异的思维方

式和"一刀切"的工作方法。

但是，正如片面地强调求同思维是错误的一样，片面地强调求异思维也是不足取的。我们要防止从一个极端走向另一个极端，而应该坚持辩证的思维方式，把求同思维与求异思维结合起来，既坚持马克思主义的普遍真理的指导，又坚持中国特色，走自己的道路，这就是我们总结长期历史经验得出的基本结论。

（原载《理论教育》1987 年第 2 期）

简论毛泽东的认识论思想

关于毛泽东同志对认识论的主要贡献，近年来哲学界不少同志提出了许多很有价值的见解。这里就毛泽东同志的认识论思想，谈一点个人的认识，以就教于同志们。

一、毛泽东关于实践的内容、形式的具体的明确的规定，是马克思主义认识论思想的继承和发展

马克思主义认识论是"以科学的社会实践为特征的"。❶ 马克思主义哲学第一次把实践的观点引入认识论，强调实践是认识的基础，认识从实践中产生。随着实践的发展而发展，又转过来为实践服务，并在实践中得到检验和证明。马克思指出，"从前的一切唯物主义（包括费尔巴哈的唯物主义）的主要缺点是：对事物、现实、感性，只是从客体的或者直观的形式去理解"。❷ 马克思发现了社会实践在人们社会生活和认识中的决定作用，从而得出了"社会生活在本质上是实践"❸ 的结论。恩格斯也指出，对不可知论及其他一切哲学上的怪论的"最令人信服的驳斥是实践。即实践和工业"。❹ 列宁也说，"实践高于（理论的）认识"。❺ "生活、实践的观点，应该是认识论的首先的和基本的观点"，❻ 毛泽东同志充分肯定了认识依赖于实践这一原理，指出"辩证唯物论的认识论把实践提到第一的地位，认为人的认识一点儿也不能离开实践，排斥一切否认实践重要性、使认识离开实践的错误理论"。❼

但是，毛泽东同志并没有停留在对马克思列宁主义认识论原理的简单复述上，而是对马克思主义的实践观点作了具体的分析和阐明，明确规定了实践的内容和形式，从而丰富、发展了马克思主义的实践观点。

---

❶ 《实践论》，《毛泽东选集》第 1 卷。
❷ 《马克思恩格斯选集》第 4 卷，第 208－209 页。
❸ 《马克思、恩格斯全集》第 3 卷，第 3 页。
❹ 《马克思、恩格斯全集》第 21 卷，第 317 页。
❺ 《列宁全集》第 38 卷，第 230 页。
❻ 《列宁选集》第 2 卷，第 142 页。
❼ 《实践论》，《毛泽东选集》第 1 卷。

　　社会实践是社会生活即社会存在的基础，社会生活只有通过社会实践才能维持和发展，没有社会实践也就无所谓社会和社会生活，一切社会现象只有在社会实践的基础上才能得到科学的解释，马克思指出："它不是在每个时代中寻找某种范畴，而是始终站在现实历史的基础上，不是从观念出发来解释实践，而是从物质实践出发来解释观念的东西"。❶ 由于客观世界是一个多层次、多结构、多序列的网络结构，这就决定了实践是一个具有丰富的内容、多方面的特征、广泛的领域以及多种多样的形式的社会实践。辩证唯物主义认识论同唯心主义、形而上学唯物主义认识论的区别，不仅在于如何正确评价实践在认识论中的地位，而且在于能否对实践的内容及形式做出科学的规定。随着人类历史的发展，社会分工越来越具体，客观上要求对实践的形式做出科学的规定。马克思虽然把实践引入认识论领域，却未能对实践的内容及形式做出明确的规定。列宁肯定了马克思主义的实践观点及其在认识论中的地位，但也未对实践的内容及其形式做出明确的论述。毛泽东同志分析了人类社会大量的实践和认识经验，科学地概括和总结了人类社会实践活动的各自特点，从而对实践的内容及其形式做出了明确的规定，指出人类认识所依赖的实践，主要是指生产活动、阶级斗争和科学实验。他说："人的正确思想，只能从社会实践中来，只能从社会的生产斗争、阶级斗争和科学实验这三项实践中来"。❷ 在这三项基本实践活动中，首先是生产实践，这是处理人类社会与自然界的关系的活动，也是人类最基本的实践活动，它决定了其他的一切实践活动。社会和人只有首先通过生产实践解决吃、穿、住、行等物质生活资料才可能从事政治、科学、艺术等其他实践活动，而其他实践活动也都是在生产实践发展的基础上所引起的社会分工的结果。生产实践活动是人类社会赖以产生存在和发展的基础，正是在生产实践中，人们逐渐认识了自然界与社会发展的客观规律，因此生产实践又是人类认识与发展的基本来源。其次是阶级斗争实践活动，这是处理阶级社会内部人与人之间关系的活动。因为生产实践都是在一定的社会关系中进行的、它脱离不开一定的社会关系，因此处理社会内部关系的活动，也是人类的一项基本实践活动。在阶级社会内，社会关系是通过阶级关系表现出来的、人与人的关系的活动主要表现为阶级斗争，认真研究这一类实践活动及其对认识社会的重大意义，维持和巩固适合生产发展的社会关系，调整或改变那些不适合于生产发展的社会关系，是马克思主义认识论的重要任务。第三项实践的基本形式是科学实验，这是同生产实践和处理社会关系的实践紧密相联并从其中分化出来的实践活动。但这种实践是以认识为直接目的的实践活动，它

---

❶ 《实践论》，《毛泽东选集》第 1 卷。
❷ 《人的正确思想是从哪里来的？》。

必须服从以改造世界为直接目的的生产实践和处理社会关系的实践的客观需要。以上三项实践活动中，生产实践是基础，它决定了处理社会内部关系的实践与科学实践，但处理社会内部关系的实践和科学实践两项实践活动又反过来作用于生产实践，因此三者是互相联系，互相依赖，互相促进的辩证关系。毛泽东同志提出的关于实践活动的三项基本形式，是对马克思主义的实践概念的进一步丰富和发展，如果说马克思把实践引入认识论是从具体到抽象的过程，那么，毛泽东同志则是把实践的概念又由抽象到具体，变为实际的具体的内容与形式，这对于我们认识世界、改造世界都有着极其重大的指导意义。

二、毛泽东同志提出的认识过程两大飞跃的思想，科学地划分了过程的阶段性，使人的认识能力的无限性与有限性达到了辩证的统一

关于认识的辩证发展过程，经典作家们曾有过深刻的论述。马克思说："从表象中的具体达到越来越稀薄的抽象，直接达到一些最简单的规定"，提出了"从抽象上升到具体的方法"。❶ 恩格斯说："我们在思想中把个别的东西从个别性提高到特殊性，然后再从特殊性提高到普遍性。"❷ 列宁进一步对认识的过程作了这样的概括："从生动的直观到抽象的思维并从抽象的思维到实践，这就是认识真理、认识客观实在的辩证的途径。"❸ 他们虽然提出了认识的辩证途径，但却未能对这一认识的辩证发展过程做出具体的科学的说明。毛泽东同志展开了这一思想，提出了两大飞跃的理论，指出任何正确思想的形成，在认识发展过程中，都必须经过两个飞跃，即从实践到认识、物质到精神的飞跃。然后又从认识到实践，精神到物质的飞跃。如何实现两个飞跃？毛泽东同志在进行了大量的分析与研究后，提出了实现飞跃的必要条件、具体形式等，科学地揭示了认识过程的阶段性。

首先，毛泽东同志提出了认识过程的第一个飞跃，即从感性认识到理性认识的飞跃。这是整个认识过程的第一阶段，是由实践到认识、物质到精神、存在到思维的飞跃阶段。辩证的认识运动，首先是实践到认识的过程。毛泽东同志指出："从认识过程的秩序说来，感觉经验是第一的东西，我们强调社会实践在认识过程中的意义，就在于只有社会实践才能使人的认识开始发生，开始从客观外界得到感觉经验。一个闭目塞听、同客观外界根本绝缘的人，是无所

---

❶ 《马克思、恩格斯选集》第 2 卷，第 103 页。
❷ 《马克思、恩格斯选集 》第 3 卷，第 554 页。
❸ 《列宁全集》第 38 卷，第 181 页。

谓认识的。认识开始于经验——这就是认识论的唯物论"。❶ 如何实现由实践到认识的飞跃，毛泽东同志又科学地把实践到认识的第一次飞跃分为感性认识和理性认识两个阶段，指出感性认识是认识的初级阶段，理性认识是认识的高级阶段，"一切比较完全的知识都是由两个阶段构成的；第一阶段是感性知识，第二阶段是理性知识，理性知识是感性知识的高级发展阶段"。❷ 在感性认识阶段，人们通过实践活动，开始用眼、耳、鼻、舌、身等各种感觉器管接触事物，并通过神经传达到大脑，产生了对客观事物的初步感觉、知觉和表象，这就是感性认识。但感性认识只能看到事物的现象方面，事物的各个片面和事物的外部联系。要看到事物的本质、事物的全体、事物的内部联系，就必须上升到理性认识，即认识的第二阶段、高级阶段。"认识有待于深化，认识的感性阶段有待于发展到理性阶段——这就是认识的辩证法"。❸ 感性认识如何才能上升为理性认识？毛泽东同志说："要完全地反映整个的事物，反映事物的本质，反映事物的内部规律性，就必须经过思考作用，将丰富的感觉材料加以去粗取精、去伪存真、由此及彼、由表及里的改造制作工夫，造成概念和理论的系统，就必须从感性认识跃进到理性认识。"❹ 在这里，毛泽东同志提出了从感性认识上升为理性认识的两个具体步骤：第一，深入实践，调查研究，获取十分丰富（不是零碎不全）、合乎实际（不是错觉）的感性材料；第二，对这些感性材料进行加工整理，通过逻辑思维进行一系列的抽象和概括、分析和综合的过程，从现象深入到本质，从个别上升到一般，找出事物发展的规律性来，从而完成认识过程的第一次飞跃。

其次，毛泽东同志提出了认识过程的第二次飞跃，即从理性认识到实践的飞跃。这是整个认识过程的第二阶段，是由认识到实践、精神到物质、思维到存在的飞跃阶段。毛泽东同志指出："辩证唯物论的认识运动，如果到理性认识为止，那么还只说到问题的一半。而且对于马克思主义的哲学来说，还只说到非十分重要的那一半。"❺ 重要的是把前一阶段获得的认识放到实践中加以检验。一方面，这是理性认识本身的要求，因为认识的目的是为实践服务，认识世界是为了改造世界；另一方面，由理性到实践的飞跃，也是实践本身的要求，因为没有理论指导的实践，只能是盲目的实践。毛泽东同志指出："人们的认识经过实践的考验又会产生一个飞跃。这次飞跃，比起前一次飞跃来，意义更加伟大。因为只有这一次飞跃，才能证明认识的第一次飞跃，即从客观外

❶ 《实践论》，《毛泽东选集》第 1 卷。
❷ 《毛泽东选集》第 3 卷，第 774 页。
❸ 《实践论》，《毛泽东选集》第 1 卷。
❹ 《实践论》，《毛泽东选集》第 1 卷。
❺ 《实践论》，《毛泽东选集》第 1 卷。

界的反映过程中得到的思想、理论、政策、计划、办法等等，究竟是正确的还是错误的。此外再无别的检验真理的办法。而无产阶级认识世界的目的，只是为了改造世界，此外再无别的目的"。❶ 毛泽东同志指出第二次飞跃比第一次飞跃意义更加伟大，主要表现在两方面：第一，实践是检验真理的唯一标准。人们从第一次飞跃中获得的认识、思想是否具有真理性，唯一的办法，就是再回到实践中加以检验。第二，第二次飞跃的意义之所以伟大，主要是指认识世界是为了改造世界。"马克思主义的哲学认为十分重要的问题，不在于懂得了客观世界的规律性，因而能够解释世界，而在于拿了这种对于客观规律性的认识去能动地改造世界。"❷ 人类的全部活动无非是两个方面，一是认识世界，二是改造世界，第一次飞跃是认识世界、形式思想的问题，第二次飞跃才是改造世界实现思想的问题，第一次飞跃是第二次飞跃的准备，第二飞跃则是第一次飞跃的目的。因此第二次飞跃就是把已获得的认识变为改造世界的实践，并通过实践活动，按照预期的想法把精神变为物质，把思维变为存在，达到改造自然和社会的目的。

　　毛泽东同志在列宁关于认识发展的辩证途径的基础上，提出了认识过程两大飞跃的思想，科学地划分了认识过程的阶段性，这在马克思主义的认识思想史上有着十分重大的理论意义和实践意义。物质世界是永恒运动和无限发展着的物质世界，与此相应的，人的认识运动也是不断发展、不断深化和永无止境的。尽管人的认识是一个不断深化的运动的长河，但任何事物的发展都是阶段性与连续性的统一，无论是自然界、人类社会还是人的思维，都不能例外，事物都是由量变到质变，然后又在新的质的基础上开始新的量变的发展过程。在这个过程中，由于某种质的规定性，事物则显出阶段性来。自然界的发展是连续性与阶段性的统一，人类社会的前进是不断革命论和革命发展阶段论的统一。人的认识则是无限性与有限性，认识的不断深化与认识发展的阶段性的统一。毛泽东同志关于认识过程的两大飞跃的思想，正是科学地划分了认识过程的阶段性，从而解决了认识过程的无限性与有限性，认识发展的不断深化和认识发展的阶段性的辩证统一。它使人类的认识过程建立在更加科学的基础上，使人类在认识世界、改造世界的实践中更加自觉，更加主动，更加符合客观外界的规律性。

三、毛泽东同志提出的认识发展总规律的思想，使主观与客观、理论与实践、逻辑与历史达到了辩证的统一

　　毛泽东同志对于马克思主义认识思想的主要贡献，还在于他科学地概括和

---

❶ 《人的正确思想是从哪里来的？》。
❷ 《实践论》，《毛泽东选集》第 1 卷。

总结了人类的实践经验和认识经验，提出了一条人类认识发展的总规律，使主观与客观、理论与实践、逻辑与历史达到了辩证的统一。

关于人类认识发展的规律，经典作家们也有过论述。恩格斯指出："原则不是研究的出发点，而是它的最终结果，这些原则不是被应用于自然界和人类历史，而是从它们中抽象出来的；不是自然界和人类去适应原则，而是原则只有在适合于自然界和历史的情况下才是正确的"。❶ 在《自然辩证法》一文中，恩格斯又指出："事实上，一切真实的、详尽无遗的认识都只在于：我们在思想中把个别的东西从个别性提高到特殊性，然后再从特殊性提高到普遍性，我们从有限中找到无限，从暂时中找到永久，并且使之确定起来"。❷ 在这里，恩格斯已提出了认识规律的初步思想，指出原则是从自然界和人类历史中抽象出来的（即感性到理性），反过来又必须适合于自然界与人类历史（即理性到感性），并提出了认识的无限性与有限性，暂时性与永久性辩证统一的思想。列宁在他的《哲学笔记》中对认识发展的规律也作了简单的论述，指出"从生动的直观到抽象的思维，并从抽象的思维到实践，这就是认识真理、认识客观实在的辩证的途径"。❸ 列宁关于认识过程的辩证途径，基本上已初步提出了认识发展规律的思想。但作为一条人类认识的总规律而被明确提出来，则是毛泽东同志的理论贡献。在《实践论》和《人的正确思想是从哪里来的？》两篇著作中，毛泽东同志全面地系统地阐述了人类认识的全过程，在两大飞跃的基础上，提出了一条关于人类认识运动的总规律，即"实践、认识、再实践、再认识，这种形式循环往复以至无穷，而实践和认识之每一循环的内容，都比较地进到了高一级的程度"。❹ 毛泽东同志提出的这条认识发展的总规律，已被整个人类认识史充分证明。

毛泽东同志提出的认识发展的总规律在马克思主义认识思想史上，有着重大的理论意义和实践意义。

第一，认识发展的总规律提出的认识的无限发展的思想与客观世界的无限发展的过程达到了具体的历史的统一。这种统一充分体现在人类认识的无限性与有限性、认识的不断深化和认识发展阶段性的辩证关系上。客观世界及其发展是无限的，作为人们认识和改造对象的客观世界的发展的无限性，决定了人们的实践和认识也必然是一个无限发展、无限深入的过程。这是唯物论的反映论的具体体现，毛泽东同志指出："社会实践中的发生、发展和消灭的过程是

---

❶ 《马克思、恩格斯选集》第 3 卷，第 74 页，第 554 页。
❷ 《马克思、恩格斯选集》第 3 卷，第 74 页，第 554 页。
❸ 《列宁全集》第 38 卷，第 181 页。
❹ 《实践论》，《毛泽东选集》第 1 卷。

无穷的，人的认识的发生、发展和消灭的过程终是无穷的"。❶ 但是，人类认识能力是无限的，同时也是有限的，这是指人们的认识能力在某一时代，在某一阶段，总是受到一定历史条件（主客观条件）的限制。恩格斯指出："一方面，人的思维的性质必然被看做是绝对的，另一方面，人的思维又是在完全有限地思维着的个人中实现的。这个矛盾只有在无限的前进过程中，在至少对我们来说实际上是无止境的人类世代更迭中才能得到解决。从这个意义来说，人的思维是至上的，同样又是不至上的，它的认识能力是无限的，同样又是有限的。按它的本性，使命、可能和历史的终极目的来说，是至上的和无限的"。❷ 客观世界的无限发展决定了人们的认识也必然是无限发展不断深入的，因此，"实践、认识、再实践、再认识……"的无限发展过程符合了客观世界的无限发展过程，体现了主观与客观、理论与实践、知与行的具体的历史的统一。

第二，认识发展的总规律提出的认识的反复循环的思想与客观世界事物发展的螺旋式上升运动达到了具体的历史的统一，客观世界螺旋式的曲折的上升运动，决定了人的认识也是反复循环的螺旋式的曲折的发展过程，这是认识论的辩证法的具体体现。否定之否定规律告诉我们，事物的发展是不断地前进上升的运动，但它不是直线式的，而是螺旋式的波浪式的前进上升运动。这个运动的总的趋势是向上的、前进的，但道路又是迂回曲折的，用列宁的话来说，"仿佛是向旧东西的回复"。❸ 但它在实质上是和旧东西根本不同的、更高级的新东西。认识发展的总规律也告诉我们，认识过程的反复性说明，人的认识也不是直线式的前进，而是螺旋式的曲折上升的运动，从形式上看，表现为认识和实践的反复循环，都比较地进行了高一级的程度，正如毛泽东指出的："人类的认识总是这样循环往复地进行的，而每一次的循环（只要是严格地按照科学的方法）都可能使人类的认识提高一步。使人类的认识不断地探化"。❹ 这种认识发展的反复循环，与客观世界螺旋发展的辩证统一，对于我们认识世界和改造世界有重大的方法论意义。

第三，认识发展的总规律关于认识的无限发展与反复循环的思想，与马克思主义的真理观达到了具体的历史的统一，实践、认识、再实践、再认识的过程，就是通过实践发现真理，又通过实践证实真理和发展真理的过程。毛泽东同志指出："客观现实世界的变化运动永远没有完结，人们在实践中对于真理的认识也就永远没有完结。马克思列宁主义并没有结束真理，而是在实践中不

❶ 《实践论》，《毛泽东选集》第 1 卷。
❷ 《马克思、恩格斯选集》第 3 卷，第 74 页，第 554 页。
❸ 《列宁选集》第 2 卷，第 608 页。
❹ 《毛泽东选集》第 1 卷，第 284 – 285 页。

断地开辟认识真理的道路"。❶ 任何真理都是客观的。同时又都是绝对真理和相对真理的统一。物质世界是连续性与阶段性的统一，人类的认识是无限性与有限性、认识的不断深化与认识发展阶段性的统一，作为人们的认识、思维结果的真理的发展，也必然是绝对真理与相对真理的统一。毛泽东同志指出："马克思主义者承认，在绝对的总的宇宙发展过程中，各个具体过程的发展都是相对的。因而在绝对真理的长河中，人们对于在各个一定发展阶段上的具体过程的认识只具有相对的真理性，无数相对的真理之总和，就是绝对的真理"。❷

第四，认识发展的总规律，在马克思主义认识思想史上，第一次把唯物论的反映论、辩证法和历史唯物主义的群众观点有机结合起来，达到了具体的历史的统一。毛泽东同志指出："就人类认识运动的秩序来说，总是由认识个别的和特殊的事物，逐步地扩大到认识一般的事物。人们总是首先认识了许多不同事物的特殊的本质，然后才有可能更进一步地进行概括工作，认识诸种事物的共同的本质。当着人们已经认识了这种共同的本质以后，就以这种共同的认识为指导，继续地向着尚未研究过的或者尚未深入地研究过的各种具体的事物进行研究，找出其特殊的本质，这样才可以补充、丰富和发展这种共同的本质的认识，而使这种共同的本质的认识不致变成枯槁的和僵死的东西。这是两个认识的过程，一个是由特殊到一般，一个是由一般到特殊"。❸ 毛泽东同志概括了认识运动的辩证过程，形成了由特殊到一般，又由一般到特殊的思想方法，并把它运用到实际工作中去，形成了群众路线的领导方法和工作方法。毛泽东同志说："在我党的一切实际工作中，凡属正确的领导，必须是从群众中来，到群众中去。这就是说，将群众的意见（分散的无系统的意见）集中起来（经过研究，化为集中的系统的意见）。又到群众中去做宣传解释，化为群众的意见，使群众坚持下去，见之于行动，并在群众行动中考验这些意见是否正确。然后再从群众中集中起来，再到群众中坚持下去。如此无限循环，一次比一次地更正确、更生动、更丰富。这就是马克思主义的认识论。"❹ 从群众中来，到群众中去，体现了感性认识到理性认识，又从理性认识到实践的认识过程，同时也体现了从特殊到一般又由一般到特殊的辩证法的方法论。毛泽东同志在唯物论的反映论上提出了"实践—认识—实践"，在辩证法上提出了"特殊——一般—特殊"，在历史唯物主义的群众路线上提出了"群众—领导—群众"，并使三者达到了具体的历史的统一。

---

❶ 《实践论》，《毛泽东选集》第 1 卷。
❷ 《实践论》，《毛泽东选集》第 1 卷。
❸ 《毛泽东选集》第 1 卷，第 284–285 页。
❹ 《毛泽东选集》第 3 卷，第 854 页。

认识发展的总规律告诉我们：物质世界是无限发展的阶段性和连续性的统一，人类社会是不断革命论和革命发展阶段论的统一，人的认识是有限性与无限性、认识的不断深化与认识发展阶段性的统一，真理的发展是绝对真理与相对真理的统一。反过来，绝对真理与相对真理的辩证统一是同人的认识能力的有限性与无限性的辩证统一相联系的，而人的认识能力的有限性与无限性的辩证统一则又是同自然界的无限发展的连续性与阶段性以及人类社会发展的不断革命论和革命发展阶段论的辩证统一相联系的。自然界与人类社会发展的阶段性与连续性，不断革命论与革命发展阶段论决定了人类认识能力的有限性与无限性，而人类认识能力的有限性与无限性则又决定了真理发展的相对性与绝对性，它们之间的关系是相互联系，相互制约的辩证统一的关系。整个世界，从自然界到人类社会，又从人类社会到人的思维，就是这样一个无限循环、无限发展的过程。

在马克思主义认识思想史上，如果说，马克思、恩格斯的理论贡献是第一次把实践引入认识论，提出了能动的革命的反映论，那么，列宁的理论贡献是在此基础，提出了认识发展的辩证途径。而毛泽东同志对于马克思主义认识思想的理论贡献，则在于具体地规定了实践的内容及形式，科学地划分了认识过程中的阶段性即两大飞跃的思想，并进一步概括总结出了一条人类认识发展的总规律。

（原载《太原师专学报》1987 年第 2 期）

关于毛泽东哲学思想特点的研究方法问题

近年来，在毛泽东哲学思想特点的研究问题上，许多同志做了大量的工作，取得了一定的成就，但也存在不少问题。这里仅就研究方法上存在的一些问题，谈几点个人的认识。

一、研究毛泽东哲学思想的特点，必须坚持理论与实践相统一、逻辑与历史相一致的科学方法。在近年来的研究中，存在着两种倾向：一种是从理论到理论，只在单纯的概念和已经得出的现成结论本身寻找形成这些特点的原因；一种是只注重对实际斗争和实践经验的描述，而忽略了逻辑的分析和理论的推导。这两种方法都带有一定的片面性。我们考察某种哲学思想的特点时，既不能在建立这种哲学思想的哲学家的头脑中或已经得出的现成结论本身寻找原因，也不能脱离理论仅仅从历史的现象中寻找答案。由于各个历史时期的政治、经济、思想、文化的状况不同，社会历史的发展面临的理论、实践的主要任务和它对哲学提出的主要课题不同，阶级斗争、生产斗争、科学实验的发展状况及其提供的经验和提出的问题不同，因而马克思主义的经典作家适应历史发展的客观要求，在解决和回答这些历史提出的课题时，采取的具体实践的方式、方法以及总结概括的实践的经验不同，所以形成的哲学思想的特点就不同。因此，只有把历史的叙述和逻辑的分析，实际的考察和理论的推导紧密结合起来，坚持理论与实践相统一、逻辑与历史相一致的方法，才能得出符合客观实际的结论，准确把握它们各自的特点。

如何做到理论与实践相统一、逻辑与历史相一致，准确地把握毛泽东哲学思想的特点呢？

首先，从认识过程的不同阶段来看，任何一个理论的产生，都必然要经过从实践到认识，又从认识到实践的辩证发展过程，马克思主义哲学也不例外。如果说，资本主义发展的自由竞争时代，马克思、恩格斯亲自参加革命实践，进行大量的艰苦的科学研究，认真总结工人运动的经验，在实践中创立了马克思主义的哲学思想体系，完成了认识过程的第一次飞跃，即从实践到理论，那么，随着资本主义进入到帝国主义时代，马克思主义哲学已经取得了理论上的胜利，无产阶级革命进入了直接实践的阶段，列宁、斯大林、毛泽东则是把马克思主义哲学的基本原理同新的革命实践相结合，丰富和发展了马克思主义的哲学思想，完成了认识过程的第二次飞跃，即从理论到实践。认识的第一阶段即创立阶段，其理论特征侧重于从实践到理论的抽象，而认识的第二阶段即检验和实践阶段，其理论特征则侧重于从理论抽象到具体实践的实际应用。由于毛泽东哲学思想是在把马克思主义的普遍原理与中国革命的具体实践相结合的过程中产生的，处在认识的第二阶段，因此实际应用的特点即实践性在毛泽东哲学思想中表现得尤为突出。

其次，从各个历史时期提出的不同的理论与实践的任务来看。在自由资本主义时期，工人运动的不断高涨，自然科学的巨大发展，无产阶级革命迫切需要一个科学的世界观来指导，因此当时面临的任务就是创立一个科学的理论体系并从各方面进行论证和阐发它的基本原理。马克思、恩格斯责无旁贷地担负起了历史赋予的这一任务。在他们创立马克思主义哲学体系的过程中，主要遇到了来自两方面的挑战：一是社会上资产阶级唯心主义的哲学体系，二是工人运动内部蒲鲁东、巴枯宁、布朗基等人的哲学观点以及杜林的先验主义哲学体系。为了巩固自己的阵地，马克思、恩格斯不得不与之进行坚决的斗争，所以在他们的哲学论著中带有鲜明的理论论述和理论论战的色彩。而到了帝国主义时代，马克思主义已经取得了辉煌的胜利，无产阶级革命进入了直接实践的阶段，面临的任务"就是必须根据欧洲各国所没有的特殊情况来运用一般的共产主义理论和共产主义措施"，[1] 即把马克思主义的理论付诸实践。当时的中国革命，由于受共产国际把马克思主义神圣化、教条化和把俄国十月革命的经验绝对化的影响，以王明为代表的教条主义拒绝研究中国革命的实际情况，只是生搬硬套，抄袭书本。毛泽东同志坚持从中国实际出发，把马克思主义的普遍原理与中国革命的具体实践相结合，反对"本本主义"即教条主义，使马克思主义走出了理论论述和理论论战的范围，并把它由抽象的理论变成亿万人民认识世界改造世界的具体实践，在此基础上逐渐形成了一套从实际出发，实事求是，群众路线的工作方法和思想方法，而这些哲学思想，就必然带着鲜明的实践特点。

再次，从继承的不同的民族传统与优秀的文化遗产来看。马克思主义哲学批判地继承了德国古典哲学等优秀文化遗产，从思想渊源和文化传统上，带有刚刚从旧哲学中脱胎出来的痕迹，如思辨特征以及民族特点等。毛泽东同志在把马克思主义原理应用于中国革命的实践中，也批判地继承了许多中国古代的哲学思想，因此带有中国传统的民族风格和民族色彩。

因此，不论从认识过程的阶段性来看，还是从历史提出的实践与理论的任务来看，毛泽东哲学思想的最基本、最本质的特点就是它重在实际应用即实践

---

[1] 《列宁全集》第30卷，第138页。

性。至于其他方面的特点，诸如中国化（或中国的民族风格、民族气魄）、通俗化、具体化等，都是在这一基本特点基础上形成和派生出来的。

二、研究毛泽东哲学思想的特点，还要坚持内容与形式的辩证统一。近年来，存在着两种割裂毛泽东哲学思想的内容与形式相统一的倾向。一种认为，毛泽东哲学思想的特点就是它对马克思主义哲学宝库中增添的理论上的新内容、新贡献，至于民族风格和民族气魄，那是语言表述形式的问题，研究毛泽东哲学思想的特点，应该从内容、本质上而不是从表述形式上来研究；另一种则认为，马克思主义哲学的基本体系、基本理论、基本规律和基本范畴，早在马克思、恩格斯在世时就已经确立了，毛泽东哲学思想并不是标新立异，另搞一套，也没有"补充"任何"新原则"，只是把马克思主义的基本原理创造性地运用于中国革命的实际，因此在探讨毛泽东哲学思想的特点时，应侧重于从形式上来研究。这两种方法都带有一定的片面性，前者偏重于内容，后者偏重于形式，很难全面地、科学地把握毛泽东哲学思想的特点。任何事物都是内容和形式的统一，因此我们在探讨事物的本质特征时，既不能离开内容去谈形式，也不能离开形式去谈内容。例如毛泽东同志提出的实事求是、群众路线等工作方法和领导方法，既是从理论内容上对马克思主义哲学宝库的新贡献，又具有一定的通俗化、民族化等外在形式的新特点。因此只有坚持内容与形式的统一，才能科学地阐明它的特点。

三、研究毛泽东哲学思想的特点，还要做到共性与个性、普遍性与特殊性的统一。近年来的研究中，一些同志还认为"结合"与"运用"是马克思主义哲学的共同特点，而不是毛泽东哲学思想所特有的。简言之，"结合"与"运用"是共性而不是个性，是普遍性而不是特殊性。这种观点也带有一定的片面性。事物都是共性与个性、普遍性与特殊性的辩证统一。共性存在于个性之中，个性中包含着共性。在考察一种事物时，既不能离开普遍性去寻找特殊性，也不能离开特殊性去寻找普遍性。例如暴力革命，这是被各国革命实践所证实了的一条普遍原理，具有极大的普遍性。但由于各国历史条件不同，所以在各国的革命实践中即"结合"与"运用"过程中却带有极大的特殊性，它在俄国采取的是"城市暴动"，在中国则是"农村包围城市"，因此绝不能把"结合"与"运用"仅仅说成是普遍性而没有特殊性。任何实践都是具体的实践，世界上绝没有两片完全相同的树叶。列宁说过："我们认为，对于俄国社会主义者来说，尤其需要独立地探讨马克思的理论。因为它所提供的只是一般指导原理，而这些原理的应用，具体地说，在英国不同于法国，在法国不同于德国，在德国不同于俄国。"❶ "一切民族都将走到社会主义，这是不可避免

---

❶ 《列宁选集》第 1 卷，第 203 页。

的，但是一切民族的走法却不完全一样。"❶

很明显，列宁在这里强调由于国情不同，因而其"结合"与"运用"也是各不相同的。即使同是实践，由于历史条件不同，回答的问题不同，它们的特点就不同，其理论特点也就不同。19 世纪 50 年代以后，马克思、恩格斯为了同机械唯物主义和庸俗唯物主义等理论作斗争，就比较着重从辩证法方面来发展辩证唯物主义。列宁指出："马克思和恩格斯在他们的著作中特别强调的是'辩证'唯物主义，而不是辩证'唯物主义'，特别坚持的是'历史'唯物主义，而不是历史'唯物主义'。"❷ 显然，认为"结合"与"运用"是共性而不是个性的同志，是割裂了共性与个性、普遍性与特殊性的辩证关系和相互联系。历史上的教条主义者，恰恰正是使普遍性离开了特殊性，共性离开了个性。他们不了解马列主义的普遍原理，只有通过一定的民族形式和民族特点才能在现实生活中具体地表现出来和发挥作用。实践性虽然是马列主义哲学的共性，但它在毛泽东哲学思想中表现得更为突出。

要准确地把握毛泽东哲学思想的特点，科学地阐明它的历史地位，深刻地认识它的每一个原理的真谛，就必须坚持理论与实践相统一，逻辑与历史相一致这个马克思主义的基本原则，废除静止的孤立的片面的研究方法。只有这样，才能收到良好的研究效果。

（原载《晋阳学刊》1984 年第 5 期）

---

❶ 《列宁全集》第 23 卷，第 64 - 65 页，着重号为本文作者所加。

❷ 同上，第 14 卷，第 348 页。

实践唯物主义与世界观方法论的统一

世界观与方法论统一的问题，是马克思主义哲学的一个根本性问题。但长期以来，由于受苏联"辩证唯物主义和历史唯物主义"哲学体系的影响，出现了把人的实践从世界观中排除出去的僵化模式和体系，结果使马克思主义哲学世界观和方法论失去了统一的基础，造成了世界观与方法论的脱节。尽管我们的哲学教科书中一再强调，哲学既是理论化、系统化的世界观，同时又是观察、分析和处理各种问题的方法论，即我们通常所说的根本的思想方法和工作方法。一般说来，有什么样的世界观，就有什么样的思想方法和工作方法。世界观和方法论是一致的。但世界观和方法论是如何达到一致的？它们统一的基础、方式是什么？旧的哲学体系都没有能够回答和解决这一问题。实际上，对于马克思主义哲学来说，有一个自世界观到方法论的转变过程，即二者如何辩证统一的问题。以往的教科书是按照本体论的方式建构的，它把"实践"限制在认识论的范围以内，从而降低了实践在马克思主义哲学思想中的重要地位，更重要的是把实践从世界观中排除出去，实际上抹煞了马克思主义哲学世界观中实现的革命变革，也无法充分反映人类认识世界改造世界的能动作用，因而必然导致世界观与方法论的脱节。如何才能使马克思主义的世界观方法论达到辩证的统一，实践唯物主义为我们提供了一个科学的途径。

（一）

实践是马克思主义哲学的出发点和核心，也是世界观与方法论统一的基础。马克思主义哲学体系的建立是以实践为基石的。实践观点的确立，使马克思主义哲学同一切传统哲学从本质上区别开来了，从而实现了人类哲学发展史上的最伟大的变革。马克思指出，以往的"哲学家们只是用不同的方式解释世界，而问题在于改变世界"❶，因此马克思主义哲学的创始人才把自己的学说称为"实践的唯物主义。"❷

---

❶ 《马克思恩格斯选集》第 1 卷，第 19、16、18、43、16、18、18 页。
❷ 《马克思恩格斯全集》第 3 卷，第 48 页。

斯大林的"辩证唯物主义与历史唯物主义"的体系，是按照本体论的方式建构的，它是用还原论的方法去理解问题的，它着力追溯的是人及其认识是从哪里来的，它所来自的那个东西又是从哪里来的，这样去追溯所谓本原问题即世界的本原是什么。它以物质第一性、精神第二性为基石，从存在论、本体论出发，"对事物、现实、感性，只是从客观的或者直观的形式去理解，而不是把它们当做人的感性活动，当做实践去理解，不是从主观方面去理解。"❶从而忽略了"人"这种物质的特性。自从人类社会从自然界分化出来以后，物质世界进入了一个新的发展阶段。人类社会的特点就在于它的主体性，单个人作为主体同客体（包括自然界和人类社会）相对立，人类社会又作为主体与自然界相对立。这种对立的统一是通过实践即感性活动实现的，实践作为中介和中间环节，把主体和客体联结为一个整体。然而本体论的旧体系从根本上摒弃了"实践"的观念，撇开人的实践，从客体或者直观的形式去理解客观世界，把客观世界看成一个只按照自己的规律运转而同人的实践没有任何联系的客体。这样把人的实践从世界观中剔除出去，离开人的主观能动性，片面地宣扬决定论，势必出现人类在客观存在面前是无能为力的宿命论。这实际上从根本上违背了实践唯物主义关于"社会生活在本质上是实践的"❷原则，过分强调了客观性原则，而忽略了作为世界主体的主体性原则。正是由于本体论把实践从世界观中解除出去，只强调了作为主体的人对客观存在的直观的认识和消极的适应，忽略了人类改造世界的能动作用，因而必然导致世界观与方法论的脱节，在一定程度上从马克思主义唯物主义倒退到旧的唯物主义。

马克思主义哲学之所以不同于以往的任何旧哲学，在于它不仅要科学地认识世界和解释世界，更重要的是改造世界。认识世界与改造世界的统一，集中表现为世界观与方法论的统一。因此哲学应从现实世界出发解决自然世界和属人世界的自然性和超自然性这两重关系的矛盾。马克思之前的旧哲学都没有解决这个矛盾，而马克思的最大贡献就是找到了把两重关系统一起来的现实基础——实践。实践既是造成外部世界的矛盾的根源，又是把自然世界与属人世界统一起来的基础；既是克服客观性的片面性的活动，又是克服主观性的片面性的活动；它本身既表明了物质的本原作用，又表明了意识的能动作用。实践作为一个现实的中介，它本身就是两重性统一的活动。它是主客体达到统一的基础，也是把认识世界与改造世界统一起来的基础，同时也是世界观方法论统一的基础。

我们说马克思主义哲学既是世界观又是方法论，是世界观与方法论的统

---

❶ 《马克思恩格斯选集》第 1 卷，第 19、16，18、43、16、18、18 页。
❷ 《马克思恩格斯选集》第 1 卷，第 19、16，18、43、16、18、18 页。

一，并不是说世界观直接地、现成地就是思想方法和工作方法，这里有一个中介的问题，也有一个转变的过程。本体论的缺陷是把人的实践从世界观中排除出去，忽视了世界观中主体的能动作用而单纯宣扬决定论乃至宿命论，而一旦失去了实践的基础，就必然回到旧唯物主义的老路，仅仅局限于本原的问题，把哲学的任务只限定在对世界的解释和说明上，从根本上忽略了主体改造世界的能动作用。离开实践，必然造成主体与客体、认识与实践的脱离，从而造成世界观与方法论的分裂。历史上许多教条主义者把马克思主义的原理讲得头头是道，但一到实际工作中就犯唯心主义与形而上学的错误，从根本上讲就是只限于对世界的解释与批判，而没有在实践的基础上把世界观与方法论辩证地统一起来。实践唯物主义把实践引入世界观，它"不是从观念出发来理解实践，而是从物质实践出发来解释观念的东西"❶。"人的思维是否具有客观的真理性，这并不是一个理论问题，而是一个实践的问题。人应该在实践中证明自己思维的真理性，即自己思维的现实性和力量，亦即自己思维的此岸性。"❷ 实际上，与主体不发生任何实际关系的外部世界，对主体来说是非存在的。"抽象的、孤立的、与人分离的自然界对人来说是无。"❸ 主体的实践活动是现实世界存在发展的深厚基础，实践唯物主义就是要探讨主体与现实世界相互作用的方式、途径、过程及其规律等，它既充分肯定现实世界的优先地位即客观性、规律性，又充分确认主体、实践对现实世界的能动作用。这两个基本点相互依存、相互制约着统一于马克思实践唯物主义的哲学世界观中，并相互规定着对方的界限和范围。因此只有坚持实践在世界观中的地位和作用，才能把主观与客观、认识与实践、世界观与方法论统一起来。也只有在实践的基础上，世界观才能化为方法论，才能发挥认识世界和改造世界的伟大作用，也才能使二者达到高度的统一。我们的哲学教科书中之所以存在着偏重客观性原则而忽视主体性原则，偏重世界观而忽视方法论甚至把二者割裂开来，只讲世界观，不讲方法论，这是受斯大林体系的影响以本体论方式建构的僵化模式分不开的。

（二）

任何哲学都是世界观与方法论的统一。但是不同的哲学，其世界观与方法论统一的基础、方式和内在机制则不同。

唯心主义哲学世界观与方法论的统一是以精神为基础的。对于唯心主义哲

---

❶ 《马克思恩格斯选集》第 1 卷，第 19、16，18、43、16、18、18 页。

❷ 《马克思恩格斯选集》第 1 卷，第 19、16，18、43、16、18、18 页。

❸ 《马克思 1844 年经济学—哲学手稿》，第 131 页。

学来说，由于颠倒了思维与存在、精神与物质的关系问题，所以认为精神是世界的本原，物质只不过是精神的产物和体现。历史上的唯心主义都是以主观同客观、认识同实践相分裂为特征的，它们片面地夸大主观的作用，或者把认识过程的某一阶段（感性认识和理性认识）绝对化。列宁指出："哲学唯心主义是把认识的某一特征、方面、部分片面地夸大地……发展（膨胀、扩大）为脱离了物质、脱离了自然的、神化了的绝对。""直线性和片面性，死板和僵化，主观主义和主观盲目性就是唯心主义的认识论根源。"❶ 与此相联系，他们采取孤立、静止的形而上学的观点看待事物，把世界看成是彼此隔绝、孤立存在、互不相关的，同时又是僵死不变、静止不动的，如果有变化，也不过是数量的增减和简单的重复。特别是主观唯心主义，由于认为人的主观精神是万事万物的本原，整个世界不过是他的思想的产物，因此必然导致"唯我论"或"唯意志论"。由于唯心主义可以闭着眼睛瞎说一气，同时可以凭着自己的主观想象去盲目的、随心所欲地对待一切，因此其世界观与方法论的统一是以精神为基础的唯心的统一。

十七八世纪欧洲旧唯物主义世界观与方法论的统一，是撇开人的实践，在消极直观的基础上的机械的统一。由于当时自然科学发展水平的限制和阶级基础的局限性，使旧唯物主义具有一切形而上学唯物主义所具有的一般局限性，即机械性、形而上学性和不彻底性以及认识论上的消极直观性。当时自然科学的发展，只有力学达到比较完善的地步。科学家们把经典力学的定律和观点搬到哲学领域，使唯物主义哲学带上了机械论的特征。在研究方法上尚处于"搜集材料"阶段的自然科学，形成了一种孤立的、静止的、片面的研究方法和分析方法。资产阶级哲学家把这种方法移入哲学领域，使这个时期占支配地位的唯物主义世界观和方法论具有浓厚的形而上学性质。因此恩格斯指出："这种考察事物的方法被培根和洛克从自然科学中移到哲学中以后，就造成了最近几个世纪所特有的局限性，即形而上学的思维方式。"❷ 在认识论上，旧唯物主义带有明显的消极直观性，这是机械性和形而上学性的具体表现。培根就认为认识是客观存在的"世界模型"的"模仿"，指出"知识就是存在的映象"❸ "存在的真理同知识的真理是一个东西，两者的差异亦不过如同实在的光线同反射的光线的差异罢了"。❹ 资产阶级哲学家由于阶级的局限，不承认劳动群众的革命实践的伟大作用，不懂得认识和实践的辩证发展过程和能动的

---

❶ 《列宁选集》第 2 卷，第 715 页。
❷ 《马克思恩格斯选集》第 3 卷，第 61 页。
❸ 培根《新工具》商务印书馆 1935 年版，第 106 页。
❹ 培根《崇学论》商务印书馆 1938 年版，第 26 页。

飞跃，他们"至多也只能做到对'市民社会'的单个人的直观。"❶因此他们的哲学只能是说明世界，而不能成为能动地改造世界的理论武器。

只有实践唯物主义，才使马克思主义哲学世界观与方法论在实践的基础上达到了辩证的统一，马克思主义哲学坚持自己的理论建立在实践的基础上，它克服了旧唯物主义在世界观中排斥人的实践的这个缺点，强调人类的劳动实践具有作为现有感性世界基础的世界观意义，但又始终坚持外部自然界优先地位的唯物主义立场。它认为实践是主体依据一定的目的变革客体的感性活动，这就意味着实践是一种直接现实性的活动，因此它必须以人和对象的自然物质存在为前提，并遵循自然物质运动的规律而活动。但实践作为感性的活动又是一种实现目的性的活动，在实践中，客观的存在转化为理想的存在，在这个过程中主体能动性表现出巨大的创造作用。自然的基础作用和主体的能动作用相结合使客体发生符合主体需要的物质性变化，这正是实践唯物主义世界观的本质特征。它既避免了那种无视人的劳动实践所受的自然制约性、我行我素的唯意志论倾向，又克服了本体论离开人的实践不讲能动性只按照直观的形式去理解的决定论乃至宿命论；既强调人类改造世界的作用，又强调人类实践所受自然的制约性。这就使主观与客观、认识与实践、世界观与方法论达到了辩证的统一。

（三）

马克思实践唯物主义不仅使哲学世界观方法论在人与自然的关系之中达到辩证的统一，而且把实践引入整个社会生活之中，明确指出："社会生活在本质上是实践的，凡是把理论导致神秘主义方面去的神秘东西，都能在人的实践中以及对这个实践的理解中得到合理的解决。"❷从而把世界观方法论的统一也贯彻到了社会历史领域之中。而无论是自然主义的本体论，还是人本主义的本体论，都没有将这一统一贯彻到底，其根本原因，就是没有看到在人与自然之间还有一种表明社会存在本质的物质实践活动，正是这种活动成为解开社会存在之谜的钥匙。

马克思主义产生之前的哲学，包括旧唯物主义在内，其根本的一个缺陷，就是不能把唯物主义贯彻到底，因而在历史观上始终是唯心主义的。列宁在考察了以前的社会历史理论后指出："第一，以往的历史理论，至多是考察了人们历史活动的思想动机，而没有考究产生这些动机的原因，没有摸到社会关系

❶ 《马克思恩格斯选集》第 1 卷，第 19、16、18、43 页。
❷ 《马克思恩格斯选集》第 1 卷，第 19、16、18、43 页。

发展的客观规律性，没有看出物质生产发展程度是这种关系的根源；第二，过去的历史理论恰恰没有说明人民群众的活动，只有历史唯物主义才第一次使我们能以自然史的精确性去考察群众生活的社会条件以及这些条件的变更。"❶列宁的思想主要有两点：一是指出唯心史观只考察了人们历史活动的思想动机，而没有看到"社会关系体系发展的客观规律性"，只有物质生产发展程度即经济的原因才是决定人们历史活动的思想动机的根本原因这一历史唯物主义的基本原理；二是指出过去的理论都没有说明"人民群众的活动"即作为社会主体的物质实践活动，而历史唯物主义则要以"自然史的精确性"即从"人类社会是一个自然历史过程"出发去考察人民群众的物质实践活动的伟大作用。实际上，资产阶级唯物主义由于阶级的局限，不承认人民群众物质实践活动的伟大作用，因而他们的哲学只能解释世界，而不能革命地改造世界，这正是他们无法将唯物主义贯彻到底，把世界观与方法论的统一贯彻到社会历史领域的根本原因之一。

我国现行的哲学教科书中历史唯物主义部分由于受斯大林框架的影响，背离了唯物史观创始人关于"社会生活在本质上是实践的"这一基本精神，片面强调历史活动的客观性原则，忽略了作为历史活动主体的人的主体性原则。人类社会之所以能够从自然界分化出来，正是由于人类的生产劳动即物质实践活动的结果。从某种意义上说，人类历史就是一部人类实践活动的历史，"整个所谓世界历史不外乎是人通过人的劳动而诞生的过程。"❷因此唯物史观的创始人一开始就是以充分肯定人类社会是人们自觉的能动的活动过程为基本前提的。然而本体论离开人的社会实践，过分地强调社会存在和客观规律的决定作用，将社会关系归结为生产关系，将生产关系归结为生产力的高度，一味地强调生产力的客观性原则即不依人的意志为转移的客观规律性，忽略了作为主体的人在生产力与物质实践活动中的能动作用。实际上生产力是人们解决社会同自然矛盾的实际能力，是人类通过实践活动征服和改造自然使其适应社会需要的物质力量，它标志着作为主体的人类征服自然、改造自然的实际程度和实际能力。如果离开主体的现实活动，还有什么独立存在并发挥作用的生产力、生产关系呢？撇开人的实践，忽视主体的能动性原则，片面强调社会存在和客观规律的决定作用，宣扬人们只能直观地认识和消极地适应客观规律，势必把历史必然性夸大为一种神秘的、绝对的力量，使人们在这种力量面前显得无能为力，只能消极地顺应它，从而把社会理解成一种由绝对必然性支配的世界，并最终陷入机械决定论或者宿命论的困境。离开社会实践，忽视主体性原则和

❶ 《列宁全集》第 2 卷，第 586 页。
❷ 《马克思恩格斯全集》第 42 卷，第 96 页。

人类改造历史的能动作用，必然使马克思主义哲学世界观与方法论的统一无法贯彻到底。

实践唯物主义视实践为历史观的基础与核心，它充分确认社会存在的客观规律性，同时又充分肯定社会历史活动的主体性原则。人类社会是一个自然的历史过程，但这并不否认人们自己创造着自己的历史。旧唯物主义离开实践去考察历史的发展，从而割裂了主体与社会活动的现实关系。实践唯物主义则从实践和主体的角度出发去考察社会系统和社会关系，去揭示社会历史发展的规律性。马克思第一次科学地把实践提升到社会本体论意义上来认识，明确指出"社会生活在本质上是实践的"，其目的就在于把实践引入整个社会历史过程中的主客体结构中，用以揭示整个社会生活中的本质内容和社会历史规律。劳动实践创造了人及其社会，没有人类的实践活动，也就没有人类社会。因此实践是理解社会关系及其发展规律的钥匙，同时也是构成社会结构的基础和推动社会历史发展的动力，正是从这一原则出发，马克思把生产力作为社会发展动力的基础范畴。物质实践活动建立了人与自然、人与社会之间的现实的历史关系，物质实践活动也造就了一个现实的社会。物质实践活动作为社会主体和社会客体之间的中介，无疑将马克思主义哲学世界观与方法论的统一贯穿于认识社会和改造社会的活动之中。

（四）

在哲学史上，唯物主义、辩证法思想曾经历了三种基本的历史形态，即古代朴素的唯物主义和朴素的辩证法；18—19世纪的形而上学唯物主义和唯心主义辩证法；马克思主义实践唯物主义和唯物辩证法。与这三种历史形态相联系，世界观与方法论的统一也经历了三种不同的形式，即自发的（不自觉的）统一、机械的统一、自觉的统一。在这三种统一形式中，只有马克思主义哲学世界观与方法论在实践基础上达到了科学的统一。

古代朴素的唯物主义由于受当时科学发展的限制，因而带有明显的直观的性质，同时也缺乏科学的论证。由于这种朴素的唯物主义是以本体论方式建构的，所以一般局限于对世界的解释上即追溯和探索世界的本原是什么的问题。他们承认世界的物质性，否认世界是神创造的，但仅仅把世界的物质归结为某一种或某一些具体的物质。中国古代的唯物主义和辩证法思想，有其独特的特点，如对宇宙的考察是重功能不重实体，重伦理不重思辨，重体悟不重论证等。一般说来，古代朴素的辩证法的成分，是唯物主义和辩证法的自发的、不自觉的、不定型的、无意识的结合。中国古代唯物主义在把"五行"当作世界本原的同时，则以它们之间的"相生相克"的关系来说明世界的联系和发展。因此我们把这一时期的世界观与方法论的统一叫作自发的统一或不自觉的统一。

同近代科学相联系的资产阶级形而上学唯物主义和唯心主义辩证法，是以自然主义本体论、人本主义本体论和唯心主义本体论方式建构的，因而他们同古代朴素的唯物主义者一样，也仅仅满足于对世界的本原问题的说明和解释。他们依据实验科学的基础，克服了古代唯物主义的朴素性，把唯物主义和辩证法推进到一个新的阶段。但由于当时自然科学发展水平的限制和剥削阶级的局限性，资产阶级形而上学唯物主义存在着严重的缺陷，即机械性、形而上学性、不彻底性和认识上的消极直观性。当时自然科学尚处在"搜集材料"和"分门别类研究"的阶段，自然科学中形成的孤立地静止地看问题的方法与唯物主义奇特地结合在一起。无论是自然主义本体论、人本主义本体论还是唯心主义本体论，都没有看到在人与自然之间存在着的物质实践活动，他们也不承认人民群众的物质实践活动的伟大作用，因而他们的哲学只能局限在对世界的解释上，其世界观与方法论的统一则表现为一种机械的、扭曲的统一。

马克思主义哲学是实践的唯物主义，它是以物质实践为中介的主体—客体结构的本体论，因此它不同于一切旧哲学的根本就在于认识世界是为了能成功地改造世界。认识世界的能力与改造世界的方法通过物质实践活动不断地得到提高、创新和转化。世界处在一个不断运动、变化和发展的动态过程之中，人们认识、改造世界的能力和方法也是处在一个不断更新、完善的过程中；世界是一个多层次、多序列、多结构的复杂有机的物质统一体，人们认识和改造世界的方法也必须根据客观事物的不同规律、类型、性质、特点采取不同的科学方法。只有通过实践才能把普遍方法、一般方法、特殊方法结合起来，同时也只有通过实践才能鉴别所使用的方法是否正确、是否科学、是否符合客观实际和客观规律，是否能取得预期的目的和效果。总之，实践把主体与客体、认识世界与改造世界自觉地结合在一起，使世界观与方法论达到了科学的、自觉的统一。

马克思主义哲学的一个伟大的革命变革就是把实践引入世界观。它明确提出自己的任务不仅是要解释世界，更重要的是要改造世界，这正是它区别于一切旧哲学的根本标志。要实现这一变革，世界观与方法论的统一就变得尤为重要，而实践的唯物主义则为这一统一提供了一条科学的途径。以往的哲学体系中未能科学地解决这一问题，根本的原因就是把实践从世界观中排除了出去，因此恢复实践的唯物主义，探讨如何使世界观与方法论达到科学统一的道路，是当前哲学研究的一个不容忽视的课题。

（原载《山西师大学报》（社会科学版）1989 年第 3 期）

现代思维的大趋势

我们生活在一个科学高度发展、信息万变的时代。科学技术和生产力的飞速发展，把过去、现在和未来更加紧密地联结在一起。第三次技术革命的浪潮，向人类提出了新的严峻挑战，现代文明和现代科学技术，猛烈地冲击着传统的思维模式。因此，随着生产方式和生活方式的改变，必须要求从根本上改变传统的思维方式。马克思曾指出："那些发展着自己的物质生产和物质交换的人们，在改变自己的这个现实的同时也改变着自己的思维的产物。"❶ 作为新时代的青年，要想使自己跟上时代的步伐，跨上科学的高峰，就必须优化你的思维方式，始终走在时代的前边，保持着青春的朝气。

新技术革命导致了剧烈的"知识爆炸"，尤其是信息革命，引起了信息流动的加快和知识更新期的缩短。十七八世纪，知识更新期一般为七八十年时间，十九世纪则缩短为五十年时间，到了二十世纪上叶，则达到三十年左右，中叶则缩短为十五年，到了现在，一般只需要七八年时间甚至更短。西德的一位科学家作过年项统计，即使你每天24小时都用来翻阅资料，也仅仅只能了解世界上每天发表的你所研究的专业文章的百分之五。现代技术革命的速度，不是以年、月、日来计算，而是以时、分、秒来计算。所以，当新知识排山倒海般地向你涌来时，如果不改变传统的思维方式，将会被时代所淘汰。

科学的发展，越来越趋向于整体化。随着交叉科学、边缘科学的不断出现，在西方一些著名大学，学科的设置出现文理交叉、相互渗透的趋势。现代科学的发展，迫使人们改变过去那种文理分家等传统的思维结构和思维模式，而代之以优化和最佳思维结构。我国著名科学家钱学森把人的思维分成三种，即抽象（逻辑）思维、形象（直感）思维和灵感（顿悟）思维。过去那种认为文学家就是单纯的抽象思维，已被科学证明是不足取的。实际上，人的每一个思维活动过程，都不是单纯的一种思维在起作用，比如创造思维过程，就绝不是单纯的抽象思维，总要有点形象思维或灵感思维在内。因此建立最佳的思维结构，应引起每一位青年的足够重视，否则是难以适应现代科学的长足发展的。

---

❶ 《马克思全集》第3卷，第30页。

优化思维模式，就是要改变传统的思维模式。国外学者曾作过这样的分析比较：在农业社会，人们的思维方式是面向过去，即一切都凭过去的经验办事；到了工业社会，人们的思维方式变为面向现实，因为工业化加快了社会进程，许多现实问题单凭过去的经验已无法应付；而进入瞬息万变时代，人们的思维方式必须面向未来，因为从现实出发制定的对策，在实行中往往已经落后于发展变化了的现实。因此，变革传统的思维模式，从封闭性到开放性，才能吞吐大量信息，激发科学的创造力；由求同性到求异性，才能从不同角度提出和解决各种问题；由直观性到逻辑性，以适应现代科学需要的思维方法；由超稳定性到动态多变性，提高思维的应变能力；由亚节奏到快节奏，以适应信息社会高效率运转的需要。

思维是智力的核心，而创造性思维则又是思维的中枢。世界上的科学家、思想家、文学家、发明家，之所以能为人类的物质文明和精神文明作出贡献，都有一个共同的特点，即具有较高的创造思维能力。一个人如果具备一定的创造思维能力，便会硕果累累，生机勃勃；如果缺乏创造思维能力，则可能平淡无奇，默默无闻。所谓创造性思维，具有五种品质，即独立性、联动性、多向性、跨越性和综合性，它具有积极的求异性，敏锐的洞察力，丰富的想象力，独特的知识结构，活跃的灵感和新颖的表述等特点。每一个愿意献身于科学事业的青年，都应该努力培养自己的创造思维能力。

我们面临一个科学技术革命的时代，首先要适应历史的发展，时代的需要。祖国的四化大业，靠我们实现；科学的高峰，靠我们登攀。我们要做时代的开拓者，社会的主人翁，就必须砸碎那些思想藩篱和枷锁！摈弃那些传统思维方式的束缚！给你的思维插上理想的翅膀吧，让它在科学的自由王国中，纵横驰骋，展翅飞翔！

（原载《山西师大校刊增版》1986 年 4 月 10 日第 5 版）

四、中国社会主义的道路自信

要正确认识社会发展阶段问题

一、引言

中国共产党成立 90 年来，领导中国人民取得了新民主主义革命的胜利，跨越资本主义充分发展阶段，直接从半殖民地半封建社会进入社会主义，并且取得了社会主义建设与改革的巨大成就。但是长期以来，在一些人的思想上，一直存在着一种观点，就是社会发展阶段是不可超越的，他们认为，按照马克思对社会发展阶段的分析，整个人类社会发展是"原始社会—奴隶社会—封建社会—资本主义社会—社会主义社会"，这是一条不可违背的历史规律。我国跨越发达资本主义阶段直接从半殖民地半封建社会进入社会主义社会即"超阶段"论，是"公开违背了马克思主义"，"是彻头彻尾的主观幻想"。因此，应该回过头来重新"补课"，走资本主义道路。对这种以马克思主义为名的"理论"，特别是对于这样一个重大的理论问题，是一个绕不开的历史问题，它关系到对党的历史的正确认识与理解，也关系到中国人民选择社会主义道路的正确与否。否定了我们党的这一实践与理论，实际上就是否定了中国共产党的历史，否定了社会主义道路，因此很有必要加以澄清。

不发达国家能不能超越资本主义发展阶段直接进入社会主义，这在社会主义发展史上一直是一个有争议的问题。早在 1881 年 2 月，俄国女革命家查苏利奇曾写信给马克思，提出根据俄国农村公社情况，请马克思说明人类社会发展是否每个国家、每个民族都必然要经过完整的资本主义发展阶段才能进入社会主义，马克思回信指出资本主义发展阶段是可以超越的，但必须具备一定条件。马克思、恩格斯认为，不发达国家走上社会主义，不一定必须经过资本主义充分发展，但必须要有一个条件，即这些国家要超越资本主义发展阶段，只有在先走上社会主义道路的发达国家的带动和帮助之下才有可能实现。1882年 9 月 12 日，恩格斯在给考茨基的信中指出：像阿尔及利亚、埃及、印度等这些被西方征服的殖民地国家，可以在欧美发达国家革命胜利之后并在其帮助下，不必经过资本主义独立发展阶段而逐步过渡到社会主义。他指出："只要欧洲和北美一实行改造，社会产生巨大的力量和作出极好的榜样，就会使各个半文明国家自动地跟着我们走，单是经济上的需求就会促成这一点。至于这些国家要经过哪些社会和政治发展阶段才能同样达到社会主义的组织，我认为我们今天只能作一些相当空泛的假设。不过有一点是肯定的：胜利了的无产阶级不能强迫任何异族人民接受任何替他们造福的办法，否则就会断送自己的胜利。"❶ 恩格斯指出，落后国家要超越资本主义发展阶段取得社会主义的胜利，必须在欧美发达国家的社会主义取得胜利并在他们帮助下才有可能实现，落后国家不能照搬别国的经验，必须要从本国实际出发，经过一些过渡阶段才能达到社会主义。他在《〈论俄国的社会问题〉跋》中指出："西欧人民的无产阶级取得胜利和生产资料转归公有之后，像俄国这样刚刚走上资本主义发展道路而仍然保留了氏族制度的国家，是可以避免资本主义发展的大部分苦难与斗争的。"他同时指出："这不仅适用于俄国，而且适用于处在资本主义以前的发展阶段的一切国家。"❷

其实，早在俄国二月革命后，关于要不要在俄国搞社会主义革命，列宁和普列汉诺夫等人就曾争论过这一问题。普列汉诺夫认为，俄国生产力落后，群众觉悟不高，文化水平低，3/4 的人口是文盲，不适宜也不可能首先进行社会主义革命。列宁在四月代表会议上的报告中指出，社会主义不一定先在西欧开始，现在情况不同，俄国无产阶级超过了他们。十月革命的胜利证明列宁的观点是正确的。然而在十月革命胜利后，关于这个问题一直存在争议。第二国际的伯恩斯坦、考茨基以及俄国的孟什维克苏哈诺夫等人指责说，俄国没有条件搞社会主义。特别是后来社会主义各国在实践中出现了很多失误、曲折、反复和问题，于是又不断地引起对这个历史问题的争论。孟什维克认为，俄国没有条件搞社会主义，社会主义在苏联的胜利是"早产儿"。波兰有人提出了"原罪论"。波兰科学院院士、波兰社会科学院、哲学社会科学研究所所长亚当·沙夫从 1880 年 8 月波兰罢工事件中得出这样的结论："企图在不具备建设社会主义的主客观条件的国家里建设社会主义，这是原罪。"❸ 他以《圣经·创世纪》中的典故比喻落后国家根本不具备建设社会主义的条件。我国也有人认为中国从半殖民地半封建社会直接进入社会主义，没有经过资本主义的充分发展阶段，是"早产儿"，应该回过头来重新走资本主义道路，意即应首先补上资本主义这一课的"补课论"。特别是 20 世纪 80 年代中期，资产阶级自由化思潮泛滥，这种"补课论"甚嚣尘上，1989 年发生的"六·四事件"，要求中国放弃社会主义制度回过头来重新发展资本主义的说法此起彼伏。面对这一问题，应该从理论与实践上进行深入探讨，以澄清人们思想上的迷雾。

---

❶ 《马克思恩格斯全集》第 35 卷，第 353 页。

❷ 《马克思恩格斯全集》第 22 卷，第 502－503 页。

❸ 亚当·沙夫：《论共产主义运动的若干问题》，人民出版社 1993 年版，第 163 页。

20 世纪 80 年代初，我对这个问题进行了一些思考，1987 年上半年写成《社会发展阶段能不能超越》一文，署名陈思远，于当年 5 月 8 日寄给了中共中央机关刊物《红旗》杂志，只是抱着试一试的态度。当时出于两种考虑：一是认为这样一个重大的理论问题，关系到我国社会主义的未来发展与走向问题，应该进行深入的理论探讨；二是寄给《红旗》杂志，是因为它地位的特殊性，以便引起理论界的关注与讨论。结果很快收到了时任《红旗》杂志总编辑熊复同志的回信（见图 1）。

陈思远同志：

  你好！

  收到了你五月八日给我的信和寄来的文章。

  你积极参加写作反对资产阶级自由化思潮的文章，令人非常高兴。

  你的文章，我看基础不错，我已交给我们的哲史编辑室处理。当由他们同你直接联系。

  此致

敬礼！

熊　复
1987 年 6 月 2 日

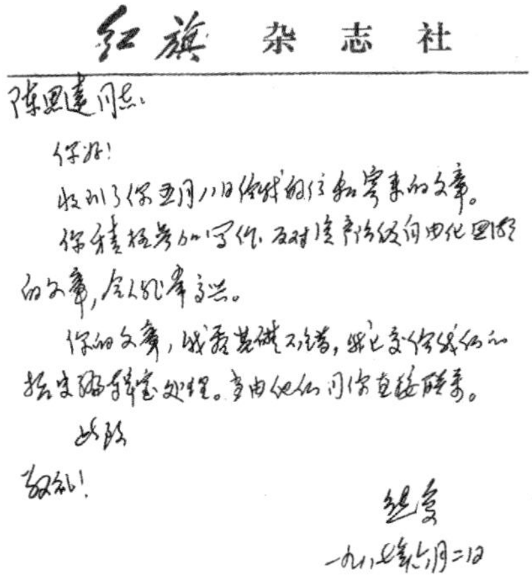

图 1　红旗杂志原总编辑熊复同志来信

在收到熊复总编辑的回信一个多月之后，即 1987 年 7 月下旬，我又收到了《红旗》杂志哲史编辑室寄来的文章清样与修改信（见图 2）。

陈思远同志：

  您前些时候寄给熊复同志的稿件，他已转给我室处理。我们看后觉得有一定的基础，因此作了一些文字修改后排出校样，现给您寄去一份，请您看看，并有两个问题，还需要请您考虑修改。

  1. 第 4 页至第 5 页，讲美国超越封建阶段直接由奴隶制进入资本主义阶段。分析似不够准确，结论也有些简单。因为印第安人至今也

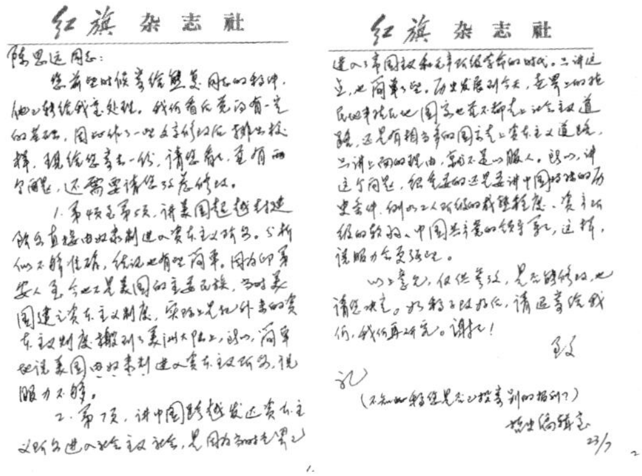

图 2　红旗杂志哲史编辑室的来信

169

不是美国的主要民族，当时美国建立资本主义制度，实际上是把外来的资本主义制度搬到了美洲大陆上，所以，简单地说美国由奴隶制进入资本主义阶段，说服力不够。

2. 第 7 页，讲中国跨越发达资本主义阶段进入社会主义社会，是因为当时世界已进入了帝国主义和无产阶级革命的时代。只讲这点，也简单了些。历史发展到今天，世界上的殖民地半殖民地国家也并不都走上社会主义道路，还是有相当多的国家走上资本主义道路，只讲上面的理由，就不足以服人。所以，讲这个问题，很重要的还是要讲中国特殊的历史条件，例如工人阶级的成熟程度、资产阶级的软弱、中国共产党的领导等，这样，说服力会更强些。

以上意见，仅供参考，是否能修改，也请您决定。如稿子改好后，请退寄给我们，我们再研究。谢谢！

致

礼！

（不知此稿您是否已投寄别的报刊？）

哲史编辑室
1987 年 7 月 23 日

在我收到的文章清样第一页右上方，注有"内部传阅"四个字。我按照修改意见，认真进行了修改，并很快将修改稿寄回《红旗》杂志哲史编辑室，继而处于焦急的等待之中。1987 年 8 月中旬，大约是 15 日左右，人民日报头版中间位置刊登了一则加有花框的消息，标题是《〈红旗〉杂志总编辑熊复辞职》，看完消息，我心中产生了一种压力与不安，也隐隐感觉到了问题背后的复杂性。由于熊复辞职，我又给当时的副总编王忍之、苏星写信，询问文章处理结果。不久便收到苏星副总编回信（很可惜原信在工作调动搬家中丢失），他在信中谈到我的文章曾在内部传阅，并在理论界引起了较大反响，由于《红旗》杂志是中共中央机关刊物，鉴于杂志的特殊性，全世界很多国家都高度关注这个刊物，以期从中发现和感觉到中国共产党的思想动态及发展动向，为了避免在党内引起更大的争论，所以文章暂时被压了下来。1989 年《红旗》杂志停刊，王忍之调任文化部代部长，苏星调任中央党校副校长。从此这篇文章便石沉大海，杳无结果。我们固然应该戒除无谓的清谈和争论，但争论与探讨是两回事，特别是对于重大理论问题，不争论不等于不能探讨。我们不能因人废言，也不能因人纳言。我国历史上曾有过"罢黜百家，独尊儒术"的教训，从而也限制了中国思想文化与科技的发展。难道不争论从此就永远停止对重大理论问题的探讨吗？

一晃 20 多年过去了，但我对"社会发展阶段能否超越"这个问题的思考一直没有停止过，我仍然坚持我的观点，认为社会发展阶段是可以超越的，而且这是一条历史发展的规律，即平衡与不平衡规律，历史就是在平衡与不平衡之中向前发展的。人类社会历史的每一次发展，都是对前一阶段的超越。按照社会发展的一般规律与社会主义建立的生产力基础与本质要求，社会主义应该建立在社会化大生产普遍发达的基础上，但是由于各国特殊的历史原因，社会主义却在苏联及欧亚一些经济落后国家首先取得胜利，这些历史"早产儿"是特殊历史条件发展的必然结果，是历史规律普遍性与特殊性的辩证统一。历史发展既没有绝对的平衡，也不存在绝对的不平衡，这就是历史的辩证法，在人类历史发展的每一个关头，都出现过这样的例证。历史不可设想，历史也不能设想。历史只能用事实说话。我们党领导中国人民跨越资本主义充分发展阶段，直接进入社会主义，是对马克思主义关于社会主义理论与实践的创新，否定了这一理论，实际上也就否定了新民主主义革命与社会主义道路，也就否定了中国共产党的历史，同时也就否定了世界历史上所有曾经超越了社会某一发展阶段的各个国家的历史，而这一问题，也是马克思历史唯物主义不应和不能回避的重要问题。中国改革开放的进程始终围绕着建设中国特色社会主义进行。根据当代世界新形势与中国发展遇到的新问题，都与这一问题有着深刻的联系。深入探讨这一问题，对于理解中国社会发展道路、经验和模式，建设中国特色社会主义都有着重要的理论意义。中国超越发达的资本主义阶段直接进入社会主义，这一实践本身就是对马克思历史唯物主义理论的丰富和发展。

二、对社会发展阶段要有辩证的理解

诚然，马克思主义认为人类社会的发展必然要经过原始社会、奴隶社会、封建社会、资本主义社会、社会主义和共产主义社会，这是不以人的意志为转移的客观规律。但是，马克思主义所揭示的这一客观规律，是整个人类社会发展最一般的规律。它并不否认某个民族或某个国家在自己的历史发展过程中存在着各自独特的特殊规律。从一般意义上讲，整个人类社会的发展是必然要经过这几个历史阶段的，是不会超越其中任何一个阶段的，但具体到某个民族或某个国家时，由于特殊的历史条件，却并非一定要经过这几个阶段不可，历史的辩证法就是如此。

为什么某个国家或某个民族在其历史发展过程中能够超越人类社会发展的某一阶段呢？

首先，这是由人类社会发展的不平衡规律所决定的。在人类历史发展过程中，各个国家和民族绝不可能整齐划一地同时进入某一阶段，而必然表现为有先有后、有快有慢。由于各国的具体历史条件不同，社会历史状况不同，生产力和科学技术发展水平不同，以及与此相联系的生产方式不同，因此当某些先进的国家和民族进入一个新的历史阶段的时候，某些落后的国家和民族可能还会停留在原来的历史阶段上，这是毫不奇怪的。人类社会发展阶段的划分，是以生产力的发展为其基础的，当某些先进的国家和民族的生产力发展到一定水平时，可能会引起社会革命和社会变革，冲破旧的生产关系的束缚，建立一个全新的社会制度，从而使人类社会历史进入到一个划时代的新阶段。如 17 世纪中叶的英国资产阶级革命和 20 世纪初俄国十月革命就是那样。但是，历史的进程不可能出现所有的国家和民族都同时进入这个历史新阶段。而且，先进的国家和民族不会永远先进，落后的国家和民族也不会永远落后。有时候，那些曾经走在历史前头的国家和民族，由于某些历史原因可能会落伍。如我国封建社会在生产力和科学技术上曾一度遥遥领先，但到了近代却远远落在了后边；而一些原来发展缓慢或者落后的民族，却会因为各种原因而走在历史发展的前边。这里就产生了一种"历史的跳跃"，即某些原来落后了的国家和民族，可能会超越某个历史阶段而赶上先进的国家和民族，并与之同时进入一个新的历史时代，这种现象从全世界历史时代来看，从整个人类社会的历史进程来看，并没有超越任何一个阶段，而是按照其固有的规律由低级向高级一步一步地向前发展；但从某个国家和民族的历史发展阶段来看，它确实是超越了某个历史阶段，这种"历史的跳跃"性，是人类社会发展不平衡规律的一种必然的表现形式，是事物发展过程中普遍性与特殊性、共性与个性、平衡与不平衡性的辩证统一。纵观整个人类社会的发展史，我们就会发现，社会历史正是在这种交替出现的"历史的跳跃"中前进的，许多国家和民族在其历史发展过程中都不同程度地出现过这种"历史的跳跃"现象。

其次，历史的发展并不是一帆风顺的，而是迂回曲折的。从整个人类社会发展的总趋势来看，是前进的、向上的，但就某个国家和民族的发展过程来说，有时不但会产生向前的跳跃，而且有时会作向后的跳跃，尽管这种现象是暂时的、个别的，并且最终要被历史前进的步伐所淹没。正如列宁指出的，虽然历史作向后的跳跃，"这是难以令人相信的，但这并不是不可能的，因为把世界历史设想成一帆风顺地向前发展，不会有时向后作巨大的跳跃，那是不辩证的，不科学的，在理论上是不正确的"。● 那种所谓"社会发展阶段不可超越"的理论，恰恰是违背历史发展的辩证法的，是对马克思主义关于历史规律的一种教条的形而上学的理解，因而是违背马克思主义的。

三、古今中外历史上超越社会发展阶段的例证

整个人类社会发展阶段的不可超越性和某个国家或民族社会发展阶段的可

● 《列宁选集》第 2 卷，第 851 页。

以超越性，是历史发展客观规律的普遍性与特殊性的体现，不仅在理论上是正确的，而且在中外历史上的例证是很多的。

在西欧封建社会产生的过程中，日耳曼人就跳过了奴隶社会发展阶段，而由原始社会末期跨越奴隶社会，直接进入了封建社会。公元前后，居于罗马帝国北部的日耳曼人，占据着莱茵河、多瑙河、维斯瓦河之间的广大地区，分为许多部落。当时他们的社会发展阶段，大都还处于原始社会末期，土地还没有成为私有财产，但出现了财富较多的氏族贵族。公元四五世纪时，由于氏族贵族等掠夺欲望的驱使，也由于这时从东方来的匈奴人的逼迫，日耳曼人大批南下，常常整个部落全部迁徙到新的土地上，史称"民族大迁徙"。南下的日耳曼人和罗马境内的奴隶、隶农起义相配合，摧毁了奴隶制的罗马帝国，在当时罗马帝国生产力的基础上，先后建立起一些封建国家，从而超越了奴隶社会发展阶段直接进入了封建社会。

在 15 世纪欧洲殖民主义者入侵以前的很长时期，美洲大陆基本上处于与世界隔绝状态，生活在这里的印第安人部落或部落联盟，大多处于由母系氏族到父系氏族过渡的原始社会阶段，只是由于欧洲殖民主义的入侵，才"打断了他们的任何进一步的独立发展"。❶ 否则，它们是能够按照人类社会发展的共同规律向前发展的。当时世界上大多数国家和民族都已进入了封建社会历史阶段，到 15 世纪末 16 世纪初，世界上一些先进的国家特别是西欧，随着社会生产力的提高，资本主义已开始发生。而欧洲殖民者一踏上美洲大陆就侵占印第安人的土地，推行野蛮的奴隶制度，使许多贫苦的人民沦为奴隶，对他们进行残酷的掠夺和屠杀。直到 18 世纪北美独立战争爆发，才结束了英国在北美的殖民统治，推翻了奴隶制，建立了美国资产阶级共和国，解放了美国的生产力，为美国资本主义的发展扫清了道路。但是，南北经济的发展却日益背道而驰，北部形成了以雇佣劳动为基础的资本主义制度，在南部则还是以奴隶劳动为基础的奴隶制度。由于资本主义的发展，两种社会制度冲突越来越尖锐，终于爆发了南北战争。马克思指出，美国"南部与北部之间的斗争不是别的，而是两种社会制度即奴隶制度与自由劳动制度之间的斗争"。❷ 恩格斯也指出："资产阶级的长期统治，只有在美国那样一个从来没有过封建制度而且社会一开始就建立在资产阶级基础之上的国家中，才是可能的。"❸ 像美国这样一个超越封建社会历史阶段，直接由奴隶制进入资本主义历史阶段的国家，是由其具体的历史条件和社会状况决定的，这种超越一个历史阶段的现象，不仅没有给美国社会的发展带来不利的影响，反而为其进一步发展开辟了广阔的道路，

---

❶ 《马恩选集》第 4 卷，第 20 页。
❷ 《马恩全集》第 15 卷，第 365 页。
❸ 《马恩选集》第 3 卷，第 398 页。

从而为美国后来成为世界上最发达的资本主义国家奠定了坚实的基础。既然美国当时特殊的历史条件，决定它可以超越封建社会的历史阶段直接进入资本主义并取得长足的进步，那么为什么我国就注定不能超越呢？

事实上，我国由半殖民地半封建的社会跳过发达的资本主义阶段进入社会主义，也是由当时中国特殊的历史条件决定的，同样取得了比美国早期更成功的发展。鸦片战争前，我国封建社会内部，已经开始产生了资本主义商品经济的萌芽，如果不是帝国主义的侵入，我国也可能缓慢地发展到资本主义阶段。鸦片战争后，许多爱国的仁人志士，也曾经企图实行资本主义制度，促进中国的发展，使国家富强起来，但是最后都失败了。如戊戌变法、辛亥革命就是例证。因为作为殖民统治的需要，帝国主义侵略者在向殖民地半殖民地输入新的生产方式的同时，也极力维护和保持那里的各种前资本主义时期的生产关系，排挤和压迫那里的民族资本主义的发展，不允许这些国家走自由资本主义的发展道路，以维护其殖民统治。所以，帝国主义的侵略和压迫，是中国不能从封建制度发展到资本主义制度的根本原因。也由于中国民族资产阶级的软弱，不能领导中国人民完成反帝反封建的革命任务，而这个任务，最终是由中国共产党领导全国人民来完成的，并最终选择了建立社会主义的新中国。我国由半殖民地半封建社会跳过发达的资本主义阶段进入社会主义社会，是由我国社会发展的特殊条件和历史状况所决定的，是在历史所许可的范围内作出的合理的选择。假如历史没有提供这样的选择条件，假如历史没有提出这样的时代课题，那么这种选择是不会取得成功的。

在人类社会发展史上，不仅某些国家可以超越一定的历史发展阶段，而且在一个多民族的国家内，由于各个民族之间发展也是不平衡的，一些落后的民族也可能超越一定的社会历史阶段，赶上先进的民族。例如我国西藏地区，1959 年民主改革前处在农奴制阶段，实行民主改革后，跨越封建社会和资本主义阶段，直接进入社会主义社会。在我国云南省西双版纳等地区，一些少数民族在新中国成立后实行民主改革前，也存在过类似农奴制的社会经济制度，有些甚至还保留着原始社会的痕迹，但随着民主改革的实行，同样超越了不同的社会历史阶段而进入社会主义社会。

从以上分析中，我们至少可以得出以下几点结论：第一，任何国家、任何民族都不可能在与世隔绝的情况下自然地发展。在人类社会的发展过程中，落后了的国家和民族有一个共同的特点，就是都曾处在一种与世隔绝的封闭状态中。美洲大陆在殖民主义者入侵之前，基本上处在与其他大陆没有任何联系的隔绝状态中。我国在鸦片战争前，也实行一种封建的闭关锁国政策。人类社会的发展是相互联系、相互影响的，谁与世隔绝、搞闭关锁国，谁就要落后。第二，历史上已经落后了的国家之所以不能按照人类社会发展的共同规律自然地向前发展，主要是不平衡规律作用的结果，同时又由于人类社会的发展是相互联系、相互影响的，所以落后了的民族有可能受到外界因素的影响而打断了它们缓慢的自然发展过程，产生"历史的跳跃"现象，超越已经落伍了的某一社会历史发展阶段，从而赶上当时世界历史发展的进程。第三，这种"历史的跳跃"并不是主观随意的，而是受到一定的历史条件限制的。换句话说，是否会产生历史的跳跃，跳跃到何种程度，不是凭主观愿望，而是根据客观实际作出的历史的选择。18 世纪的北美独立战争和南北战争，为什么会由奴隶制跨过封建制进入资本主义社会而不是别的社会历史阶段，这是有其客观历史原因的。因为当时世界已经进入了资产阶级革命的时代，所以美国只能建立资产阶级共和国和资本主义制度。20 世纪的中国新民主主义革命，之所以会由半殖民地半封建社会跨过发达的资本主义阶段进入社会主义社会，是因为 19 世纪末 20 世纪初，世界已进入了帝国主义和无产阶级革命的时代，所以中国只能走社会主义道路。

世界历史事实证明，在一些国家和民族的历史发展过程中，是可以超越一定的社会发展阶段的，这是由社会历史发展规律的普遍性与特殊性决定的，也是由历史发展规律的不平衡性所决定的。所谓"社会发展阶段不可超越"的理论，完全是形而上学的观点，也是一种无视历史事实的唯心主义观点。

四、超越社会发展阶段与客观历史规律

当人类社会的历史已经发展到一定阶段的时候，并不会因为某个国家或某个民族没有经历过这个阶段而否定整个人类社会的发展。同时，考察一个国家和民族的社会历史发展时，也不应该离开整个人类社会的历史进程去孤立地考察。只有将它与整个人类社会历史发展的进程联系起来，才能确定其是符合还是违背了社会历史发展的客观规律。这就是说，当整个世界历史和人类社会的历史还停留在某一阶段时，某个国家和民族如果硬要超越这个阶段而进入一个人类历史的发展还未具备其客观基础的社会阶段，这就违背了社会历史发展的客观规律。同样，当人类社会的发展已经具备了这样的客观基础，且一切革命的条件业已成熟，整个世界历史进入了由旧的阶段向新的阶段转变和飞跃的时候，却还要实行正在被摧毁和抛弃的旧的历史阶段的社会制度，甚至当人类社会的历史进程已经跨入了新的阶段时，还要回过头来再去重新走已经过去了的历史阶段，这同样是违背社会历史发展的客观规律的。如果说什么是逆历史潮流而动的话，这就是典型的例证。

然而，历史发展的客观规律是不容许走"回头路"的。20 世纪初，摆在我国人民面前的有两种历史的选择。一种是走资本主义道路，一种是走社会主

义道路。前一种选择，包括孙中山先生在内的许多仁人志士曾经进行了艰苦的努力，但实践证明是失败了。原因有两条：一是帝国主义的侵略和压迫，因为他们需要的是供他们掠夺和剥削的"附庸"，而不是自由发展的资本主义，所以不可能让中国发展成为发达的资本主义国家；二是世界进入了帝国主义和无产阶级革命的时代，特别是俄国十月革命的胜利，开创了世界历史的新纪元，资本主义制度作为最后一个剥削制度，已经日趋没落，正在被新的社会制度所取代。所以历史的选择，不可能是资本主义，而只能是社会主义，因为历史的客观规律不允许我们走资本主义。有人认为我们跨过发达资本主义阶段是"走捷径"，是"早产儿"，甚至是"原罪"，这只能说明他们对历史的发展一无所知。

中外历史上，确曾出现过许多反复和"走回头路"的现象。如 1660 年英国斯图亚特王朝的复辟，1814 年法国波旁王朝的复辟，就是典型的例证。但是自 1640 年以来，世界开始了资产阶级革命的新时代，当时的欧洲正处在一个由封建制度向资本主义制度转变的时期。由于这些封建王朝是逆历史潮流而动的，因此最后都遭到了可耻的失败。我国历史上也曾出现过张勋复辟、袁世凯称帝的现象，但是也很快失败了。所谓资本主义"补课论"，同样是违背客观历史规律的，因此也是行不通的。

那么，如何理解列宁关于历史有时会"向后作巨大的跳跃"的理论呢？实际上，列宁的"历史向后跳跃"的理论与走资本主义的"回头路"是根本不同的两码事。列宁提出历史有时会向后作巨大的跳跃，是在说明事物的发展包括社会发展不是一帆风顺的，而是迂回曲折的。在新旧事物的矛盾斗争中，由于旧事物的一时强大，可能会出现暂时的倒退现象。正如社会历史的发展过程中，由于革命力量与反动势力的强弱悬殊，可能会出现暂时的历史倒退即向后跳跃的现象，不懂得这一点，就不懂得历史辩证法。但这并不是说，历史是可以走"回头路"的，二者存在着本质上的区别。

今天，我们国家在社会主义的道路上已经走了 61 年，虽然我们遇到了许多困难，发生了不少失误，但也取得了举世瞩目的成就，特别是改革开放 30 年来，我们取得了许多资本主义所无法比拟的发展，社会主义制度会在发展过程中逐步完善起来的。

五、正确处理历史辩证法的普遍性与特殊性关系

我们对马克思主义关于社会历史发展规律的认识与理解，既要考虑到其客观普遍性，又要考虑到各个国家各个民族社会历史的特殊性，决不能生搬硬套，作形而上学的、教条式的理解。那么"社会发展阶段能否超越"的理论，

给了我们一些什么样的启示呢?

第一,马克思主义关于社会发展阶段的分析只是为我们提供了一般的指导原理。因此在考察社会历史发展的时候,不仅要注意到社会发展的普遍规律,而且要注意到社会发展的特殊规律,更不能把马克思主义当作教条和公式来到处套用、裁剪现实和历史,否则就要犯教条主义的错误。正如列宁指出的,马克思主义"所提供的只是一般指导原理,而这些原理的应用,具体地说,在英国不同于法国,在法国不同于德国,在德国不同于俄国"。❶ "一切民族都将走到社会主义,这是不可避免的,但是一切民族的走法却不完全一样"。❷ 由于不同的国家、不同的民族以及发展进程中不同的历史状况和不同的国情,所以各个国家在走向社会主义的过程中,就必然会有不同的发展模式和前进道路。这是由各国的具体情况决定的。

第二,必须坚持实践既是理论的来源,又是检验真理的唯一标准的原则。历史的发展,远不像人们想象的那样简单,实际的情况要复杂得多。因此,当理论与实践发生背离的时候,我们不能用理论来检验实践,而应该以实践来检验和发展理论。如果把马克思主义的一般原理当作一成不变的教条到处套用,并由此出发,要求实践必须符合理论,这是极其错误的。当实践与理论出现不符时,不是考虑如何用实践来丰富和发展马克思主义的理论,而是怀疑我国的社会主义实践有问题,我们超越发达的资本主义阶段是"走捷径",这就不能不犯教条主义和主观唯心主义的错误。

第三,马克思主义是在实践中不断丰富和发展的,这是因为理论藉以产生的客观实际是时刻发展变化的。随着历史的发展,必然会产生许许多多的新情况和新问题,因此我们的眼光就不能仅仅停留在一百多年前马克思主义的一些现成结论上,因为任何一个时代的思想家、理论家,只能回答和解决他们时代历史所提出的新课题。按照马克思的设想,社会主义只能在发达的资本主义国家内产生。但是今天,社会主义在我们这样一个半殖民地半封建的国家里产生了跳跃。因此我们应该运用马克思主义的立场、观点和方法来分析和研究历史出现的这个新情况、新问题,而不是轻率地来否定这一新现象、新成果,只有这样,我们才不会犯形而上学的错误。

邓小平同志指出:"科学社会主义是在实际斗争中发展着,马列主义、毛泽东思想是在实际斗争中发展着。我们当然不会由科学的社会主义退回到空想的社会主义,也不会让马克思主义停留在几十年或一百多年前的个别论断的水平上。所以我们反复说,解放思想,就是要运用马列主义、毛泽东思想的基本

---

❶ 《列宁选集》第 1 卷,第 203 页。
❷ 《列宁全集》第 23 卷,第 64 - 65 页。

原理，研究新情况，解决新问题。"❶ 把马克思主义的普遍真理同我国的具体实际结合起来，走自己的道路，建设有中国特色的社会主义，这就是我们总结长期历史经验得出的基本结论。

（原题《社会发展阶段能不能超越》，署名陈思远，见《山西师大报》1987 年 5 月 5 日。《红旗》杂志 1987 年 6 月曾打出清样内部传阅。2011 年收入纪念中国共产党成立 90 周年论文集）

---

❶ 《邓小平文选》，第 165 页。

青年毛泽东为何没有出国留学

众所周知，毛泽东是青年留法勤工俭学的积极倡导者和组织者。1918 年 8 月，他第一次北上北京，就是为了组织新民学会会员及湖南青年留法勤工俭学。但是他自己却最终没有出国留学，这事为当时和现在的许多人不理解。那么，青年毛泽东为何没有出国留学呢？

留法勤工俭学运动是蔡元培、吴玉章、李煜瀛等人在法国时发动的。1913 年蔡元培赴法考察教育，两年后他和吴玉章等组织了留法勤工俭学会，宗旨是"勤于做工，俭以求学，以增进劳动者之知识"，号召青年去法国半工半读，学习西方的民主与科学；并成立了华法教育会，蔡元培为会长，专门主持留法事宜。这一号召，立刻得到全国各地有志青年的热烈响应，赴法勤工俭学的达 1700 余人，其中以四川、湖南去的人最多。在留法勤工俭学期间，由蔡和森、王若飞、向警予等发起组织"工学互助社"，宣传"马列主义救中国"的真理，后改名"工学世界社"，其成员由四十多人发展到三百多人。1922 年下半年，在周恩来、赵世炎领导下，成立了中国共产党旅欧总支部，设在巴黎十三区意大利广场附近的一家旅馆里，在旅欧学生和工人中积极宣传马克思主义，为中国革命造就出一批杰出的共产主义战士，如周恩来、邓小平、陈毅、李富春、李维汉等，以及后来为革命英勇牺牲的赵世炎、蔡和森、向警予、陈延年、陈乔年、王若飞、刘伯坚等。

1918 年 4 月，毛泽东在湖南成立新民学会，会员中一些有抱负的青年，怀着向西方国家寻找真理的愿望，响应蔡元培、吴玉章的号召，积极组织到法国勤工俭学，特别是毛泽东，认为这是向西方学习科学与民主的大好途径，并进行了多方面的活动。经他组织鼓励，蔡和森、李维汉、张昆弟、曾以鲁、罗学瓒等数十人迅速参加，并于 1918 年 8 月到达北京。在此后的半年中，毛泽东主要是为这件事进行工作。他经常代表湖南学生向以蔡元培为会长的华法教育会接洽有关留法事宜。并根据该教育会的要求，为湖南学生起草留法勤工俭学计划。这些学生所需准备的各项工作，如出国前须学会法文，筹划旅费，制备行装，申办出国护照等，他都无不竭力相助。但是，在"法国邮船将要从上海放洋的前几天，毛泽东同志告诉大家：他决定不去法国"。这确实为当时不少会员所不理解。1919 年 3 月，毛泽东由北京到上海，送走了第一批赴法的湖南学生，于 4 月回到了长沙。

青年毛泽东决定不去出国留学，他当时曾作过这样的解释："我觉得我们要有人到外国去，看些新东西，学些新道理，研究些有用的学问，拿回来改造我们的国家。同时也要有人留在本国，研究本国问题。我觉得关于自己的国家，我所知道的还太少，假使我把时间花费在本国，则对本国更为有利。"1920 年 3 月 14 日，他在给周世钊的一封信中又说："我觉得求学实在没有'必要在什么地方'的理，'出洋'两字，在好些人只是一种'迷'。中国出过洋的总不下几万乃至几十万，好的实在很少。多数呢？仍旧是'糊涂'，仍旧是'莫名其妙'，这便是一个具体的证据。我曾以此问过胡适之并且作过一篇《非留学篇》。因此我想暂不出国去，暂时在国内研究各种学问的纲要。"直到后来，他在和斯诺谈话时，重新强调了自己的看法。他说："虽然我协助组织了这个运动"，"但是我并不想去欧洲。我觉得我对自己的国家还了解得不够，我把时间花在中国会更有益处。"他在 1920 年 3 月给周世钊的信中还指出："吾人如果要在现今的世界稍微尽一点力，当然脱不开中国这个地盘，关于这个地盘内的情形，似不可不加以实地的调查与研究。"这一思想，在他后来长期的革命实践斗争中得到了进一步的丰富和发展。1930 年 5 月，为了反对当时党内外的教条主义思想，他提出了"中国革命斗争的胜利要靠中国同志了解中国情况"的著名论断。1939 年 12 月，毛泽东在《中国革命和中国共产党》这一著作中，更加明确提出："认清中国的国情，乃是认清一切革命问题的基本的根据。明白了中国社会的性质，亦即中国的特殊国情，这是解决中国一切革命问题的最基本的根据。"这就进一步指出了认清中国国情对于中国革命和建设的重要意义。

自中国近代以来，面对西方列强的掠夺与侵略，不少仁人志士漂洋过海，企图寻找一条振兴中华、富民强国的道路。从民主革命的先驱孙中山到中国共产党人周恩来、邓小平以及科学家如钱学森、李四光等，他们出国留学，或是为了寻求革命的真理，或是为了学习西方先进的科学技术，但目的只有一个，就是为了中华民族的繁荣富强。他们是近代以来中国留学生的杰出代表，更是中华民族的脊梁。今天，我们国家正处在改革开放的关键时刻。要建设有中国特色的社会主义，使我们的国家兴旺发达，使我们的民族屹立于世界民族之林，同样既需要有人出国留学，学习西方发达的科学技术与管理经验；也需要有人留在国内研究本国国情和国内问题。因此在纪念毛泽东一百周年诞辰的时候，重新回顾和探讨当年毛泽东为何没有出国留学的原因，不论对于处在新的"出国热"中的国内青年，还是对于已经出国留学的炎黄子孙和海外留学生，都有着积极的启迪和教育意义。

（原载《山西日报》1993 年 12 月 18 日第 1 版，署名石桥）

毛泽东与中国国情

中国革命的胜利，是毛泽东同志坚持把马克思主义的基本原理应用于中国革命的实际，并在马克思主义理论指导下，坚持一切从实际出发，实事求是，深入研究中国国情的必然结果！如果没有毛泽东同志对中国国情的深入研究和了解，中国革命就不可能取得成功与胜利。今天，重新学习和研究毛泽东同志关于中国国情的理论与实践，对于我们加快改革开放，建设有中国特色的社会主义，同样有着极其重要的理论意义和实践意义。

一、认清中国国情是解决中国一切革命问题的基础

在中国这样一个幅员辽阔，人口众多，又是一个半殖民地、半封建的东方大国里进行革命，必然会遇到许多特殊的复杂问题。这些问题的解决，靠背诵马克思主义的一般原理或者是照搬外国的经验，都是不可能取得成功的。这已为中国革命的实践所证实。以毛泽东同志为代表的中国革命党人，正是在坚持以马克思主义基本原理为指导的情况下，始终把研究中国的基本国情，认识中国革命发展的客观规律，作为探索中国新民主主义革命和社会主义建设道路的基本原则。他们在长期的革命斗争和实践中，深深植根于中国这块土壤上，深入研究中国的基本情况，即研究中国的历史和现状，中国的政治、经济、文化、社会特点，中国革命的国际国内环境及条件，中国社会各阶级的政治态度以及中国革命的性质、任务、对象、目的等，找到了一条中国式的革命道路，取得了新民主主义革命和社会主义建设的胜利。

在早期的革命活动中，毛泽东同志就十分重视对中国社会实际问题的分析与研究。在湖南第一师范读书时，他就经常利用节假日走出校门，深入社会，体察民情，调查了解社会问题及各阶层人们的生活状况。他在《讲堂录》中写道："闭门求学，其学无用。欲从天下国家万事万物学之，则汗漫九垓，遍游四宇尚已。"❶ 主张把学习书本知识和研究中国社会的实际问题结合起来学习，"引入实际去研究事实和真理"。1920 年 3 月，毛泽东在给周世钊的信中

---

❶ 李锐：《毛泽东早期革命活动》第 49 页。

指出："吾人如果要在现今的世界稍微尽一点力，当然脱不开中国这个地盘，关于这个地盘内的情形，似不可不加以实地的调查与研究。"由此可见，毛泽东同志在早期的革命活动中，就已深刻地认识到了研究了解中国国情与中国革命的关系及其重要性。

中国共产党成立后，毛泽东同志作为一个马克思主义者，更是重视对中国国情的研究和了解。他对中国社会的经济、政治、阶级状况等，进行了广泛深入的调查研究和实地考察，并做了深刻的理论概括和总结，写下了《中国社会各阶级的分析》等著作，指出了中国革命的性质、任务、对象、动力、领导力量及发展前途等，初步形成了新民主主义革命的基本思想。1927 年 3 月，为了回答党内外对于农民革命斗争的责难，毛泽东同志用了 32 天时间，实地考察了湘潭、湘乡、衡山、醴陵、长沙五县的情况，写出了《湖南农民运动考察报告》，论述了农民问题在中国革命中的重要地位，指出农民是无产阶级最广大的同盟军以及无产阶级领导农民斗争的极端重要性。

在 20 世纪 20 年代后期和 30 年代前期，国际共产主义运动中和我们党内盛行着一种错误倾向，就是把马克思主义教条化，把共产国际决议和苏联经验神圣化的错误倾向，曾使中国革命几乎陷于绝境。毛泽东同志在坚持马列主义基本原理和中国革命的实际相结合的过程中，同这种错误倾向进行了坚决的斗争。1930 年 5 月，毛泽东同志为了反对当时党内外的教条主义思想，写下了《反对本本主义》一文，提出了"中国革命斗争的胜利要靠中国同志了解中国情况"的著名论断，他指出："共产党的正确而不动摇的策略，绝不是少数人坐在房子里能够产生的，它是要在群众的斗争过程中才能产生的，这就是说要在实际经验中才能产生。因此，我们需要时时了解社会情况，时时进行实际调查。"❶ 而社会调查"是为得到正确的阶级估量，接着定出正确的斗争策略。""离开实际调查就要产生唯心的阶级估量和唯心的工作指导，那么，它的结果，不是机会主义，便是盲动主义。"❷ 阐明了共产党人必须运用马克思主义的基本原理，从中国的具体国情和实际情况出发来制定斗争策略的思想路线，提出了没有调查就没有发言权，批判了那种开口闭口"拿本本来"，只靠共产国际决议或照搬外国经验来解决中国革命实际问题的教条主义错误，强调从实际出发独立自主解决中国革命的问题而不是脱离实际情况的"本本主义"。

1939 年 12 月，毛泽东同志在《中国革命和中国共产党》这一著作中，更加明确地提出了研究和认清中国国情是解决中国一切革命问题的根据和基础的思想。他指出："中国现时的社会，是一个殖民地、半殖民地、半封建性质的

❶ 《毛泽东选集》第 1 卷，第 115 页、第 112 – 113 页、第 295 页、第 295 页、第 296 页、第 110 页。
❷ 《毛泽东选集》第 1 卷，第 115 页、第 112 – 113 页、第 295 页、第 295 页、第 296 页、第 110 页。

社会。只有认清中国社会的性质，才能认清中国革命的对象、中国革命的任务、中国革命的动力、中国革命的性质、中国革命的前途和转变。""认清中国的国情，乃是认清一切革命问题的基本的根据。"❶ "明白了中国社会的性质，亦即中国的特殊的国情，这是解决中国一切革命问题的最基本的根据。""中国革命的对象、中国革命的任务、中国革命的动力，这些都是由于中国社会的特殊性质，由于中国的特殊国情而发生的关于现阶段中国革命的基本问题。"❷ 文章阐述了认清中国国情对于中国革命的重要意义，并在此基础上分析了中国革命的对象、任务、动力、性质、前途和转变问题，这些思想，后来在他所写的《新民主主义论》中得到了进一步的论述和发展，为最终形成新民主主义革命的思想和理论奠定了坚实的基础。

在我党早期的革命活动中，正是以毛泽东为代表的中国共产党人，坚持深入研究和了解中国国情和实际，同"左"右倾教条主义进行了坚决的斗争，才最终找到了一条符合中国国情和实际的革命道路。

二、中国革命和建设的胜利是毛泽东研究中国国情的实践结果

毛泽东同志对中国国情的研究与认识，是在长期的革命斗争实践中逐步深化、完善和成熟起来的。他以坚强的革命毅力和巨大的理论勇气，在理论上和实践上坚持马克思主义中国化，同教条主义的错误进行了不懈的斗争，始终坚持马克思主义的立场、观点和方法，总结中国革命的独特经验，敢于对中国的历史状况和社会状况、中国革命的特点、中国革命的规律进行创造性的概括和总结，以符合中国实际的新原理和新结论去代替马克思主义"本本"中那些不适合中国国情的论断和结论。

1. 毛泽东同志在长期的革命实践活动中，从中国的国情出发，找到了一条以农村包围城市的中国革命的正确道路，形成了一系列新民主主义革命的理论，最终取得了新民主主义革命的胜利。

第一，在革命的领导权问题上，毛泽东同志指出，第一次世界大战和俄国社会主义革命的胜利，改变了整个世界历史的方向。中国革命是反帝反封建的革命，已不再是旧的资产阶级和资本主义世界革命的一部分，而是新的无产阶级社会主义世界革命的一部分。虽然就其革命的性质来说，它仍然是资产阶级民主革命。但是辛亥革命的历史表明，中国资产阶级没有具备领导中国革命的资格，没有可能把中国革命引向彻底的胜利，领导中国革命的任务，就落在中

---

❶ 《毛泽东选集》第 2 卷，第 633 页、第 646 页。
❷ 《毛泽东选集》第 2 卷，第 633 页、第 646 页。

国无产阶级的肩上。

第二，在新民主主义革命的对象上，毛泽东同志认真分析了中国社会各阶级的经济地位和政治态度，指出中国是一个半殖民地半封建社会，革命的对象是帝国主义、封建主义和官僚资本主义这三大敌人。但在不同时期，集中反对的主要敌人却是不同的。

第三，在革命的动力问题上，要完成新民主主义革命的任务，依靠什么力量呢？毛泽东同志在分析了各阶级的政治态度后指出，要依靠工人、农民、城市小资产阶级和民族资产阶级，而根本的革命力量是工农。中国无产阶级深受帝国主义、封建主义和资产阶级的三重压迫，革命性最坚决彻底。而农民在半殖民地半封建的中国，占全国人口的 80% 以上，因此农民问题是中国革命的基本问题，农民是中国革命的主要力量。中国无产阶级只有同农民结成巩固的联盟，才能推翻帝国主义和封建制度，由新民主主义转变为社会主义。

第四，关于新民主主义革命的目的和前途，毛泽东同志认真研究了中国半殖民地半封建的社会性质后，指出中国革命必须分两步走：第一步民主主义革命，改变半殖民地半封建的社会形态，使之成为一个独立的民主主义的社会，建立一个无产阶级领导的、工农联盟为基础的、反帝反封建的新民主主义共和国；第二步社会主义革命，使革命向前发展，实现由新民主主义向社会主义的转变。虽然中国革命的第一阶段是资产阶级民主革命的性质，客观上是为资本主义的发展扫清道路，但由于它是无产阶级领导的新民主主义革命，加上中国革命处在社会主义向上高涨，资本主义向下低落的国际环境中，因此中国资产阶级民主革命的发展前途绝不是资本主义，而是社会主义。

第五，关于新民主主义革命的道路，从中国共产党成立的第一天起，就是全党同志首先考虑和认真探索的根本问题。毛泽东同志在认真分析研究中国国情，总结井冈山根据地斗争经验的基础上，根据中国革命的特点，提出并阐明了中国新民主主义革命必须走农村包围城市的道路。这是因为，中国是一个半殖民地半封建的国家，在内部没有民主制度，而受封建制度压迫；在外部没有民族独立，而受帝国主义压迫。敌我力量悬殊，强大的敌人长期占据着城市，无产阶级政党不能像资本主义国家那样，在城市举行武装起义，占领城市，然后再把革命推向农村。中国革命必须在敌人力量比较薄弱的农村，组织军队，进行武装斗争，积聚力量，建立巩固的农村革命根据地，形成"红色政权"和"工农武装割据"，"以农村包围城市，最后夺取全国胜利"。这是以毛泽东同志为代表的中国共产党人在长期的革命实践活动中，深入研究中国国情，总结正反两方面的经验，找到的一条唯一正确的中国革命的道路，它已为后来中国新民主主义革命的实践和中国革命的胜利所证实。

2. 以毛泽东同志为代表的中国共产党人，在领导中国人民取得新民主主义革命胜利后，根据中国革命的实际，及时地提出并实践了适合我国国情的党在过渡时期的总路线，胜利地完成了从新民主主义到社会主义伟大战略的转变，建立了社会主义制度，丰富和发展了马克思主义关于社会主义革命的理论。

第一，我国要建成社会主义社会，必须有一个从新民主主义转变为社会主义的过渡时期。其实质就是要完成对生产资料私有制的社会主义改造，改变生产关系，使社会主义公有制在整个国民经济中占统治地位。但要实现这个革命，消灭剥削制度，并不需要像俄国十月革命和我国新民主主义革命那样，使用暴力革命去推翻现存的政权并建立新政权。这是由我国当时所处的特殊的历史条件决定的。因为我们通过新民主主义革命，已经夺取了政权，没收了在整个资本主义经济中占80%的官僚资本，这就使我国的无产阶级不仅在政治上居于统治地位，而且在经济上也居于统治地位，从而有可能对占20%的民族资本，采取和平的方式，逐步进行社会主义改造，并且利用他们的经济、文化来为社会主义建设服务。可以看出，过渡时期的总路线是完全符合我国国情的。

第二，毛泽东同志根据马克思主义的基本原理和我国的实际情况，创造性地开辟了一条适合我国特点的对民族资本主义工商业实行社会主义改造的道路，成功地实现了马克思和列宁曾设想过的对资产阶级的"和平赎买"，从而丰富和发展了科学社会主义关于无产阶级革命的理论。马克思、恩格斯和列宁并不认为没收是"剥夺剥夺者"的唯一途径，他们都曾经肯定在某种条件下采取赎买政策是可以允许的，也是对工人阶级有利的。十月革命后，由于俄国资产阶级的疯狂反扑和外国帝国主义的武装干涉，列宁不得不采取无偿没收一切资本的办法来消灭资本主义经济。而在我国，毛泽东同志从一开始就强调了民族资本主义工商业同官僚资本主义工商业不同，对它们不能采取没收的政策，而必须采取利用、限制、改造的政策，这是毛泽东同志关于改造民族资本主义工商业的一个重要理论。这就是"经过国家资本主义，完成由资本主义到社会主义的改造"。这是"改造资本主义工商业和逐步完成社会主义过渡的必由之路"。❶ 而国家资本主义的实质，就是通过和平赎买的办法，而不是通过没收的办法，把资本主义私有制变成社会主义公有制。

第三，我国的人民民主专政，是毛泽东同志根据中国革命的实际所作的科学概括和总结，因而具有显著的中国民族的特点。它实质上就是无产阶级专政，但它又不完全等同于马克思列宁所讲的那个无产阶级专政，它具有中国的民族特点，更适合中国的国情。一方面，我国的人民民主专政更鲜明地体现了

---

❶ 《毛泽东选集》第5卷，《改造资本主义工商业的必由之路》，1953年9月7日。

民主与专政的统一，它更加强调"对人民内部的民主方面和对反动派的专政方面"的互相结合，这是我国人民民主专政的特点。另一方面，它是以工人阶级为领导、以工农联盟为基础的统一战线性质的政权，其阶级基础比无产阶级专政更为广泛。在社会主义建设时期，我国的革命统一战线仍然存在，工人阶级不仅要同农民结成巩固的联盟，而且还要同民族资产阶级结成一种特殊的联盟。我们的统一战线，不仅包括拥护社会主义的劳动者和爱国者，而且还包括拥护祖国统一的爱国者。可见我国的人民民主专政具有更加广泛的群众基础和中国特色。

第四，毛泽东同志在中国社会主义建设实践过程中，从我国基本国情出发，总结我国和其他国家社会主义建设的经验和教训，认识社会主义经济发展规律，提出了一系列关于社会主义建设的理论、战略目标和基本方针，奠定了我国社会主义建设的科学理论的基础，走出一条适合我国国情的中国工业化道路。他从我国是一个农业大国的实际情况出发，提出发展国民经济要以农业为基础。关于中国工业化的道路，毛泽东同志提出在优先发展重工业的条件下，把发展工业和发展农业同时并举，发展重工业和发展轻工业同时并举，其核心就是要满足人民的物质文化生活的需要，把生产建设和人民生活结合起来，它符合社会主义基本经济规律的要求。为了切实地以农业为基础，正确处理农轻重的关系，在经济工作中贯彻我国社会主义工业化的道路，毛泽东同志又提出要按照农业、轻工业、重工业的次序来安排国民经济发展，其根本意义就是要使国民经济有计划地按比例发展，形成一个以保证最大限度地满足人民消费需要为目标的产业结构。这条道路，不仅符合中国的实际情况和具体国情，而且也符合社会主义生产目的和社会主义经济制度的本质，为把我国建设成社会主义现代化强国奠定了坚实的基础。

我国新民主主义革命和社会主义建设的实践证明，毛泽东同志对中国国情的研究，并没有仅仅停留在一般的认识和了解上，而是把它付诸实践，在实践中不断深化、完善、丰富、发展这种认识，坚持从实践到理论，又由理论到实践，从而最终探索出了符合中国国情的新民主主义革命和社会主义建设的道路。

三、毛泽东思想是毛泽东同志研究中国国情的理论结晶

毛泽东思想是马克思主义在中国的运用和发展，是毛泽东同志对中国革命实践经验的概括和总结，是马克思主义的普遍原理和中国革命具体实践相结合的产物。也是毛泽东同志运用马克思主义的立场、观点和方法，深入研究中国国情的理论结晶，是中国式的马克思主义。

毛泽东同志关于中国国情的理论，体现了彻底的唯物主义一元论的思想。在我党历史上，曾长期存在着主观主义和教条主义的错误，而主观主义和教条主义，"都是以主观和客观相分裂，以认识和实践相脱离为特征的"。❶ 从根本上来说，它们都是脱离了客观实际和中国国情，把马克思主义教条化，把共产国际决议和苏联经验神圣化。其主要表现，就是屡次出现"左"或右的错误。右倾机会主义，"看不出矛盾的斗争已将客观过程推向前进了，而他们的认识仍然停止在旧阶段"；而"左"倾机会主义，"他们的思想超过客观过程的一定发展阶段，有些把幻想看作真理，有些则把仅在将来有现实可能性的理想，勉强地放在现时来做，离开了当前大多数人的实践，离开了当前的现实性，在行动上表现为冒险主义"。❷ 因此毛泽东同志从一开始就强调要从中国的实际出发，提倡作实际调查来洗刷唯心精神，并同主观主义和教条主义进行了长期的和不懈的斗争。他指出，"我们的结论是主观和客观、理论和实践、知和行的具体的历史的统一，反对一切离开具体历史的'左'的或右的错误思想。"❸ 所谓"具体的历史的统一"，就是使我们的思想和认识符合中国国情和实际；所谓"离开具体历史的""左"右倾错误，也是指脱离了具体的中国国情和实际。因此毛泽东同志关于中国国情的理论，体现了彻底的唯物主义一元论的思想。

毛泽东同志关于中国国情的理论和实践，最终形成了我们党的长期的思想路线，这就是"一切从实际出发，理论联系实际，实事求是，在实践中检验真理和发展真理"。实事求是，是毛泽东思想的精髓，也是毛泽东同志长期研究中国国情的结果。毛泽东同志从来就反对离开中国国情和中国革命的实际去研究马克思主义。他在延安整风运动前夕指出，主观主义是共产党的大敌，是党性不纯的一种表现。马克思主义的态度应当是，从客观存在着的实际事物出发，从其中引出规律，作为我们行动的向导。这就是说，要弄懂中国的实际情况，不但要懂得中国的今天，还要懂得中国的昨天和明天。这些精辟论断冲破了教条主义的束缚，使人们的思想得到一大解放，在党内外形成了怎样从实际出发的观点而不是以教条主义的观点来对待马克思主义的原理，使广大干部在思想上大大提高了一步，使我们党在思想上逐步确立了一切从实际出发，实事求是的思想路线，为中国革命的胜利奠定了坚实的思想基础。

毛泽东同志在研究中国国情的过程中，不仅确立了我党的思想路线，而且还总结了一套认识和研究中国国情的基本方式和方法，这就是调查研究的方法。1930 年，毛泽东同志针对当时红军中存在的教条主义即"本本主义"，提出了"没有调查就没有发言权"的著名论断。指出离开实际调查就要产生唯

---

❶ 《毛泽东选集》第 1 卷，第 115 页、第 112－113 页、第 295 页、第 295 页、第 296 页、第 110 页。
❷ 《毛泽东选集》第 1 卷，第 115 页、第 112－113 页、第 295 页、第 295 页、第 296 页、第 110 页。
❸ 《毛泽东选集》第 1 卷，第 115 页、第 112－113 页、第 295 页、第 295 页、第 296 页、第 110 页。

心的阶级估量和唯心的工作指导，其结果不是机会主义便是盲动主义，而要洗刷唯心精神，就必须努力作实际调查。社会经济调查，是为了得到正确的阶级估量，制定出正确的斗争策略。他指出，"你对于那个问题不能解决吗？那么，你就去调查那个问题的现状和它的历史吧，你完完全全调查明白了，你对那个问题就有解决的办法了。一切结论产生于调查情况的末尾，而不是在它的先头"。❶ 这一方法，是我们深入研究中国国情，认识问题和解决问题的有效方法，它已被实践证明了是一条科学的思想方法和工作方法。

　　毛泽东同志关于认识和研究中国国情的理论，对于我们今天的改革开放和建设有中国特色的社会主义，同样有着重要的借鉴和指导意义。邓小平同志在《中国共产党第十二次全国代表大会开幕词》中指出："我们的现代化建设，必须从中国的实际出发。""中国的事情要按照中国的情况来办，要依靠中国人自己的力量来办。"他指出，无论是革命还是建设，都要学习借鉴外国的经验，但是不能照搬照抄别国的经验和模式。"把马克思主义的普遍真理同我国的具体实际结合起来，走自己的道路，建设有中国特色的社会主义，这就是我们总结长期历史经验得出的基本结论。"❷ 邓小平同志建设有中国特色的社会主义理论，正是始终坚持了毛泽东同志从中国的国情和实际出发的思想，在我国改革开放的实践过程中，认真总结了我国社会主义的历史经验并借鉴其他国家社会主义兴衰成败的历史经验的基础上逐步形成和发展起来的，它是马克思主义的基本原理同当代中国实际和时代特征相结合的产物，是毛泽东思想的继承和发展。江泽民同志在十四大政治报告中指出："在社会主义的发展道路问题上，强调走自己的路，不把书本当教条，不照搬外国模式，以马克思主义为指导，以实践作为检验真理的唯一标准，解放思想，实事求是，尊重群众的首创精神，建设有中国特色的社会主义"，也正是强调了要从中国的国情出发。十一届三中全会以来，我国的改革开放和现代化建设，正是在建设有中国特色的社会主义理论指导下，坚持从中国的实际出发，才取得了伟大的胜利。可以看出，从中国的国情和实际出发，实事求是，像一条红线贯穿于毛泽东思想和有中国特色社会主义理论的始终。因此在纪念毛泽东一百周年诞辰的时候，重新学习和回顾毛泽东同志关于中国国情的理论和实践，既有助于加深对毛泽东思想的理解，更有助于学习邓小平建设有中国特色的社会主义理论，加快改革开放，为我国的现代化建设做出更大的贡献！

（原载《山西师大学报》（社会科学版）1993 年增刊）

---

❶ 《毛泽东选集》第 1 卷，第 115 页、第 112 – 113 页、第 295 页、第 295 页、第 296 页、第 110 页。
❷ 《邓小平文选》人民出版社 1989 年版，第 371 – 372 页。

周恩来与山西抗日民族统一战线

周恩来是建立抗日民族统一战线的积极倡导者和领导者之一。抗战开始后，他作为中共中央军委副主席，受中共中央和毛泽东的重托，率领八路军高级将领彭德怀、左权、徐向前、肖克、林彪等来到山西，正确地执行了中共的抗日民族统一战线政策，统一领导了入晋的中共党、政、军各方面的工作，扩大和巩固了山西的抗日民族统一战线，促进了我党与阎锡山的进一步合作抗日。抗战初期，山西抗战的特殊局面之所以能够很快形成并取得一定的成就，与周恩来杰出的领导和卓越的贡献是分不开的。

一、赴晋会谈　加强合作

洛川会议以后，周恩来按照中共中央与毛泽东的指示，赴太原会见阎锡山，商量红军入晋后的活动地区、作战配合原则、指挥关系和补充计划等事宜，并与阎锡山、傅作义、卫立煌等冀察晋绥四省军政人员开诚晤谈，宣传中共在抗战中的方针政策，分析抗战的发展形势，并利用红军新到，给他们壮胆打气，鼓励他们坚定抗战胜利的信心和决心，促使其努力抗战。

1937年9月初，周恩来从西安乘火车到达潼关，然后坐船渡过黄河。周恩来一行到达风陵渡时，阎锡山派他的心腹上校秘书梁化之用专车前去迎接。9月3日，专车抵达太原，阎锡山在太原火车站举行了隆重的欢迎仪式，并把周恩来安排在太原市东缉虎营街傅公祠院内的绥靖公署高级招待所居住。几天后，周恩来主动移住太原成中学八路军驻晋办事处。

周恩来到太原后，很快和北方局书记刘少奇一起听取了各方汇报，研究山西政治和军事情况，对八路军迅速开赴华北战场作了周密安排，同时，还偕同彭德怀、徐向前、南汉宸、彭雪枫等，代表中国共产党和八路军同阎锡山进行了多次会谈，会谈内容主要包括以下几个方面：

（一）充实、扩大和巩固山西的抗日民族统一战线，促进中国共产党与阎锡山的进一步合作抗日，并将各党各派各界各军以及工农兵学商一切爱国同胞都包括在统一战线这一组织中来。会谈中，周恩来反复宣传中共的抗日政策和主张，并根据抗日民族统一战线的政策，对阎锡山晓以大义。在一次宴会上，周恩来说："日本帝国主义是中华民族的大敌，是全国各界人士的大敌，也是山西军民的大敌。我们共产党主张建立各党各派各军各界的抗日民族统一战线，这是全国人民的愿望，也是山西各界人士的共同意志，要使山西全体同胞不当亡国奴，就只有联合起来打日本。"❶ 周恩来的讲话，博得了到会人士的热情称赞，阎锡山也点头赞同。

（二）从军事上宣传我党在抗战中的战略方针是持久战与游击战，帮助阎锡山树立"中国必胜"的信念。从9月6日至9日，周恩来到太和岭口阎锡山的行营指挥部同他会谈，给他分析敌我形势，宣传共产党在抗战中的方针政策，八路军的战略战术，用事实说明争取抗战胜利的关键是实现全面的、全民族的抗战路线和艰苦的持久战，在敌后开展游击战争。并鼓励阎锡山说，虽然目前敌强我弱，但我们是正义战争，敌人是非正义战争，只要动员全体民众，团结奋斗，就可以削弱敌人的力量，增强我们的力量。打到一定时候，敌人会一天天弱下去，我们会一天天强大起来。阎锡山对周恩来的分析深表佩服，对薄一波说："周先生对抗战前途看得非常清楚。"要求周恩来给他草拟一个第二战区的作战计划。周恩来仅用了一天时间，就把写好的作战计划送给了阎锡山，阎看过后非常叹服，连声说："写得好！这样快！如能这样打，中国必胜。"他慨叹"周先生的确是个大人才。国民党是没有这样的人才的"！❷ 由于周恩来等的宣传，使阎锡山非常佩服八路军的战略战术，曾通令晋绥军各部向八路军学习战法，并聘请程子华作游击战术教官，给他的高级军官讲授游击战术。

（三）在沦陷区组织动员群众抗战，进一步扩大抗日民族统一战线。在太原期间，周恩来根据山西敌后日军空虚的情况，就八路军展开的部署和注意扩大本身、动员群众参战、组织抗日游击队等问题，向中共中央、毛泽东提出很多建议，得到了毛泽东的赞许。因此在谈判中，周恩来向阎锡山指出，要保卫山西、保卫华北，就要动员广大群众。山西虽然已有牺盟会群众抗日团体，但根据形势的发展，还应该把动员工作扩大，成立一个包括各层人士在内的"第二战区民族革命战争战地总动员委员会"的组织。薄一波、南汉宸、续范亭等都很赞成周恩来的建议，并向阎锡山做了大量的工作。阎锡山在大家的积极促进下表示同意，他说："我早已知道这是重要的工作。前在南京开会时，我首先提出的就是武装民众500万。到现在，尚未得到具体指示，在这紧急时候，我们可以在第二战区首先试行。"❸ 随后，周恩来很快起草了一个工作纲领和组织章程。在具体方案条例中规定：委员会由中国共产党、八路军和山西省、绥远省的政府、军队、牺盟会以及其他党派、群众组织共同组成，由共产

---

❶ 廖其康：《随卫周副主席到山西》《山西文史资料》第14辑，第6页。

❷ 《牺盟会史》第214页。

❸ 《牺盟会史》第214页。

党、八路军领导。方案拿给阎锡山看时，阎锡山对由共产党、八路军领导这一条很不高兴。他认为在这个问题上是不能让步的，如果让步，山西失陷的地方今后就不存在了。关于战地总动员委员会的领导权问题，周恩来预先就估计到阎锡山不会同意，因此事先让薄一波找阎锡山说，现在把沦陷区交给共产党、八路军领导，是最大的人情，这样可以加强抗日民族统一战线。因为沦陷区是共产党、八路军从日本人手中夺回来的，如果不让，共产党八路军一定要坚持，就连人情也落不下了。阎锡山处于无奈，也只好同意了。周恩来、彭德怀等从太和岭口回到太原后，又经过多次研究，派南汉宸、续范亭带上修改后的纲领，二次到太和岭口与阎锡山磋商，阎锡山略加修改就认可了。"第二战区民族革命战地总动员委员会"（简称战总会）于 1937 年 9 月底正式成立，它是在山西不同于牺盟会组织形式的另一个统一战线组织。它标志着阎锡山又朝着开展民族革命战争的方向前进了一步。在此期间，周恩来一再指示华北各地党组织及八路军，要以公开的名义和主张动员群众，扩大民族革命统一战线运动，使自己成为统一战线的组织者和领导者。正因为周恩来正确地运用我们党抗日民族统一战线的策略思想，使得山西乃至华北在很短的时间内动员广泛的民众参加抗战，也使得八路军能够迅速而顺利地开赴华北前线进行抗日活动。

（四）坚持中国共产党关于"揭发和清除奸细是和扩大、巩固民族统一战线不能分割的"原则，立场坚定、旗帜鲜明地揭露敌人挑拨和破坏统一战线的行为。统一战线具有异常广泛的群众基础，这是它的力量所在。但是，由于不同的阶级、阶层的抗战意识存在差别，就使得敌人有可能挑拨和破坏。因此必须坚决揭发和清除钻进统一战线中的坏人，才能使抗日民族统一战线不断地得到巩固。一次，阎锡山请周恩来赴宴。在步入会客厅后，发现叛徒、托派分子张慕陶站在他面前，他立刻厉声训斥道："张慕陶，你这个厚颜无耻的投降变节分子，你这个卑鄙已极的托派分子！你有什么资格站在我面前！你给我滚！"张慕陶胆战心惊，直往后退。阎锡山见此情景，料知事情不妙，忙示意随从叫张慕陶离开，张只好夹着尾巴灰溜溜地滚了出去。张慕陶原名张金韧，是个无耻的叛徒、托派分子，早在中国共产党的六届四中全会时就被开除出党。在西安事变中，他大肆进行破坏，恶毒诬蔑共产党联合抗日的革命主张，竭力挑拨东北军和西北军的关系，煽动分裂，鼓吹大打一场，起了极为恶劣的作用。在西安时，周恩来就对他进行过无情的揭露和批判。此后，他又跑到山西，担任了阎锡山的高级参议，很受阎锡山的器重和赏识。他在太原大搞破坏统一战线的活动，已经成为我党和牺盟会在山西开展抗日民族统一战线工作的重大障碍和最凶恶的敌人。薄一波为了维护牺盟会和巩固山西抗日民族统一战线，也与张慕陶进行了坚决的斗争。

阎锡山受他阶级利益和狭隘的政治经验的限制，进步是有限的。例如，他只允许战地动委会在那些被日寇占领和即将被占领的地区"动员";在太原失守时,宁肯将20万枪支丢失,也不肯大胆拿出来武装群众,他虽然也看到旧军队旧政府腐败无能,但却又不愿下最大决心进行改造等。因此,周恩来在与阎锡山的会谈交往中,按照"有理、有利、有节"的原则,对阎锡山采取既联合又斗争的态度。特别在当时的特殊情况下,要进一步扩大、巩固共产党和山西当局的统一战线,就必须正确地对待阎锡山和其领导下的政府、军队,特别是山西的左派力量。因此周恩来、杨尚昆在1937年10月18日致朱德、彭德怀并报毛泽东的一份电报中指出:

1. 晋军屡败,阎之旧军官一部分已有改造军队、建立政治工作之进行,如杨爱源、王靖国均向我们要人……

2. 决死队、教导团共十三个团是阎所依靠的新的左派力量。各部的政治领导人,大多是我们的人(均以左派面目出现),阎对这些人亦颇信任,在最近解决教五团(驻平定)、一总队(驻盂县)军政干部摩擦时,阎极力支持政治人员,下令撤职旧军官。

3. 决死队、教导团中之军官多是旧人物,经常不满意政治人员,并不愿分散到各地进行工作。甚至有密捕政治人员者,如平定之教五团,盂县之决死队。

4. 请你们转令各部注意:

甲、凡在我军驻地及其附近,如有决死队、教导团驻扎,不管其有无党的关系(有时当由北方局负责介绍),我们应以积极精神争取和影响他们,使之与我们密切合作。即在基层有摩擦,也应力求协调……

乙、动员工作应尽可能与之协商。除用战委会工作名义及直属战区外,一般的组织和武装人民的工作,可与之合作,有时更可能用他们的名义帮助其发展,坚定其留在战区。

丙、我们必须组织和发展这一"左"派力量,才能推动阎之进步。并作检查,上述工作是否有过"左"和关门的错误。

从周恩来、杨尚昆等给毛泽东的电报来看,可以充分肯定中国共产党为了发展巩固和阎锡山的统战关系,为了帮助和促进山西当局发展抗日进步力量,在策略上和具体工作中都很认真谨慎,既积极争取,又保持警惕;既给以团结,又给以批评;既坚持原则性,又保持灵活性,以诚心诚意的愿望与阎锡山发展合作关系,有力地促进和扩大了山西的抗日民族统一战线。

二、协筹作战 共击日寇

周恩来来到山西后,不仅从政治上与阎锡山进行了多次会谈,扩大了抗日民族统一战线，而且从军事上协筹山西抗战，亲自参加了一些重大战役作战计划的研究和制订，有力地促进了抗战初期国共两党最密切的军事合作，打击了日本帝国主义"不可战胜"的嚣张气焰，鼓舞了全国人民的抗日热情和斗志。

（一）协筹作战，共击日寇。

1937 年 9 月初，平绥线上的战略要地相继失守，骄狂的日军长驱直入，冀察晋绥各省许多城镇先后沦陷。为了挽回晋北局势，阎锡山准备在平型关与日军会战，希望八路军与之配合。八路军开赴前线，举国瞩目、寄予厚望。周恩来、彭德怀到前方会晤了国民党中央军和晋绥军将领以及其他委员，并与阎锡山研究了平型关战役计划，决定八路军以运动战配合。9 月 24 日，周恩来电告毛泽东：八路军主力在灵丘以南待机，支队出东北游击，王震旅开阜平，贺师率张宗逊旅开晋西北，驰援雁门关。当时由于在平绥线和晋东北的连续撤退，第二战区的国民党中央军和晋绥军对防守平型关、雁门关亦无坚定信心。八路军总部按照中共中央军委指示，派 115 师进至平型关伏击日军。平型关战役打响后，由于八路军将士奋勇杀敌，使得阎锡山筹划的战役以八路军获得空前大捷而结束，它是中国抗战以来取得的第一个歼灭战的重大胜利。平型关战役的胜利，鼓舞了全国人民抗日的勇气，增强了抗战胜利的信心，国民党军队也为之振奋。周恩来为了推动他们抗战，应邀参与作战计划的研究，协调八路军与他们的军队共同作战。

1937 年 10 月的忻口战役，是国共两党在抗战以后军事合作的一个重要战役。为了打好这次战役，阎锡山不惜血本调集了八万兵力。由卫立煌任前敌总指挥，黄绍竑负责娘子关方向阻敌。周恩来经中共中央同意，携带电台随阎行动，以协调八路军的作战。会战初始，阎锡山、卫立煌、傅作义等人根据日军三路进攻的态势，计划将主要兵力放在代县、忻口间的中间地区予以正面阻击。周恩来根据作战地区的地形条件和扬长避短、发挥优势的指导思想，认为在中间地区应以小部钳制当面之敌，而以大部诱敌，求得侧面出击，消灭敌人；同浦路东的右侧地区部队应以广泛的游击战牵制敌军；同浦路西的左侧地区以游击战破坏和阻止敌军前进；在晋东组织、武装铁路员工和煤矿工人破坏铁道、煤矿，配合忻口战场；电请南京方面增派三个师主力军实行战略上的北上出击。阎、卫、傅完全赞成这一计划，立即下令执行。毛泽东复电也表示同意。周恩来与阎锡山等人商定：参战部队为统一指挥，右翼晋军十个团归朱、彭指挥；中路归卫指挥；左翼归晋军将领杨爱源指挥；预备军归傅作义指挥。战斗展开后，由于国民党军队仍然习惯于正面作战方法，周恩来一再建议阎锡山，正面硬堵不如以少数钳制，主力向东北出击加强侧面部署，阻敌突入，避免败溃，阎锡山等虽然表示同意，但在实际作战中并未完全按照这个建议展开。与此相反，参战的八路军各部认真地执行了这一部署获得了许多胜利，包括 120 师夜袭敌之交通线，摧毁敌运输汽车 500 多辆，歼敌 500 余人；129 师夜袭阳明堡，烧毁敌机 24 架；115 师一度收复了繁峙、蔚县、曲阳等城镇和平型关等隘口。由于八路军的有力配合，忻口战役正面战场坚持了 20 多天，成为抗战初期国民党有较大影响的战役之一。

（二）坚持持久战，反对焦土抗战。

忻口战役抗击日寇 23 昼夜，消灭日军一万多人，迫使日军不得不停止进攻进行整顿。后因娘子关失守，太原告急，阎锡山放弃忻口，退守太原。阎锡山决定"依城野战"守卫太原，以卫立煌等部与陈长捷 61 军分别占据太原东西两山地区，配合傅作义守城部队据守太原。但由于黄绍竑、卫立煌与阎锡山意见分歧，都相继撤走。太原便由原来各军的"依城野战"，变成傅作义 35 军"孤城独战"了。傅作义将军满怀抗日热情，决定固守太原。在军事会议上，周恩来充分肯定了傅作义将军的爱国抗战决心，尔后语重心长地指出："我愿代表中国共产党还有全民族诚恳地对您说一句话：抗日战争胜利的基础，在于广大人民群众之深厚的伟大力量。请您保重。"傅作义表示十分感激周恩来的鼓励和忠告，带领部队在太原城头浴血奋战三昼夜，并与突入城东北角内的敌军多次展开巷战。傅作义眼看孤军作战太原实难保全，他想起了周恩来同志撤离太原前的忠告："傅将军，你是守城名将，是可信赖的。但抗日战争是长期的战争，焦土抗战的主张是错误的；只顾一城一地的得失也是不足为训的。要着眼于争取最后的胜利，能争取时间就是胜利，能保存有生力量就是胜利，务请深思。"周恩来的肺腑之言，使傅作义决心撤出太原，于 11 月 8 日晚率全军突围，太原宣告失守。

（三）建立敌后游击根据地，开展游击战争。

周恩来入晋后，中共中央和毛泽东同志预料到华北抗战形势必将恶化，未来坚持华北抗战局面的只有依靠共产党和八路军领导的游击战争。因此一连给在山西前线布置和指挥作战的周恩来、刘少奇、朱德、彭德怀等发了五个电报，指出"独立自主的山地游击战争的基本原则、方针"等。在 9 月 29 日给周恩来、朱德等同志的电文中，对山西情况作了如下指示：

> 甲、华北大局非常危险……
>
> 乙、山西将成为华北的特殊局面，这根本的是有红军，其次则是阎锡山与我们结合起来。由于这两个力量的结合，将造成数百万人民的游击战争。我们应坚持这一方针，布置全省的游击战……
>
> 丙、目前长城抗战仅是暂时的……根本方针是争取群众、组织群众的游击队。在这个总方针下，实行有条件的集中作战……

周恩来除按照中共中央意见部署八路军发动群众开展游击战外，还推动阎锡山武装民众、动员军队进行游击战。阎锡山为了"守土保疆"，愿意联共抗日，赞同八路军的作战原则，派员协助八路军开往中共要求的活动地区开展游击战争，允许给八路军补充物品。在平型关战役之前，周恩来就向阎锡山、黄绍竑提出，欲使华北抗日持久，必须使山西等省成为游击根据地。他建议将山西省分成若干军区进行独立作战，晋军除要侧击、伏击敌人外，也要在敌后扩大游击，开展游击战争，还向他们提出了关于动员民众、短期训练游击干部和政工干部、疏散资财、迁移军工企业等一系列计划。为了督促上述全部计划能够尽快实施和扩大，并根据随时变化的抗战情况采取各种紧急措施及时处理，周恩来电告中共中央说暂留太原，不往他处，以便使华北游击局面得以开展，不至于因为正规战失败而毫无所成。在接到中共中央关于华北党的工作要以发展游击战争为中心任务后，10月1日，周恩来又电告中央，这些地区已有一批游击队，有的是友军组织的，有的是我地方党组织的，为了发展游击战争，还要运用上层统一战线进行独立自主的群众工作，武装民众，组织游击队。

1937年9月，刘少奇也向华北地区的党组织提出："要广泛地准备游击战争，要扩大八路军到拥有数十万人枪的强大的集团军，要建立起很多根据地，我们才能负起独立坚持华北抗战的重大任务。"❶周恩来完全赞成这个意见，并在具体部署时提出把决死队和牺盟会游击队也包括在内。薄一波根据周恩来、刘少奇的指示和阎锡山授予的权力，采取紧急措施，积极扩建新军，从速组建人民武装自卫队，配合八路军在晋察冀三省边缘地区创建敌后抗日根据地，展开独立自主的游击战，放手发动群众，建立民主抗日政权，肃清汉奸土匪，安定社会秩序，提高人民抗日情绪，大力发展部队，广泛组织人民自卫队、游击队，配合正面战场。

11月8日太原失守后，周恩来随北方局和总部到达临汾。同来的还有刘少奇、朱德、彭德怀、刘伯承、徐向前、贺龙、罗荣桓等。周恩来会晤卫立煌、黄绍竑，继续研究关于八路军与国民党共同坚持华北游击战争的具体计划，建议中共中央布置游击战时，仍以取得南京及阎锡山当局的同意与接济为好，以便争取友军和扩大我军。同时向中共山西省委提出，要在20天内完成扩军三千人的任务，来补充八路军。在中共山西省委秘书长张稼夫主持下，只用了半个月时间就提前完成了任务。后来，国民党在华北的游击战没能坚持，但以八路军为主体的游击战争却在全国展开，造成了被誉为全国抗战运动希望的山西抗战的特殊局面。

周恩来作为中共中央代表，参与山西抗战80天，协调八路军与国民党共同作战，实现了国共两党在整个抗战期间较为密切的军事合作。

---

❶ 《刘少奇选集》：《六年华北华中工作经验的报告》。

三、唤起民众　壮大力量

毛泽东在《国共合作成立后的迫切任务》一文中指出："挽救危机的唯一道路就是实行孙中山先生的遗嘱，即'唤起民众'四个字。"周恩来在山西期间，根据党的指示，时刻没有忘记"唤起民众"这一历史使命，他不管到哪里，都不辞艰辛，不避风险，处处宣传群众，发动群众，组织群众，武装群众，为巩固和扩大抗日民族统一战线而到处奔走呼喊。

1937年9月27日，牺盟会全省第一次代表大会在太原召开。应牺盟会代表大会的邀请，周恩来在太原国民师范大礼堂对牺盟会代表和一部分青年学生发表了演说，他详细讲述了抗日战争的形势，阐明了中国共产党的抗日主张和方针、政策，论述了中华民族进行的抗日战争的正义性和斗争的长期性。他以充足的论据论证了抗日战争必然胜利的光辉前景，讲述了抗战必胜的道理以及统一战线的重要意义，鼓励山西和太原广大群众积极投入到伟大的抗日救亡运动之中，号召革命青年和全国军民一道，同心同德，坚持斗争，夺取抗日战争的最后胜利。他强调指出：只要我们前方的民众、后方的民众，都能武装起来，不用说敌人打到平型关、雁门关，就是打进关来，打进太原，打到汾河流域，我们也有办法打出去，打出华北去，打出东三省去。他最后满怀信心地说，我们希望牺盟会成为武装山西民众的领导者、组织者，完成这个神圣任务，保卫山西，保卫华北，保卫全中国！我代表中国共产党，庆祝牺盟会代表大会的成功！周恩来慷慨激昂的演说，博得了到会人员一阵又一阵热烈的掌声和欢呼声。八路军代表彭雪枫等，也都到会作了祝词和演说。

周恩来在代表大会上的祝词，实际上是代表中国共产党对牺盟会工作的一次极其重要的具体指示。事前，北方局曾通知牛荫冠同志说，牺盟会中的共产党员，都必须去听周恩来的报告，而且要认真地听，认真地学，坚决贯彻执行。牺盟会第一次全省代表大会的召开，是在中共北方局和周恩来、刘少奇等直接领导和指示下，为进一步贯彻和执行中共中央政治局洛川会议精神和毛泽东关于坚持独立自主的游击战争指示的具体行动。周恩来在大会上的重要讲话，就是牺盟会当时的行动纲领和奋斗目标。

为了贯彻中共中央"动员一切力量争取抗战的胜利"的指示，周恩来还利用一切机会接触阎锡山当局的上层人物和各阶层人士，扩大中国共产党的影响，增强抗战的力量。一次，周恩来应邀到海子边的"自省堂"给阎锡山的军官教导团作报告。他深入浅出地宣传了中共党的抗日主张，揭露了日本帝国主义侵略我国的残暴罪行和狂妄野心，大大激发了这些军官的爱国热情，他还勉励他们为保卫山西、保卫国土贡献力量。

在太原期间，周恩来还应太原女子师范学校的邀请，参加了该校部分师生的座谈会。周恩来亲切询问了女师的创办时间，培养了多少学生，现在还有多少学生，目前学生的思想状况如何等。并热情地鼓励师生关心国家和民族的命运，积极参加抗日救亡运动，使自己在斗争中得到锻炼和提高，成为对祖国和民族有所作为的人。

周恩来在太原八路军办事处居住期间，对来访的进步青年和学生，不管工作多忙，都热情地接待他们，宣传中共党的抗日政策以及抗战形势，讲述八路军在华北战场上所取得的重大胜利。一次，十几名女师学生和青年教师来访，周恩来用八路军在前线缴获的日寇的战利品招待他们，并对他们说："日本帝国主义并没有什么了不起，虽然它的武器装备比我们好，但是它进行的战争是非正义的，是不得人心的，而我们的抗战却是正义的，是得到全国人民和全世界人民支持的。因此，只要我们坚持抗战，坚持斗争，就一定能取得胜利。"他还鼓励学生说，"你们是学生，也可以为抗日做贡献。""延安是抗日的中心。那里有抗日军政大学，有陕北公学，有鲁迅艺术学院。我们欢迎你们到那里去，但是延安还是很艰苦的……你们要到延安去，就要准备去经受锻炼。"他还热情地鼓励青年学生，要敢于到敌占区去，到敌人后方去发动群众，组织群众，同群众一起进行斗争，在抗日战争中经受锻炼，努力争取抗战的最后胜利！❶ 在周恩来的宣传鼓励下，不少青年纷纷去延安，上"抗大"，或者奔赴抗日前线，山西的抗日救亡运动，很快地得到发展。

1937年10月下旬，日寇大举进犯山西。阎锡山及国民党中央军节节败退。11月上旬，太原形势十分紧迫。周恩来一面向党中央、毛泽东同志汇报工作，一面布置太原八路军办事处南迁。他亲自选定撤退日期，选定撤退路线，亲自把一批批的干部和工作人员送走，而他身边却只留下三位机要人员及一位警卫人员，继续在办事处坚持工作，一直到最后。而此时阎锡山及国民党中央军卫立煌、黄绍竑等，却早已撤离太原。当周恩来看到逃难的群众拖儿带女含泪离乡，而国民党的残兵败将坐着军车只顾自己逃命，不管群众死活，横冲直撞，拼命与群众抢道，把老百姓挤到路边的田地里，挤倒在马路边上，有的甚至抢起枪托殴打群众时，周恩来直接找到城防司令部，严肃地提出了掩护逃难群众的有效措施，要他们命令国民党从前线撤退下来的部队原地休息待命；组织工程兵抢修被兵车压坏了的汾河大桥；部队不要同逃难百姓抢道，不能打骂逃难群众，要负责掩护群众在次日拂晓前安全渡过汾河。此时，太谷、榆次已经沦陷，隆隆的炮声震耳欲聋，周恩来在危急关头，临危不惧，泰然自若，丝毫不顾个人安危，关心群众的利益和生命财产安全，表现了一个无产阶

---

❶ 《山西文史资料》第14辑，第10页。

级革命家崇高的革命品质和大无畏的革命精神。

周恩来在往临汾撤退途中，路经汾阳时叫司机把车开进三皇庙街和城隍庙街之间八路军前线总司令部供给部的临时兵站大院内。大院里堆放着许多棉花布匹。周恩来一直牵挂着前方战士过冬急需的军衣，当时已入 11 月，天气渐渐冷了。一到兵站，他不顾长途跋涉的劳累，也顾不得洗脸、吃饭，立即召集前总供给部和兵站领导开会，指出八路军急需军装，汾阳兵站贮存的棉花布匹对我军极为重要，目前太原危急，汾阳也很紧张，要想尽一切办法，组织力量把这些布匹棉花运过黄河，运到延安去，绝对不能把棉花布匹丢给日寇。兵站同志遵照周恩来的指示，立即组织群众和民工，紧急行动起来。到达临汾后，周恩来又立刻到八路军供给部检查工作，指示兵站的同志充分发动群众，组织群众，为八路军捐款捐物，开展救亡运动。同时指示兵站的同志要积极组织人力，搞好各种军需物资的贮存、分发和转运工作，尽快把这些物资送到八路军队伍里去。

1937 年 11 月 12 日，毛泽东在《上海太原失陷以后抗日战争的形势和任务》一文中指出："为了坚持抗战和争取最后胜利，为了变片面抗战为全面抗战，必须坚持抗日民族统一战线的路线，必须扩大和巩固统一战线。……但是在同时，在一切统一战线工作中必须密切地联系独立自主的原则。"

1937 年 11 月 16 日，周恩来同志在临汾党政军及各界群众大会上，发表了《目前抗战危机与坚持华北抗战的任务》的讲演。他指出：在上海、太原相继失陷后，目前抗战局势，正遇着一个新的危机，这个危机的特点是政府抗战颇难为继，而全民抗战犹未兴起，国内外调停空气有所抬头。周恩来从战局上、国际上、军事上、民众动员等方面，以许多事实，提出了国民党政府片面抗战带来的严重后果。指出，由于国内外调停空气渐渐抬头，发生了一系列严重危机。这就是汉奸政权的活跃，投降主义的生长，特殊化思想的滋长和失败主义情绪的发生。在这种情况下，华北抗战能否继续？我们的回答是绝对可能的。他接着分析了我们能够坚持持久战的原因，这就是日寇在兵力上的不足，我们在地形上、气候上、在民众方面的优越条件和民众武装上有了初步发展，特别是有八路军在华北并成为推动和领导华北持久抗战的重要因素。由于这一切有利条件，将决定着华北持久战的极大可能，使我们可以转到胜利的反攻，收得失地，驱逐日本帝国主义滚出中国！

在谈到坚持华北抗战中我们的任务时，周恩来号召八路军留在华北坚持抗战，发挥自己的特长，来影响友军，来组织和领导广大民众起来抗战。同时，他还提出了几点措施。第一，军队的改造。原有的正规军虽越打越少，但打仗要用组织好了的军队来打，因此，改造旧军，成立新军，便成为目前迫切的任务；第二，开放政权。现在，全华北已不是"中华民国"的统一政权，而是日寇汉奸的政权。日寇的自治是伪自治，我们应该以真自治来发动群众，开放政权。在政策上，应该根据共产党提出的十大纲领来实施战区的救亡政策；第三，开放民运。华北若不再开放民运，军队就无法补充，作战将无人援助，民众武装将无法建立，强悍者将受日寇的屠杀，懦弱者将变为日本顺民，狡黠者将变为汉奸，而奸商劣绅将首先悬挂日旗。如果不愿意这样，只有积极地毫无迟疑地宣传民众，发动民众，组织民众，武装民众，唤起民众，壮大人民力量，起来共同担当华北的持久游击战；第四，肃清汉奸。坚决反对投降主义、失败主义及特殊化的倾向，这是争取持久战的先决条件。周恩来最后指出，必须唤起民众，团结全华北人民、全华北军队，影响全国乃至全世界，才能坚持华北持久战争而取得最后的胜利❶。

周恩来的报告，表达了山西和华北人民的共同心愿，揭露了抗日民族统一战线中的右翼集团的民族投降活动，坚定了广大人民抗战胜利的决心和信心，这对于进一步组织民众，武装民众，开展华北敌后抗日游击战争，建立抗日民主根据地，有着极其深远的意义。周恩来的报告，激起了全场一阵又一阵热烈的掌声，受到群众的热烈欢迎。会后，这个讲话记录被印行了数万份广为散发。不久，《群众》周刊刊载了全文，并加了编者按语，指出周恩来的讲话"对目前的抗战具有重大的贡献"。

四、晓以大义　共挽危局

1939 年 12 月，阎锡山制造了令亲者痛仇者快的"十二月事变"，调动大批晋绥军（旧军）向坚持抗日的山西青年抗日决死队（即新军）进攻。阎锡山发动反革命"十二月事变"的目的，是想利用蒋介石在全国发动第一次反共高潮的机会，在山西首先消灭牺盟会、决死队，然后再配合国民党中央军把共产党、八路军赶出他的势力范围，继续维持他在山西的独裁统治，并为和日寇进行投降妥协创造讨价还价的政治条件。然而事与愿违，旧军的进攻被新军的反击所粉碎。阎锡山在政治上亏了本，军事上已彻底失败，因此他又处在一个新的历史三岔路口犹豫徘徊：公开投敌当汉奸条件不成熟；拜倒在蒋介石脚下不甘忍受耻辱；听从共产党劝告继续抗战，又不情愿，但这总算是一条"适生"之道。

1940 年 2 月 1 日，中共中央在《中央关于目前时局与党的任务的决定》中指出："目前国内时局的特点是在敌我战略相持阶段中，大资产阶级的投降方向与无产阶级、小资产阶级及中产阶级的抗战方向两方面展开日益明显、日

---

❶ 《周恩来选集》上卷，第 86－87 页。

益严重的斗争"，"双方斗争的结果，或者是时局的好转，或者是时局的逆转。但好转的可能性并未丧失。如有正确的方针，加上全国的努力，是能够改变目前局面，争取时局好转的"。"为了力争时局的好转，克服逆转危险，必须强调抗战、团结、进步，三者不可缺一。"在这种形势下，我党的基本任务，就是强固抗日进步势力，抵抗投降倒退势力，力争时局好转，克服时局逆转。如果以为时局好转的可能性已经丧失，因而不去力争好转，只是消极地准备对付全国性的事变，这种意见显然是不正确的。

抗日民族统一战线中投降、分裂、倒退的危险，已成为当时时局中的最大危险。共产党和全国人民的中心任务，就是协同一切爱国分子，动员群众，坚持抗战，反对投降；坚持团结，反对分裂；坚持进步，反对倒退。为了顾全大局，为抗战计，共产党不究前嫌，向阎锡山提议休战，表示愿意调解新旧军冲突，使山西恢复团结抗战的局面。

1940 年 5 月 9 日，周恩来亲笔致函阎锡山，他在信中以严肃诚恳的态度，言简意赅的语言，本着坚持团结、抗战、进步的基本方针，晓以大义，竭力奉劝阎锡山勿信奸人拨弄，以国家民族利益为重，顺应历史潮流，共挽危局，继续团结抗战，进步到底。全信如下：

百川先生赐鉴：

年前因臂伤出国，未遑趋候。比治愈归来，复因委座电催南下，而先生亦已东行，更不克及时晋谒，歉憾殊深。

"举国抗战，瞬达三载，华北苦撑，赖先生维护共问，得有今日。不幸晋中新旧之争，竟造成骑虎之势。来于远道闻之，已感至痛，归后得悉梗概，深觉此种亲痛仇快之事，必有奸人摇弄其间，故欲使先生多年心血所造成之抗战力量归于瓦解而后快意者。"诚以八路军与新军之合作，襄来在太原与先生计划战地动委会时，即有定议。临汾失守后，八路助新军发展游击，恢复失邑，成绩昭然，而全国亦咸以敌后模范归功先生，乃奸人见忌，故抨新军于外，以毁先生之长城，来实为我山西之模范抗日阵线痛惜不置。痛定思痛，度先生必有同感。此间同志，对山西之团结，凤所关怀，苟先生对团结有进一步办法，来等无不愿尽绵薄，以挽危局，以利抗战。夫唇齿相依，患难与共，处今之世，唯先生能熟察之也。

披诚直达，敬希

明鉴。顺颂

道安！

周恩来启

五月九日于延安

在中共中央和周恩来等出面调解以及全国各界人士的舆论压力下，阎锡山才表示愿意接受共产党的调解，还说他是国共两党之间的中间力量，他之存在是对国共两党的团结有利的，阎锡山的态度得到了中共中央和山西人民的欢迎和重视，经过谈判，达成协议，山西抗战局面迅速向好的方向转化。

抗日战争初期，周恩来作为中共中央代表，中央军委副主席，参与并领导了山西乃至整个华北的抗日战争。他具体统一领导了入晋的中共党、政、军各方面工作，正确执行了中国共产党的抗日民族统一战线的方针政策，与国民党各方以及山西阎锡山当局建立了良好的统战关系，协调了八路军与国民党军队共同作战，实行了国共两党在整个抗战期间较为密切的军事合作，有力地扩大、巩固了山西的抗日民族统一战线，山西之所以能够成为全国抗战的模范、统战的模范，这与周恩来的杰出贡献是分不开的。事实证明，他不愧为山西和华北抗战的奠基人之一。

（原载《山西社院院刊》1998 年春之卷、夏之卷）

五、党的思想建设与组织建设研究

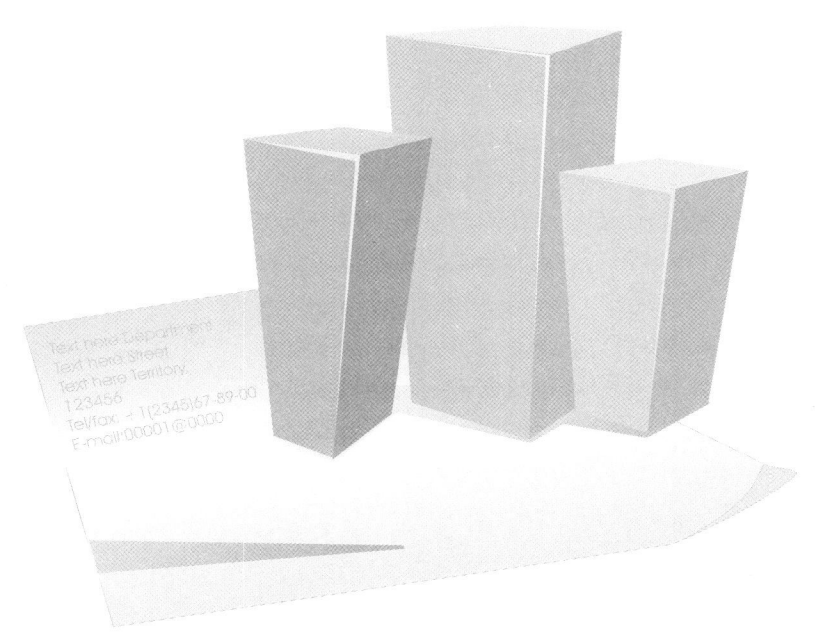

人民公仆与执政党的党风

100 多年前，人类历史上第一个无产阶级的革命政权胜利诞生了，这个政权从它诞生的第一天起，就实行了一系列的社会改革。其中很重要的一项，就是防止国家机关工作人员追名逐利，由人民公仆变为社会主人。我国革命胜利后，党和国家领导人多次提出这个问题，告诫全党要警惕由"公仆"变为"主人"。十一届三中全会以后，中央领导同志多次提醒人们注意这个问题。1980 年 12 月邓小平同志在中央工作会议上的讲话中指出："我赞成陈云同志的讲话，党风问题，是执政党的生死存亡问题。"❶ 因此，重新学习巴黎公社的经验，对于我们进一步加强党的建设，巩固党的领导，都有着一定的现实意义。

一、做人民的公仆是巴黎公社的原则

仅仅存在了 72 天的巴黎公社，为什么特别提出人民公仆和社会主人这个问题？又是如何防止国家机关工作人员由人民公仆变为主人的？这是应该引起我们注意和深思的。

巴黎公社以前，历史上执政的阶级或集团，都是把自己变成了统治者。国家政权只不过是从一些人手里转到另一些人手里罢了。不管这些政权更迭得如何频繁，也不管这些人表面上如何打着为国民服务的招牌，但都是换汤不换药，本质只有一个，就是作为统治者出现的，都是官僚制与特权制的结合物。

无产阶级则不同，它是历史上最革命的阶级，它的最终目的是为了消灭阶级，实现共产主义。正如马克思在评论巴黎公社时所指出的："这次革命不是一次反对那一种国家政权形式——正统的、立宪的、共和的或帝制的国家政权形式的革命。它是反对国家本身，这个社会的超自然的怪胎的革命，是人民为着自己的利益重新掌握自己的社会生活。它不是为了把国家政权从统治阶级这一集团转给另一集团而进行的革命，它是为了粉碎这个阶级统治的凶恶机关本身而进行的革命。"因此它"不能简单地掌握现成的国家机器，并运用它达到

---

❶ 《邓小平同志谈端正党风问题》// 《红旗》1981 年第 12 期。

自己的目的。"❶ 尤其是不能像过去历史上执政了的人或集团那样把自己作为统治者和社会主人，而是代之以真正民主和体现人民意志的权力机关。

这一问题的提出就像巴黎公社本身一样，是一个划时代的伟大创举。它从根本上体现了公社是人类历史上第一个人民当家做主的国家政权，真正代表了人民的意愿和利益，同历史上任何一种国家都形成了鲜明的对照。它是人民群众获得社会解放的政治形式。

为了防止国家机关工作人员由社会公仆变为社会主人，公社采取了两项重要措施：第一，实行民主普选制，进行名副其实的民主选举。公社一开始就提出"要提防野心家和向上爬的人"，指出要从工人中选出能够同他们"同甘苦的人"来为人民服务，建立真正代表人民的机构，找到永远不以主子自居的代表。在实行民主选举的同时，公社把监督权和罢免权也交给人民去掌握，这样国家机关的工作人员处于广大群众的直接监督之下。如果发现他们有蜕变的可能，则随时可以撤换罢免而委之以更合适的代表和公仆。这样，选举、监督和罢免相结合的普选制，是防止国家和国家机关工作人员由社会公仆变成社会主人的根本措施。第二，政府公职人员的薪金降到工人工资水平和取消一切特权，以防止人们追求升官发财以及等级制和特权制思想的产生。总之，公社第一次提出了和尝试解决防止社会公仆变为社会主人的问题，他们在这方面作出的努力是可贵的。

列宁高度评价了这两项革命的措施，认为这是从资产阶级民主转变为无产阶级民主，从压迫者的民主转变为被压迫阶级的民主，是"从资本主义过渡到社会主义的桥梁"。❷

二、党风问题实质上是做人民公仆还是做社会主人的问题

按照巴黎公社原则，无产阶级及其政党夺取全国政权以后，特别是作为剥削阶级被消灭以后，无产阶级专政的国家已成为"半国家"。因此，无论从理论上还是从实践上讲，执政党和国家机关工作人员都不应当把自己作为统治者和社会主人，而只能是社会公仆和人民勤务员。党执政以后是人民公仆还是变成社会主人，党风就是明显的标志。如果搞得不好，党就有蜕化变质的可能。

我们党是有着光荣革命传统的党。大革命年代，为了人民利益前仆后继，英勇奋斗，同人民同甘苦，共患难。进城后还继续同人民建立了血肉般的联系。在社会主义革命和社会主义建设中，涌现了许许多多党的优秀干部，他们

❶ 《法兰西内战》第 12 页。
❷ 《国家与革命》第 39 页。

忠心耿耿、呕心沥血地为人民工作，得到了人民的衷心拥护和爱戴。他们真正是人民的公仆，党员干部的楷模，是党的优良作风的体现。

当前，我国人民正在齐心协力地进行四化建设，广大人民享有比过去任何时候都更加充分的民主，党的各级领导干部不论职位高低，都是人民的勤务员，人民的公仆，都要受到人民的监督。但由于过去我们对这个问题认识不够，加之林彪"四人帮"的干扰破坏，我们党在如何当好人民公仆问题上做得很不够。这一点，表现在当前有相当一部分党的领导干部和党员的党风不正上面。

邓小平同志在中央政治局扩大会议上，谈到党和国家领导制度方面的弊端时曾指出："主要的弊端，就是官僚主义现象，干部领导职务终身制现象和形形色色的特权现象。"他谈到官僚主义的表现和危害，如"高高在上，滥用权力，脱离实际，脱离群众，好摆门面，好说空话，思想僵化，墨守成规，机构臃肿，人浮于事，办事拖拉，不讲效率，不负责任，不讲信用，公文旅行，互相推诿，以至官气十足，动辄训人，打击报复，压制民主，欺上瞒下，专横跋扈，徇私行贿，贪赃枉法，等等。这无论在我们的内部事务中，或是在国际交往中，都已达到令人无法容忍的地步。"邓小平同志还指出，"'文化大革命'中，林彪、'四人帮'大搞特权，给群众造成很大灾难。"当前，也还有一些干部，不把自己看作是人民的公仆，而把自己看作是人民的主人，搞特权、特殊化引起群众的强烈不满，损害党的威信，如不坚决改正，势必使我们的干部队伍发生腐化。"❶

我们党为什么会出现这些不良作风？林彪、"四人帮"的干扰破坏固然是一个原因，但也还有其他一些原因。首先，我们党的同志对执政党的这个根本的变化认识不够，没有真正从思想上认识到我们是领导者而不是统治者，是人民公仆而不是社会主人。在对待巴黎公社经验上，我们强调了砸碎旧的国家机器，强调了无产阶级专政，却忽略了防止国家机关工作人员由社会公仆变为社会主人这样一个极其深刻的问题。

其次，封建特权思想和外来资产阶级思想的影响是造成这种现象的一个重要原因。俗话说"树高影长"，几千年的封建社会和100多年的半殖民地半封建社会，给我们留下了一条长长的封建主义尾巴。在革命年代，我党忙于武装斗争，对于封建主义思想的批判退居次要地位。社会主义改造完成以后，摧毁了封建主义的经济基础，但由于没有充分开展反封建主义斗争，封建残余在一部分人头脑中还有相当的市场。有些人像小私有者一样看待对资本家的胜利。

---

❶ 《邓小平同志谈端正党风问题》//《红旗》1981 年第 12 期。

他们说:"资本家捞了一把,现在该轮到我了。"❶ 他们不是把自己当作人民的公仆,而是把自己看成统治者和社会主人。因此,他们利用职权谋私利,搞特权,肆意挥霍国家财产。有些同志觉得他为革命流过血,负过伤,因而应该得到这些东西,也有权力得到这些东西。就像封建将相应该得到高官厚禄,封妻荫子一样。这实际上不自觉地把自己当成了统治者,把自己推到了人民的对立面。

再次,我们党和国家的领导制度还不完善,存在许多缺陷和弊端,也造成了政府工作人员由公仆变为主人的可能。尤其是十年动乱,党组织和党内民主遭到破坏,因此官僚主义、家长制、终身制、裙带风等盛行。

列宁曾经沉痛地说过:"共产党员变成了官僚主义者,如果说有什么东西把我们毁掉的话,那就是这个。"❷

三、坚持党风建设,努力当好人民的公仆

纠正党内不正之风,努力当好人民公仆,是历史对我们党的严峻考验,也是每个党员,每个共产主义者必须认真思考并严肃回答的课题。借鉴巴黎公社的经验,我们应当做好以下几个方面的工作。

第一,要建立健全党内正常的民主生活,包括建立选举、监督、罢免在内的民主制度,充分体现真正的民主。对于那些损害人民利益的领导者可以随时撤换或罢免。这一点,党的十一届三中全会以后,党中央已就社会主义民主建设中存在的问题从政治上和经济上进行了逐步改革。全国县以下单位实行的直接选举,表明了我国政治生活中的社会主义民主化已经取得了初步进展。目前,中央已制定了政治体制改革的具体方案和实施步骤。政治体制改革的全面实施,必将使我国政治生活中的社会主义更加制度化和法律化。这将是从根本上防止国家机关工作人员由公仆变为主人的一项重要措施。

第二,要加强共产主义思想教育,树立和发扬社会主义的道德风尚。我国还处在社会主义的初级阶段,不但必须实行按劳分配,发展社会主义商品经济,而且在相当长历史时期内,还要在以公有制为主体的前提下发展多种经济成分,在共同富裕的目标下鼓励一部分人先富裕起来。我们既要肯定分配方面的合理差别,又要发扬国家、集体、个人利益相结合的社会主义精神,反对一切损人利己、金钱至上、以权谋私的思想和行为,防止收入过分悬殊。必须强调实现共产主义是党的最高理想。为了人民利益,我们要站在世界潮流的前

❶ 《列宁全集》第 27 卷,第 275、第 142 – 143 页。
❷ 《列宁全集》第 27 卷,第 275、第 142 – 143 页。

面，奋力开拓，公而忘私，勇于献身，必要时不惜牺牲自己的生命。这种崇高的共产主义道德，应当在全社会认真提倡。共产党员首先是领导干部，尤其要坚定不移地身体力行。

第三，在党内进行积极的思想斗争，开展批评与自我批评。要坚持"惩前毖后，治病救人"的方针，对那些违犯党纪的同志进行耐心的批评教育，同时在党内进行党性、党规、党法的思想教育，要求每个党员严格按照"准则"办事，当好人民公仆。

第四，严格党的纪律，对那些破坏党的纪律的人，要绳之以党纪国法，情节严重的要把他们清洗出党。

（原载《理论探索》1988年第3期，署名石桥）

要继续发扬密切联系群众的优良传统

密切联系群众，坚持群众路线，是我们党在长期斗争中形成的优良传统，是党的根本工作路线和政治优势，也是我们党取得事业胜利的力量源泉。党的十一届三中全会以来，我们取得了举世瞩目的成就，党群关系、干群关系总的来说是好的，但不可否认，这些年来一些党组织和党员干部中滋长了官僚主义、主观主义、形式主义和消极腐败等现象，特别是官僚主义和腐败现象造成的危害尤为严重。一些党员干部不关心人民群众疾苦，高高在上，听不到群众的意见和要求，甚至有的还利用手中的职权以权谋私，严重地损害了党和人民群众的利益，割裂了党和群众之间的血肉联系，也使党的政治优势得不到充分发挥。所有这些都不同程度地给党的改革开放和四化建设造成了不利影响。因此，中国共产党第十三届六中全会在向全党郑重提出密切党同群众联系的要求，通过了《中共中央关于加强党同人民群众联系的决定》的同时，还明确指出"全党同志必须保持高度警觉，并坚持不懈地同这些现象进行斗争，尽一切努力恢复和发扬我党密切联系群众的优良传统和作风"。

我们党始终教育自己的党员和干部，一定要坚持全心全意为人民服务的宗旨。要为人民服务得好，就要实行群众路线，同群众保持最密切的联系。正如毛泽东同志所指出的，密切联系群众是我们党区别于其他政党的显著标志之一。这是因为我们党除了工人阶级和最广大人民群众的利益，没有自己的特殊利益。党的纲领和政策，正是工人阶级和最广大人民群众的根本利益的科学表现。党在领导群众建设具有中国特色社会主义的伟大事业中，始终要同群众同甘共苦，保持最密切的联系，不允许任何党员和干部脱离群众，凌驾于群众之上。坚持群众路线，密切联系群众，其基本内容就是一切为了群众，一切依靠群众，从群众中来，到群众中去。在决定党的路线、方针、政策以及其他有关群众切身利益问题的时候，要了解群众的呼声，倾听群众的意见，集中群众的智慧，这样作出的决定才能避免主观片面性，才能比较正确，比较符合客观实际，比较容易为群众所接受。然后把党的正确主张变为群众的自觉行动，宣传和组织群众为实现和保卫自己的利益而斗争。因此，密切联系群众，不仅仅是一个工作作风或者是工作方法的问题，而是我们党的根本标志之一。

大革命年代，我们党为了人民群众的利益，前仆后继、英勇奋斗，同人民同甘苦、共患难，建立了血肉般的联系。打土豪，分田地，没收地主的土地分给无地或少地的农民，以满足广大贫苦农民的要求。许多共产党员为了劳苦大众的解放，抛头颅、洒热血，得到了人民群众的衷心拥护和爱戴。正是由于我们党深深扎根于人民群众之中，与人民保持着血肉般的联系，因此每当革命处于危急关头或遭受挫折失败的时候，都得到人民群众的大力支持和援助。战争年代，人民群众宁可吃糠咽菜，也要把粮食送往前线，是人民用小米养活了我们。在人民群众中，曾涌现出许许多多为了保护党的干部和战士而英勇献出自己生命的动人事迹。我们党之所以能够由弱变强、由小到大、由失败到胜利，正是坚持了密切联系群众的优良传统，与人民群众建立了水乳交融、须臾不可分离的血肉联系。可以说，没有人民群众的支持，革命是绝对不会成功的。我们党与人民群众的关系，正如鱼水关系一样。实践证明，什么时候坚持群众路线、密切联系群众，革命就前进、就胜利；什么时候脱离群众，革命必然要遭受挫折，遭受失败。

新中国成立以后，我们党成为领导全国人民的执政党。而执政党的地位，一方面提供了更好地为人民服务、密切联系群众的有利条件，另一方面也容易滋长官僚主义、主观主义，利用职权谋取私利等脱离群众的倾向。早在新中国成立前夕，党中央和毛泽东同志就告诫全党同志，要保持和发扬党的优良传统，密切联系群众，警惕资产阶级"糖衣炮弹"的袭击。十一届三中全会以后，中央领导同志多次提醒人们注意党风问题。1980年12月邓小平同志在中央工作会议的讲话中指出："我赞成陈云同志的讲话，党风问题，是执政党的生死存亡问题。"❶ 他还谈到官僚主义的种种表现和危害，如"高高在上，滥用权利，脱离实际，脱离群众，好摆门面，好说空话，思想僵化，墨守成规，机构臃肿，人浮于事，办事拖拉，不讲效率，不负责任，不讲信用，公文旅行，互相推诿，以至官气十足，动辄训人，打击报复，压制民主，欺上瞒下，专横跋扈，徇私行贿，贪赃枉法，等等。"邓小平同志还指出："'文化大革命'中，林彪、'四人帮'大搞特权，给群众造成很大灾难。当前，也还有一些干部，不把自己看作是人民的公仆，而把自己看作是人民的主人，搞特权、特殊化引起群众的强烈不满，损害党的威信，如不坚决改正，势必使我们的干部队伍发生腐化。"❷ 官僚主义的表现尽管很多，但其根本的标志就是脱离群众，以权谋私，如果任其发展下去，就会引起人民群众的强烈不满，损害党同群众的关系，最终危害党的事业。因此新中国成立以来，中央领导同志多次提出党风问题，其中最根本的一点，就是要密切联系群众，反对脱离群众、高高

---

❶ 《小平同志谈端正党风问题》，《红旗》1981年第12期。
❷ 《小平同志谈端正党风问题》，《红旗》1981年第12期。

在上的官僚主义作风。

改革开放十年来，我们取得了举世瞩目的巨大成就，这是必须充分肯定的。但是也必须清楚地看到这十年中也出现了一些失误，产生了一些消极现象。其中一个重要的方面，就是部分党政干部存在着较为严重的腐败现象和脱离群众的官僚主义倾向。近两年，广大青年学生和人民群众对"打倒官僚""清除腐败"呼声颇高。广大学生和人民群众强烈要求清除腐败的愿望，是同党和政府的主张一致的。但是长期担任党和国家最高领导职务的赵紫阳同志，却对这种腐败现象采取了一种官僚主义和不负责任的态度。在十三届三中全会上，他不是根据人民群众的意见，采取具体措施阻止少数干部子女参与倒买倒卖的违法行为，反而强调在经商问题上人人平等，不要歧视干部子女，公然为这些人开脱罪责。正是这种官僚主义的作风和态度，助长了腐败现象的蔓延和发展，损害了人民群众的物质利益，损害了党和群众的关系，引起了人民群众的强烈不满，扰乱了社会的安定团结。只有密切联系群众，了解群众的呼声和要求，才能代表群众，领导群众去奋斗。而脱离群众，不能虚心听取群众的意见和要求，必然要给党的事业造成危害和损失。这说明在我们党的领导干部中，确实存在着一种脱离群众的官僚主义倾向，如果不引起高度的重视，还会给党的事业带来更大的损失。它从反面告诉我们，共产党员特别是党的领导干部，对于密切联系群众的问题，在任何时候都不能疏忽大意。

无论何时何地，共产党员都要密切群众关系，坚持一切为了群众，一切依靠群众，从群众中来，到群众中去，把党的路线、方针、政策转化为群众的自觉行动，转化为改造世界的伟大力量，这是共产党员全心全意为人民群众服务的具体表现，是我们一切工作取得胜利的源泉。

近年来，由于我们党内存在着以权谋私、脱离群众的倾向，从而严重地损害了党在人民心目中的光辉形象，造成了党风和社会风气不正。因此，当前就全党来说，就是要注意密切党群关系、干群关系，这是我们必须着重解决的重要问题。

第一，要坚决克服脱离群众的官僚主义和特殊化倾向。战争年代，我们党员为革命可以不惜牺牲自己的一切，有许多同志几十年的艰苦奋斗都坚持过来了，今天，我们坚信我们党也一定能够克服掉官僚主义和特殊化的倾向，这是取信于人民群众、恢复党的光辉形象的关键。而要取信于民，广大党员特别是领导干部就要改掉那种"高高在上"的作风，深入实际，深入群众，谦虚谨慎，和群众同甘共苦，真正做到吃苦在前，享受在后，切实改进思想作风和工作作风，全心全意为人民群众服务，以自己的模范行动，团结全国各族人民投身到治理整顿和深化改革中来。同时还要继续采取措施，排除阻力，克服各种腐败现象，恢复和发展党和人民的血肉联系，真正使人民认识到共产党是代表他们的根本利益的，是同他们呼吸相通的，从而满腔热情地拥护党的方针、政策并为之奋斗。

第二，要遇事同群众商量，虚心听取群众的意见和要求，帮助群众提高觉悟，维护群众正当权利和利益。我们党的领导干部，一定要有民主作风，经常了解群众对党的工作的批评和意见，尊重群众和专家的合理化建议，真正做到与群众息息相通，血肉相连。

如果不同群众保持密切联系，得不到群众的拥护，就根本不能带领人民去完成党的任务，发挥党组织的战斗堡垒作用。同时我们党的领导干部，不管职务多高，都要坚持党的群众路线，虚心向群众学习，相信群众，依靠群众，自觉接受群众的批评和监督，如果没有民主作风，搞一言堂、家长制，那是非犯错误不可的。我们有许多领导干部并非主观上没有为人民服务的愿望，但他们在工作中仍然犯了这样或那样的错误，使国家的利益和群众的利益受到重大的损失。他们之所以会犯错误，其中根本的一点，就是错误地认为凡是领导者就一定比群众懂得多，遇事不同群众商量，不向群众学习，不走群众路线，不善于倾听和归纳群众的意见和建议，不接受党和群众的批评、监督而造成的。

唯物主义历史观告诉我们，群众是历史的创造者，群众是真正的英雄，毛泽东同志过去曾一再告诫我们党的领导干部，要做群众的先生，必须先做好群众的学生，其中的道理也正在于此。我们的各级领导干部应当牢记这方面的经验教训，把联系群众、养成民主作风作为自己加强思想修养的一项重要内容。在一切工作中都要坚持群众路线，接受党和群众的批评和监督。

第三，要密切联系群众，就必须深入了解群众的疾苦，关心和改善群众的生活，全心全意为人民群众谋利益。而近年来，正是在这一点上，我们的一些党员和干部忘了党的优良传统，有不少人只顾自己发家致富，而很少关心群众的疾苦，有的甚至以权谋私，从而脱离群众，违背党的基本原则。早在第二次国内革命战争时期，毛泽东同志就讲过："我们应该深刻地注意群众生活的问题，从土地、劳动问题，到柴米油盐问题。妇女群众要学习犁耙，找什么人去教他们呢？小孩子要求读书，小学办起来了没有呢？对面的木桥太小会跌倒行人，要不要修理一下呢？许多人生疮害病，想个什么办法呢？这一切群众生活上的问题，都应该把它提到自己的议事日程上，应该讨论，应该决定，应该实行，应该检查。要使广大群众认识我们是代表他们利益的，是和他们呼吸相通的。"❶ 大革命年代和新中国成立以后，我们党曾始终注意解决群众的实际困难，满足群众的正当要求，从而使我们党真正成为群众生活的组织者，广大群众紧密地团结在我们党周围，为实现党的任务而奋斗，这是我们从胜利走向胜

---

❶ 《毛泽东选集》第 1 卷，第 133 页。

利的基础。但是这几年来，我们党的一些领导干部却不同程度地忽略了这一点，对群众的疾苦问得少了，和群众的关系渐渐地疏远了。有些人甚至违法乱纪，以权谋私，损害了群众的政治和经济利益。多年来的事实证明，凡是只讲空话，而不去为群众谋利益、办好事的，必然要使党的组织脱离群众。当然，要把为群众谋利益同加强思想政治工作结合起来，不断提高群众的觉悟，教育群众正确处理国家、集体、个人三方面的利益，只片面强调物质利益，而不注意提高群众觉悟，放松思想政治工作，同样会使党的组织脱离群众。总之，全党上下要逐渐形成一种风气，到群众中去听取意见，了解他们的疾苦，帮助他们解决实际困难，做群众的贴心人。

第四，要深入调查研究，力戒浮在上面。要联系群众，就必须深入到群众中去，认真调查研究，坚持一切从实际出发，实事求是，这是我们正确执行党的路线、方针和政策的基础。官僚主义的一个重要表现，就是高高在上，脱离实际、脱离群众。当前我们一些领导干部，都不同程度地存在着忽视调查研究的现象，有些同志遇到问题，不是到下面去了解情况，调查研究，而是坐在办公室里冥思苦想，这样作出的决定，必然会脱离实际、脱离群众。特别在治理整顿深化改革中，现实情况在不断地发生变化，不深入实际，不了解情况，就无法集中群众的智慧和经验，找出解决问题的科学方法。毛泽东同志一再教导我们要调查研究，深入实际，我们的领导干部，只有迈开双脚，走出办公室，深入到群众中去，才能避免犯主观主义和唯心主义的错误。

第五，要使我们党的领导干部经常同群众保持密切的联系，应该建立一种合理的干部劳动制度，每年分批分期地让他们到工厂、农村去参加生产劳动，同群众同吃同住同劳动，这样才能真正从思想上感情上与群众打成一片，建立深厚的友谊和联系。过去战争年代我们曾这样走过来了，社会主义建设时期，我们也这样实行过，但是近几年来却忽视了这个问题，因此应该恢复这一光荣传统。只有与群众打成一片，才能积极地发现问题、解决问题，启发群众的觉悟，尊重群众的首创精神，调动群众的积极性、创造性，与群众团结一致，艰苦奋斗，共同建设有中国特色的社会主义！

（原载《山西师大学报》（社会科学版）1990 年第 2 期，署名李琦）

毛泽东建党学说的一个重要原则

党内开展积极的思想斗争，是加强党的思想建设的有力措施和途径，也是马克思主义建党学说的一个基本原则。但是一个时期以来，党内积极的思想斗争在一定程度上有所削弱，以致一定范围和一定时期在党内造成思想混乱、组织涣散的不良局面，极大地影响了党的领导作用的发挥。现在，这个问题应引起高度重视。

一、毛泽东同志一贯倡导党内开展积极的正确的思想斗争

坚持党内积极的思想斗争是毛泽东同志对马克思主义建党学说的重大的理论贡献。早在 1929 年 12 月，毛泽东同志在《关于纠正党内的错误思想》一文中就指出："党内批评是坚强党的组织、增加党的战斗力的武器。"❶ 1937 年毛泽东在《反对自由主义》一文中再次指出："我们主张积极的思想斗争，因为它是达到党内和革命团体内的团结使之利于战斗的武器。"❷ 并进一步号召每个共产党员都应该拿起这个武器。同年 8 月，他在《矛盾论》一文中对这一思想进一步进行了理论论证，把它提高到党的生命的高度来加以认识。他说："党内不同思想的对立和斗争是经常发生的，这是社会的阶级矛盾和新旧事物的矛盾在党内的反映。党内如果没有矛盾和解决矛盾的思想斗争，党的生命也就停止了。"❸ 新中国成立以后，毛泽东同志在认真分析了社会主义与资本主义、无产阶级与资产阶级思想斗争的长期性之后，更加明确地提出了加强党的思想建设，开展积极的思想斗争的必要性。1957 年 2 月 27 日，毛泽东同志在《关于正确处理人民内部矛盾的问题》一文中指出："我国社会主义和资本主义之间在意识形态方面谁胜谁负的斗争，还需要一个相当长的时间才能解决。……如果对于这种形势认识不足，或者根本不认识，那就要犯绝大的错误，就会忽视必要的思想斗争。""毫无疑问，我们应当批评各种各样的错误思想。不加批评，看着错误思想到处泛滥，任凭它们去占领市场，当然不行。有错误就得批判，有毒草就得进行斗争。"1957 年 3 月 12 日，《在中国共产党

---

❶ 《毛泽东选集》第 1 卷，第 92 页。

❷ 《毛泽东选集》第 2 卷，第 347 页。

❸ 《毛泽东选集》第 1 卷，第 294 页。

全国宣传工作会议上的讲话》中再次指出："在我国，资产阶级和小资产阶级的思想、反马克思主义的思想，还会长期存在。社会主义制度在我国已经基本建立。我们已经在生产资料所有制的改造方面取得了基本胜利，但是在政治战线和思想战线方面，我们还没有完全取得胜利。……不了解这种情况，放弃思想斗争，那就是错误的。"

中国共产党成立以后，党内也曾经历了一次又一次的思想斗争，陈独秀的右倾投降主义、王明的"左"倾冒险主义以及张国焘的分裂主义等，以毛泽东同志为代表的中国共产党人，坚决把马列主义的普遍真理同中国革命的具体实践相结合，开展积极的思想斗争，同党内的错误思想进行了不屈不挠的斗争，终于使我们的党更加坚强与成熟，从而引导中国革命走向胜利。十一届三中全会以来，邓小平同志进一步坚持和发展了毛泽东建党思想，在党内批判了"两个凡是"的错误思想，从根本上恢复了党的实事求是的思想路线，也为新时期开展正确的思想斗争树立了光辉的典范。

二、开展党内思想斗争的方式和方法

在我国现阶段，虽然阶级斗争还在一定范围内长期存在，不同社会制度、不同思想体系的对立与斗争必然要反映到党内来，但除了顽固坚持资产阶级自由化立场的少数人是属于敌我矛盾外，大多数则表现为思想认识问题和人民内部矛盾。因此在党内开展批评与自我批评就成为当前正确开展党内思想斗争的方式和方法。毛泽东同志在《关于正确处理人民内部矛盾的问题》一文中指出："凡属于思想性质的问题，凡属于人民内部的争论问题，只能用民主的方法去解决，只能用讨论的方法、批评的方法、说服教育的方法去解决，而不能用强制的、压服的方法去解决。"

全心全意为人民服务是我们党的根本宗旨，我们党是为了人民的根本利益而斗争的。因此我们共产党人是不怕批评的，因为我们是马克思主义者，真理是在我们一方的。所以，毛泽东同志甚至把有无认真的自我批评看作是我们党和其他政党互相区别的显著的标志之一。他指出："房子是应该经常打扫的，不打扫就会积满了灰尘；脸是应该经常洗的，不洗也就会灰尘满面。我们同志的思想，我们党的工作，也会沾染灰尘的，也应该打扫和洗涤。'流水不腐，户枢不蠹'，是说它们在不停的运动中抵抗了微生物或其他生物的侵蚀。"他认为，经常地在党内开展批评与自我批评的思想斗争，"正是抵抗各种政治灰尘和政治微生物侵蚀我们同志的思想和我们党的肌体的唯一有效的方法"。❶

---

❶ 《毛泽东选集》第 3 卷，第 1097 页。

　　思想斗争一般多发生在意识形态领域，因此，开展积极的思想斗争，必须重视意识形态领域的工作，这是党内思想斗争的另一个重要方式。我们党历来重视意识形态领域的工作。但近几年来，不少党的领导干部往往忽视了上层建筑意识形态对经济基础的反作用，他们只重视和埋头于经济工作，而根本不关心人们的思想和精神状态，这是极其危险的。这方面工作做得不好，直接关系社会主义事业的成败。正像江泽民同志指出的："意识形态领域是和平演变、反和平演变斗争的重要领域。资产阶级自由化同四项基本原则的对立和斗争，……大量地经常地表现为意识形态领域的思想理论斗争。思想宣传阵地，社会主义思想不去占领，资本主义思想就必然会去占领。各级党委要重视意识形态工作，加强对意识形态工作的领导，牢牢掌握意识形态各部门的领导权。"❶ 我们一定要充分发挥社会主义宣传机构的舆论导向作用，在上层建筑意识形态领域中长期不懈地开展反对资产阶级自由化斗争，通过宣传与教育，使全党和全国人民从思想上划清马克思主义与反马克思主义、社会主义与资本主义、无产阶级思想体系与资产阶级思想体系的界限，增强抵制各种错误思潮侵蚀的能力。

三、开展积极的思想斗争应该注意的几个问题

　　党内积极的思想斗争，是加强党的思想理论建设的有力措施和成功经验，这已经为不同历史时期党的建设的实践所证实。但是应该看到，由于"文化大革命"时期"四人帮"对这一有力武器的歪曲与破坏，使人们一提开展积极的思想斗争就心有余悸。因此，明确党内思想斗争的根本目的、政策界限、适用范围以及它与经济建设的关系，是正确开展党内思想斗争的关键。

　　开展积极的思想斗争是当前国际国内思想斗争的需要，也是加强党的思想理论建设的需要。其根本目的是为了批判资产阶级自由化思潮，抵御和挫败国内外敌对势力对我国实行和平演变的图谋，并通过思想斗争努力解决党内存在的思想不纯、组织不纯、作风不纯问题，以达到澄清思想，提高认识，纯洁党的组织，增强党的战斗力的目的。在意识形态领域里，大量的矛盾属于人民内部的思想认识问题，因此必须严格区分和正确处理两类不同性质的矛盾。对于人民内部的思想认识问题，一般采取批评教育的方法去解决，目的是要让人们弄清是非，提高辨别是非的能力，正如江泽民同志指出的："我们党历来的原则是'坚持真理，修正错误'，在一切重大原则问题上必须分清是非，以达到弄清思想、团结同志的目的。"绝不是像一些别有用心的人所说的那样，是"打棍子""整人"，更不会重犯"阶级斗争扩大化"的错误。

---

　　❶ 江泽民：《在庆祝中国共产党成立七十周年大会上的讲话》，1991 年 7 月 1 日。

开展积极的思想斗争，要坚决贯彻执行"惩前毖后，治病救人"和"团结—批评—团结"的方针政策，这是加强党的思想建设，正确开展思想斗争的一条基本经验。"对于以前的错误一定要揭发，不讲情面，要以科学的态度来分析批判过去的坏东西，以便使后来的工作慎重些，做得好些。这就是'惩前毖后'的意思。但是我们揭发错误、批判缺点的目的，好像医生治病，完全是为了救人，而不是为了把人整死"●。批评的主要任务，是指出政治上、思想上的错误，增强党的战斗力，至于个人的缺点，如果不是与政治错误有联系，不必多加指摘，不要纠缠枝节问题，以免使人人变成谨小慎微的君子而忘记党的政治任务，更不能利用批评去做攻击个人的工具。长期以来，我们党为了解决党内正确思想与错误思想的矛盾，形成了一个"团结—批评—团结"的公式。毛泽东同志指出："从团结的愿望出发，经过批评或者斗争使矛盾得到解决，从而在新的基础上达到新的团结。"❷ 有些同志担心开展党内思想斗争会影响团结，实际上，只有经过积极的思想斗争才能达到真正的团结。如果对错误的思想不批判、不斗争，任其自由泛滥，必然使党思想涣散、组织松懈，从而最终影响党的团结。

开展积极的思想斗争，主要是解决思想认识问题，一般只限于上层建筑意识形态和思想领域。但是，对于受资产阶级腐朽生活方式和价值观念的影响，以权谋私、行贿受贿、贪污腐化的经济犯罪行为，由于同敌对势力的和平演变和资产阶级自由化泛滥有密切关系，所以也属于党内思想斗争和反腐败、防止和平演变的范围。在党内思想斗争中，除了少数继续坚持资产阶级自由化立场的顽固分子外，一般都属于思想认识问题。对于犯错误的同志，不要采取排斥的态度，看不起他们，轻视他们，而是要采取耐心教育的态度，团结他们，说服他们，使他们幡然悔悟，弃旧图新。

当前，我们党正在坚定不移地以经济建设为中心，大力发展社会生产力，以提高我国的综合国力。党内的思想斗争与进行经济建设是相辅相成辩证统一的，是为经济建设服务的。只有加强党的思想建设，开展积极的思想斗争，才能实现我们国家的长治久安，从而促进国民经济的现代化建设，这已为目前国际国内正反两方面的经验所证实。同时，开展积极的思想斗争，必须和认真学习马列主义、毛泽东思想结合起来，才能形成一个马克思主义的教育运动，在人民思想上筑起抵御和平演变的钢铁长城。

（原载《理论探索》1992 年第 5 期）

● 《毛泽东选集》第 3 卷，第 829 页。
❷ 《关于正确处理人民内部矛盾的问题》，人民出版社，1957 年版，第 61 页。

要努力在全党形成求真务实的风气

在全党开展以实践"三个代表"重要思想为主要内容的保持共产党员先进性教育活动，关系党执政能力的提高和执政地位的巩固，关系党和人民事业的兴旺发达和国家的长治久安。其中一项重要的任务，就是要加强和改进党的思想作风和工作作风。而坚持解放思想、实事求是的思想路线和思想作风，是党顺应时代进步潮流，永葆先进性的根本要求。全党必须从我国社会主义初级阶段的实际出发，求真务实，锐意进取，提倡勤于思考、敢于创新，做到重实际、说实话、办实事、求实效，努力在全党形成认真学习的风气、民主讨论的风气、积极探索的风气和求真务实的风气。

一、求真务实是我们党一贯倡导的思想作风和工作作风

我们党的思想路线是一脉相承的。从毛泽东、邓小平，到江泽民、胡锦涛，都始终坚持了实事求是，解放思想，与时俱进，求真务实的思想作风与工作作风。

为什么要在全党形成求真务实的风气？胡锦涛总书记指出："我想着重讲一讲在全党大力弘扬求真务实精神、大兴求真务实之风问题。我之所以要突出地强调这个问题，是因为这个问题对推进党和国家的各项工作，包括推进党风廉政建设和反腐败斗争，是一个十分重要而又具有基础性、根本性意义的问题。"❶ 求真务实，是辩证唯物主义和历史唯物主义一以贯之的科学精神，是我们的思想路线的核心内容，也是党的优良传统和共产党人应该具备的政治品格。

我们党历来倡导求真务实的思想作风和工作作风。延安时期的整风运动，实际上就是一次普遍的马克思主义教育运动。1935 年 1 月遵义会议以后，党中央逐步纠正了"左"倾错误，但由于战争的影响，未能及时对错误倾向的思想根源作彻底的纠正。为了提高全党的马克思主义水平，进一步纠正错误倾

---

❶ 胡锦涛：《在全党大力弘扬求真务实精神，大兴求真务实之风》//党建读物出版社，2005 年版，第 267 页、第 272 页。

向的思想认识根源，在全党开展了这次整风运动。毛泽东同志坚持把马克思主义的普遍真理同中国革命的具体实践相结合，找到了适合中国革命的道路、形式和方法。他指出："共产党不靠吓人吃饭，而是靠马克思列宁主义的真理吃饭，靠实事求是吃饭，靠科学吃饭。"❶ 他以"实事求是"给中央党校题词，还以"实事求是，力戒空谈"为七大纪念册题词。周恩来同志也曾号召学习毛泽东同志的"实事求是的精神，在态度、作风上，也就应该老实，不要沾染浮泛与骄傲急躁的习气"。❷ 党的七大把毛泽东思想确立为我党的指导思想，使全党在马列主义、毛泽东思想的基础上达到了空前的统一和团结。通过这次马克思主义教育运动，全党进一步掌握了马克思主义的普遍原理同中国革命具体实践相结合的基本原则，树立了联系群众、调查研究、实事求是的优良作风，为中国革命的胜利奠定了基础。

新中国成立以后，我们党在农村进行了土地改革和合作化，在城市进行了对资本主义工商业的社会主义改造，推动了全国的社会主义建设. 但是 1957 年后，"左"的思想开始抬头。1958 年大跃进的浮夸风，一哄而起搞人民公社，片面强调"一大二公"，搞穷过渡，甚至提出"跑步进入共产主义"。文化大革命"四人帮"提出"宁要贫穷的社会主义，不要富裕的资本主义"，批判所谓的"唯生产力论"，结果使我国的经济达到崩溃的边缘。"文革"以后，由于没有从根本上清除"左"的思想根源，于是又出现了"两个凡是"的错误思想路线。1977 年邓小平同志出来工作以后，提出毛泽东思想的精髓是实事求是，从此开始了实践是检验真理的唯一标准的讨论。邓小平同志指出，"到 1978 年底我们召开了十一届三中全会，批评了'两个凡是'，提出了'解放思想，开动脑筋'的口号，提倡理论联系实际，一切从实际出发，肯定了实践是检验真理的唯一标准，重新确立了实事求是的思想路线。"❸ 实现了工作重点的转移。邓小平同志无不感慨地说，从 1957 年到 1978 年，20 年的历史教训告诉我们一条最重要的原则，就是毛泽东同志概括的实事求是，或者说一切从实际出发。

改革开放 27 年来，我们党在实事求是思想路线指引下，在经济领域取得了举世公认的成就。实践是检验真理的唯一标准的讨论，也进一步清算了"左"倾错误的思想根源。但是不可否认，"左"倾的思想根源是根深蒂固的，并不是靠一两次讨论就能彻底根除，这一点已为我党历史上一次又一次"左"倾错误所证实。学习邓小平理论，我们会发现，"解放思想，实事求是"像一条红线贯穿始终。而最能体现这一思想路线和理论风格的，就是邓小平同志一

---

❶ 毛泽东：《毛泽东选集》第 3 卷，第 792 – 793 页。
❷ 周恩来：《周恩来选集》上册，第 342 页。
❸ 邓小平：《邓小平文选》第 3 卷，第 10 页。

贯倡导的求真务实的思想作风和工作作风。因此，深入学习邓小平理论，一是要使"解放思想，实事求是"的思想路线深入人心；二是要彻底扭转过去的"左"的思想作风和工作作风，在全党努力造成求真务实的风气。

十三届四中全会以来，江泽民同志再三强调，形式主义、官僚主义是一大祸害，必须狠杀形式主义、官僚主义的歪风，时时处处坚持重实际、说实话、务实事、求实效，大力发扬脚踏实地、埋头苦干的工作作风。胡锦涛总书记也指出：我们党八十多年的历程充分表明，求真务实是党的活力所在，也是党和人民事业兴旺发达的关键所在。什么时候求真务实坚持得好，党的组织和党员干部队伍就充满朝气和活力，党和人民的事业就能顺利发展；什么时候求真务实坚持得不好，党的组织和党员干部队伍就缺乏朝气和活力，党和人民的事业就受到挫折。我国改革和发展正处在一个关键时期，面对新形势新任务，进一步在全党大力弘扬求真务实精神、大兴求真务实之风，十分重要和紧迫。

二、求真务实是实事求是思想路线在实际工作中的具体化

我们党的思想路线是一切从实际出发，理论联系实际，实事求是，在实践中检验真理和发展真理。在实际工作中，如何使实事求是的思想路线变为具体的行动，成为可供操作的思想方法和工作方法，这里有一个具体化的过程。而求真务实就是思想路线在实际工作中的具体化。换句话说，要解放思想，实事求是，与时俱进，具体到实际工作中，就是要提倡求真务实的思想作风和工作作风。那么什么是求真务实呢？

1. 坚持实事求是的思想路线就是求真务实。"实事求是"源于《汉书·河间献王传》，作者班固赞扬汉景帝的儿子刘德治学态度是"修学好古，实事求是"。唐代学者颜师古把它解释为"务得事实，每求真是也"。毛泽东同志把实事求是解释为："'实事'就是客观存在的一切事物，'是'就是客观事物的内部联系，即规律性，'求'就是我们去研究。"❶ 这一解释，把实事求是上升到了世界观高度，既坚持了一切从实际出发的唯物主义一元论，又贯彻了时刻以发展变化了的客观事物为依据的辩证法思想，是马克思主义世界观与方法论的高度统一。实事求是是毛泽东思想的精髓，也是邓小平理论的精髓。实事求是作为党的思想路线，它是我们党一切工作的出发点，也是我们党制定各项方针、路线、政策的客观依据。但在实际工作中，如何将这一思想路线转变为具体的思想方法和工作方法，求真务实就做到了这一点。所谓求真，就是在实践中探讨客观事物的本质即真实面目，获得符合实际的认识；所谓务实，就是

---

❶ 毛泽东：《毛泽东选集》第 3 卷，第 759 页。

按照获得的正确认识指导实际工作，按照客观事物的本来面目去改造客观世界，不搞形式，不走过场，并要求获得实际的效果。学习邓小平理论，就是要把这一思想方法和工作方法贯穿到党的各项工作中去，在全党造成求真务实的风气，并形成一种代代相传的思想作风和工作作风。

实事求是与求真务实两者的关系如何呢？实事求是是求真务实的思想基础，求真务实是实事求是的具体表现；一个解决的是深层次的世界观问题，一个解决的是实际工作中的方法论问题；一个重点是思想认识，一个重点是具体实践；一个是全党的思想路线，具有指导性。一个是具体的工作作风，具有操作性和规范性。邓小平同志指出："只有解决好思想路线问题，才能提出新的正确政策，首先是工作重点的转移，还有农村政策、对外关系政策，以及相应的一整套建设社会主义的政策。"❶ 所以只有坚持实事求是的思想路线，才能做到求真务实；只有做到求真务实，才能把实事求是的思想路线贯彻到底。

2. 坚持有中国特色社会主义理论和道路就是求真务实。什么是社会主义，如何建设社会主义，这是我们党长期以来从理论到实践不断探索的问题，并且为之付出了沉重的代价。从毛泽东同志以农村包围城市的新民主主义革命道路的确立，到邓小平建设有中国特色社会主义理论的形成，再到"三个代表"思想的发展，这中间始终贯穿着一条红线，即实事求是，一切从中国的实际出发。邓小平同志指出："中国革命的成功，是毛泽东同志把马克思列宁主义同中国的实际相结合，走自己的路。现在中国搞建设，也要把马克思列宁主义同中国的实际相结合，走自己的路。"❷ 坦率地说，我们过去照搬苏联搞社会主义的模式，带来很多问题。我们很早就发现了，但没有解决好。我们现在要解决好这个问题，我们要建设的是具有中国自己特色的社会主义。❸ 那么什么是中国特色社会主义呢？邓小平同志强调："要紧紧抓住合乎自己的实际情况这一条。"❹ 他认为，中国有自己的特点，所以我们只能按中国的实际办事，别人的经验可以借鉴，但不能照搬。各国情况不同，政策也应该有区别。中国搞社会主义，要强调中国特色。他指出："我们多次重申，要坚持马克思主义，坚持走社会主义道路。但是，马克思主义必须是同中国实际相结合的马克思主义，社会主义必须是切合中国实际的有中国特色的社会主义。"❺ "把马克思主义的普遍真理同我国的具体实际结合起来，走自己的道路，建设有中国特色的

❶ 邓小平：《邓小平文选》第 3 卷，第 10 页。
❷ 邓小平：《邓小平文选》第 3 卷，第 95 页。
❸ 邓小平：《邓小平文选》第 3 卷，第 261 页。
❹ 邓小平：《邓小平文选》第 3 卷，第 261 页。
❺ 邓小平：《邓小平文选》第 3 卷，第 63 页。

222

社会主义，这就是我们总结长期历史经验得出的基本结论。"❶ 胡锦涛总书记也指出："正确认识国情，按照国情制定路线方针政策和开展工作，是坚持求真务实的根本依据。"总之，建设有中国特色的社会主义，就是要坚持实事求是的思想路线，从中国的实际出发，而不能照抄照搬别国经验、别国模式，做到了这一点，就是求真务实。

3. 坚持以经济建设为中心，就是求真务实。长期以来，对于"什么是社会主义、怎样建设社会主义"，我们的认识曾经历了一个漫长的过程。由于受"左"的思想的干扰，1958 年经济上搞"大跃进""穷过渡"。"文化大革命"搞空头政治，"四人帮"提出什么"宁要贫穷的社会主义，不要富裕的资本主义"。邓小平同志指出："贫穷不是社会主义，社会主义要消灭贫穷。不发展生产力，不提高人民的生活水平，不能说是符合社会主义要求的。"他一再强调，不要光喊社会主义的空洞口号，社会主义不能建立在贫困的基础上。他指出："社会主义必须大力发展生产力，逐步消灭贫穷，不断提高人民的生活水平。否则，社会主义怎么能战胜资本主义？""因此，我强调提出，要迅速地坚决地把工作重点转移到经济建设上来。"把工作重点转移到以经济建设为中心上来，不仅体现了实事求是的思想路线，更体现了求真务实的思想作风和工作作风。他多次提出，社会主义的中心任务，就是发展社会生产力，摆脱贫穷落后状态，创造出高于资本主义的劳动生产率，体现社会主义优于资本主义的特点，要始终抓住经济建设这个中心不动摇。1992 年初，邓小平同志在南行讲话中进一步指出："社会主义的本质，是解放生产力，发展生产力，消灭剥削，消除两极分化，最终达到共同富裕。"面对国际国内的有利形势，他提出抓住时机，发展自己，关键是发展经济。要力争隔几年上一个台阶。党的基本路线要管一百年，要始终抓住经济建设不放松。从邓小平同志这些谈话中，我们可以看到他不尚空谈，注重实效，求真务实的思想作风和工作作风。因此说坚持以经济建设为中心，就是求真务实。

三、求真：不唯书，不唯上，只唯实；务实：说实话，办实事，求实效

如何做到求真务实，这不仅是一个理论问题，更是一个实践问题，不仅是思想路线和认识路线问题，更是思想方法和工作方法问题。在马克思主义的理论宝库中，求真务实是邓小平理论的极其鲜明的风格特征和突出贡献，也是邓小平同志在长期的社会主义实践中形成的思想作风和工作作风。

---

❶ 邓小平：《邓小平文选》第 3 卷，第 3 页。

（一）所谓求真，就是不唯书，不唯上，只唯实，坚持科学性。理论是灰色的，只有实践之树是常青的。求真，就是要时刻以发展变化了的客观实际作为依据，而不是以书本上的结论、上级的旨意来作决定。

1. 坚持一切从社会主义初级阶段的实际出发，这是实现求真的认识论基础。邓小平同志指出："社会主义本身是共产主义的初级阶段，而我们中国又处在社会主义的初级阶段，就是不发达的阶段。一切都要从这个实际出发，根据这个实际来制订规划。"他认为，在中国建设社会主义这样的事，马克思的本本上找不出来，列宁的本本上也找不出来，每个国家都有自己的情况，各自的经历也不同，所以要独立思考。要尊重客观实际而不要照搬书本上的东西。他在总结了历史经验后指出，新中国成立以来我们犯的几次错误，都是由于要求过急，目标过高，脱离了中国的实际，结果发展反倒慢了。所以必须一切从实际出发，不能把目标定得不切实际，也不能把时间定得太短。江泽民同志也指出："十一届三中全会前我们在建设社会主义中出现失误的根本原因之一，就在于提出的一些任务和政策超越了社会主义初级阶段。近20年改革开放和现代化建设取得成功的根本原因之一，就是克服了那些超越阶段的错误观念和政策，又抵制了抛弃社会主义基本制度的错误主张。这样做，没有离开社会主义，而是在脚踏实地建设社会主义。"所谓"脚踏实地"就是求真，就是与时俱进，就是不脱离社会主义初级阶段的实际。

2. 力戒空谈，不搞争论，注重实干，是实现求真的基本途径。清谈误国。"文化大革命"中，提倡"大鸣、大放、大辩论、大字报"，搞了很多无谓的争论，结果既耽误了时间，又冲击了生产，误国误民。改革开放20多年来，由于"左"的思想的影响，不时会出现姓"资"姓"社"的争论。邓小平同志指出："不搞争论，是我的一个发明。不争论，是为了争取时间干。一争论就复杂了，把时间都争掉了，什么也干不成。不争论，大胆地试，大胆地闯。农村改革是如此，城市改革也应如此。"不搞争论，注重实干，就是要在实践中大胆地试验、摸索、探讨，这样才能获得客观真实的认识，才是实现求真的基本途径。

3. 坚持实践是检验真理的唯一标准，是达到求真的科学手段。邓小平同志指出："实事求是是马克思主义的精髓。要提倡这个，不要提倡本本。我们改革开放的成功，不是靠本本，而是靠实践，靠实事求是。……实践是检验真理的唯一标准。"建设有中国特色的社会主义是一项全新的事业，没有什么成功的经验可资借鉴，必然会遇到许多新情况、新问题，唯一的办法是通过实践检验其效果，看其对社会主义究竟有无好处。例如关于雇工问题，有人认为是资本主义的东西，存在着剥削，主张取消。邓小平同志主张"放两年再看"。对于证券、股票这些资本主义的东西，社会主义能不能用？他认为"允许看，但要坚决地试"。总之，一切都是可以试验的。一件事情的好坏对错，不能凭主观的判断，而要由实践的结果来证明，改革开放本身就是建设有中国特色社会主义的大试验，从农村改革到城市改革都是在实践中探索和试验的，我们的方针、政策正确与否，也都要经过实践的检验。总之，"放一放""试一试""看一看"，就是要通过实践来验证，以达到求真的目的。

4. "摸着石头过河"是实现求真的有效方法。学习邓小平理论，就是要像邓小平同志那样，运用马克思主义的立场、观点、方法来解决实践中出现的新情况、新问题。他指出："马克思主义理论从来不是教条，而是行动的指南。它要求人们根据它的基本原则和基本方法，不断结合变化着的实际，探索解决新问题的答案，从而也发展马克思主义理论本身。"他在长期的实践中总结出了一个科学方法即"摸着石头过河"，这一方法既体现了一切从实际出发的唯物主义观点，又体现了一切以时间、地点、条件为转移的辩证法思想。他认为："我们现在做的事都是一个试验。对我们来说，都是新事物，所以要摸索前进。""我们是走一步看一步，有不妥当的地方，改过来就是了。总之，遵循一个原则，就是实事求是。"在《改革是中国的第二次革命》一文中他再次指出："我们的方针是，胆子要大，步子要稳，走一步，看一步。……关键是要善于总结经验，哪一步走得不妥当，就赶快改。"1991 年视察上海时他又指出："什么事情总要有人试第一个，才能开拓新路。"正是采用了"摸着石头过河"的方法，我国的改革才取得了今天这样辉煌的成就。

（二）所谓务实，就是说实话，办实事，求实效，追求务实精神。邓小平同志一生以务实著称，他的理论也渗透着一种务实精神。他有一句名言，就是"多做实事，少说空话"，充分体现了他的务实精神。

1. 要深入实际，深入群众，倾听他们的呼声，反对官僚主义。官僚主义是一种脱离实际，脱离群众，不顾群众利益，只知发号施令的坏作风。其表现是不了解实际情况，不关心群众疾苦；独断专行，压制民主；机构臃肿，人浮于事；互相扯皮，工作效率低下等现象。邓小平同志指出："克服官僚主义，提高工作效率。效率不高同机构臃肿、人浮于事、作风拖拉有关，……党和政府很多机构重复。进行政治体制改革的目的，总的来讲是要消除官僚主义，发展社会主义民主，调动人民和基层单位的积极性。"在干部新老交替问题上，他希望中青年干部"把党的好传统、好作风发扬起来。……要全心全意为人民服务，深入群众倾听他们的呼声"。他认为，"领导者必须多干实事。那种只靠发指示、说空话过日子的坏作风，一定要转变过来。各个部门和地方，特别是主要负责同志，都要注意这个问题"。克服官僚主义，反对脱离实际，脱离群众，就是要提倡务实精神。

2. 少讲空话，多干实事，反对形式主义。邓小平同志的务实精神，还体

225

现在他崇尚多干实事，力戒空谈，反对形式主义。1992年初他在视察南方时指出："现在有一个问题，就是形式主义多。电视一打开，尽是会议。会议多，文章太长，讲话也太长，而且内容重复，新的语言并不多。重复的话要讲，但要精简。形式主义也是官僚主义。要腾出时间来多办实事，多做少说。"马克思主义理论的基石是实践唯物主义，因此马克思主义历来就是崇尚实践，力戒空谈，邓小平同志堪称这方面的典范。他不止一次地强调"少讲空话，多干实事"，一方面自己身体力行，另一方面要求党的各级领导干部"要敢说真话，反对说假话，不务虚名，多做实事"。这充分体现了他是一位真正的马克思主义者。

3. 拿事实来说话，注重实际效果。邓小平同志的务实精神，不仅表现在他崇尚务实，善于务实，同时更体现在他的拿事实来说话，注重实际效果的求实精神上。他一再告诫全党，无论做什么事情，都要注重实际效果。我们的一切工作，归根结底都要求实效。早在20世纪50年代，他提出的"猫论"："不管白猫黑猫，抓住耗子就是好猫"，就体现了他的注重实效的求实精神。改革开放初期，一些人对政策不太理解。他提倡"拿事实来说话"，"改革的政策，人们一开始并不是都能理解的，要通过事实的证明才能被普遍接受"。让改革的实际进展去说服他们。他鼓励我们党的第三代领导，"真正干出几个实绩，来取信于民"。"要拿事实给人民看，这样人民的心里才会平静下来"。为人民服务是我们党的根本宗旨，我们党除了为人民群众谋利益外，再没有其他别的利益可言。坚持人民的利益高于一切，要把体现和维护人民群众的根本利益作为检验我们工作成败的基本标准，他反复告诫全党要把"人民拥护不拥护、人民赞成不赞成、人民高兴不高兴、人民答应不答应"作为判断我们工作得失的根本依据。特别是他提出的"三个有利于"判断标准，即"是否有利于发展社会主义的生产力，是否有利于增强社会主义国家的综合国力，是否有利于提高人民的生活水平"，更是体现了一种求真务实的精神。

胡锦涛同志指出："在全党大力弘扬求真务实精神、大兴求真务实之风，关键是要引导全党同志不断求我国社会主义初级阶段基本国情之真，务坚持长期艰苦奋斗之实；求社会主义建设规律和人类社会发展规律之真，务抓好发展这个党执政兴国的第一要务之实；求人民群众的历史地位和作用之真，务发展最广大人民根本利益之实；求共产党执政规律之真，务全面加强和改进党的建设之实。"❶ 当前我们党开展保持共产党员先进性教育活动，就是要使全党同

---

❶ 胡锦涛：《在全党大力弘扬求真务实精神，大兴求真务实之风》，党建读物出版社，2005年版，第267页、第272页。

志特别是各级领导干部坚持解放思想、实事求是的思想路线和求真务实的实践精神，在全党造成一种求真务实的风气，使它真正成为我们党的思想作风和工作作风。

（原载《山西师大学报》（社会科学版）2005 年第 6 期；《临汾党建》1999 年第 1 期）

加强党的先进性建设的组织保证

——纪念民主集中制创立一百周年

胡锦涛同志在"庆祝中国共产党成立 85 周年暨总结保持共产党员先进性教育活动大会上的讲话"中指出，马克思主义政党在保持和发展先进性方面，必须"坚持把民主集中制作为根本组织制度和领导制度"。"只有紧密结合实际不断加强和改进党的思想建设、组织建设、作风建设和制度建设，我们党才能建设一支高素质的党员队伍和干部队伍，建立严密稳固的组织体系和科学有效的领导制度，形成保持和发展党的先进性的最广大的载体和最可靠的制度保障"。

民主集中制作为世界无产阶级政党的组织原则和组织制度，从 1905 年底俄国社会民主工党孟什维克和布尔什维克在会议决议中正式提出这一概念，至今已经整整 100 年了。100 年来，这一组织原则与组织制度一次次地写进各国共产党的章程和有关决议中，我们党和国家更是把民主集中制作为基本的组织制度和领导制度加以贯彻执行并不断地加以完善，使其更具有科学性、实践性和可操作性。但是长期以来，对民主集中制的理解认识乃至在贯彻执行中都存在一些理论与实践上的问题。总结在全党开展的以贯彻"三个代表"重要思想为主要内容的保持共产党员先进性教育活动的经验，回顾民主集中制形成、发展的历史，科学地理解其内涵，对于加强和完善民主集中制制度建设，提高党的执政能力，都有着重要的理论与实践意义。

一、民主集中制形成的历史

人是有组织的社会性群体动物，总是生活在一定的社会组织中，离开一定的组织，人就不成其为人，这就是马克思所说的人的本质在其现实性上是各种社会关系的总和。这就决定了社会组织程度愈高，标志着人类社会的文明程度就愈高，一切组织、一切国家和政党组织，都要实行某种组织原则，什么组织原则也不实行的组织是不存在的。纵观人类社会发展史，社会的组织原则概括起来主要有两种基本类型：一是"以多数服从少数"为基础的社会专制制度或官僚集中制；二是"以少数服从多数"为基础的社会民主制度或民主集中制。

无产阶级政党作为人类历史上最先进的阶级——工人阶级的先锋队组织，其宗旨不仅在于全心全意为人民服务，肩负着解放全人类的历史使命，而且其内部成员之间是完全平等的，正如恩格斯所说的无产阶级政党"其组织本身是完全民主的，它的各委员会由选举产生并随时可以罢免"。[1] 正是这种组织内部的完全民主性，决定了无产阶级政党在组织原则上选择和实行民主集中制的必然性和可能性，并将其确定为自己根本的组织原则。

马克思、恩格斯在创建无产阶级政党的过程中，逐步奠定了民主集中制的基本思想。早在 1847 年，他们指导制定的《共产主义者同盟章程》中规定：代表大会是全盟的最高权力机关；中央委员会是全盟的权力执行机关，向代表大会报告工作；各级委员会由选举产生，并可以随时撤换；盟员必须服从同盟的一切决议。尽管马克思、恩格斯没有明确提出"民主集中制"的概念，但这些思想精神为民主集中制制度的创立奠定了坚实的思想基础。

1905 年 7 月，列宁在谈到布尔什维克和孟什维克实行合并所必须承认的基本的组织原则时，指出了几点：（1）少数服从多数；（2）党的最高机关应当是代表大会；（3）党的中央机关必须在代表大会上进行直接选举；（4）党的一切出版物都必须绝对服从党代表大会及中央或地方党组织；（5）对党员资格的概念必须作出明确规定；（6）对党内少数人的权力同样应在党章中作出明确规定等。但列宁此时还没有明确使用"民主集中制"概念。直到 1905 年底，民主集中制的概念几乎同时出现在孟什维克和布尔什维克的正式文件中。1905 年 11 月，俄国社会民主工党孟什维克召开的代表大会在决议中提出："俄国社会民主工党必须按照民主集中制的原则组织起来。"同年 12 月，列宁主持召开的俄国社会民主工党（布尔什维克）代表会议决议指出："代表会议确认民主集中制原则是不容争论的。"此后，民主集中制原则就成为世界各国共产党普遍遵循的组织原则。

我们党 1927 年 6 月 1 日中央政治局会议通过的《中国共产党第三次修正章程决案》第一次把民主集中制明确规定为党部的指导原则。第二章"党的建设"第十二条规定："党部的指导原则为民主集中制"。第十三条规定："按照民主集中制的原则在一定区域内建立这一区域内党的最高机关，管理这一区域内党的部分组织。党部之执行机关概以党员大会或其他代表大会选举，上级机关批准为原则；但特殊情形之下，上级机关得指定之。"而"少数服从多数"等原则仍写在第九章"纪律"一章之中。[2] 此后，1945 年 6 月 11 日"七

---

❶ 恩格斯：《马克思恩格斯选集》第 4 卷，人民出版社，1975 年版，第 196 页。

❷ 《列宁、毛泽东和邓小平论民主集中制》（附录），中国方正出版社，1994 年版，第 282 – 283 页、第 301 页。

大"和1956年9月26日"八大"分别通过的两个党章有关民主集中制的规定和表述逐步地更加合理了，但仍有不严谨之处。1969年4月14日"九大"通过的《中国共产党章程》到1973年8月28日"十大"和1977年8月18日"十一大"分别通过的《中国共产党章程》，由于受"文化大革命"极"左"思潮的影响，在表述上向后倒退了，特别是把民主集中制搞乱了。1982年9月6日通过的"十二大"党章关于民主集中制的规定纠正了"九大""十大""十一大"党章中的有关错误，在总纲中把"坚持民主集中制"作为我们党领导全国各族人民实现社会主义现代化的宏伟目标必须贯彻的"三项基本要求"之一加以强调，提到了很高的地位，指出"坚持民主集中制。党内充分发扬民主，在民主的基础上实行高度的集中，加强组织性纪律性，保证全党行动的一致，保证党的决定得到迅速有效的贯彻执行"。❶ 并在第二章"党的组织制度"中对民主集中制作了更加明确的规定，使这一制度更加科学规范。

二、民主集中制的基本原则及科学内涵

民主集中制作为党和国家的组织原则和组织制度，是在长期的新民主主义革命和社会主义建设及改革开放的实践中逐步丰富、发展和完善起来的，它是正确处理党内组织关系的根本准则，其目的是使党的组织更加集中统一、步调一致，更加充满生机活力，是反对和防止分散主义、自由主义、无政府主义和无组织无纪律的有力武器，进一步提高党组织的战斗力和执政能力，为实现党的各项任务和根本宗旨提供组织上和制度上的保证。其基本原则和科学内涵主要有以下几个方面。

1. 关于民主集中制的基本原则

民主集中制的基本原则，是关于民主集中制制度建设应遵循的基本思想及其实现方式的规定，是对民主与集中的本质及其关系的揭示。民主集中制，从根本上来说是民主的集中制，民主是基础，集中是指导。党章中规定的个人服从组织，少数服从多数，下级服从上级，全党服从中央，是民主集中制的基本原则。其中"少数服从多数"是最基本、最一般、最本质的原则，因为"少数服从多数"的"多数"就是要代表最广大人民群众的根本利益、意志和愿望，它体现了我们党的宗旨和"三个代表"的重要思想。其他几个服从虽然也是民主集中制的重要原则，但都是由"少数服从多数"的原则决定的、派生出来的，在理论上逻辑上是从少数服从多数这一最基本原则推导出来的，都

❶ 《列宁、毛泽东和邓小平论民主集中制》（附录），中国方正出版社，1994年版，第282－283页、第301页。

是建立在少数服从多数的基础上的，受少数服从多数决定和制约的。从全党服从中央来说，是因为中央从更高层次上代表了最广大人民群众的利益。因此说，少数服从多数是民主集中制最本质的规定性。这主要体现在两方面：第一，就领导机构与领导人的产生来说，是在民主选举条件下，按照少数服从多数的原则决定的；第二，就重大决策来说，只有通过集体讨论，按照少数服从多数的原则作出决定。

马克思主义不仅重视和强调民主，同时也十分重视和强调集中。列宁指出："没有少数服从多数就不可能有组织，""就不可能有稍微称得上工人党的党。"毛泽东在谈到民主集中制时则更加明确地指出：它是民主的，又是集中的，就是说，集中是在民主基础上的集中，民主是在集中指导下的民主。邓小平也指出："一个党不集中不行，如果没有中央和各级党委的集中领导，这个党就没有战斗力。"这些思想进一步丰富和发展了民主集中制的理论原则。

我们应该承认，在西方民主政治中关于主权在民的思想及其选举原则、平等讨论的原则、多数决定原则等，也都是民主集中制制度建设的重要理论来源，同样有着一定的借鉴意义与参考价值。对这些人类政治文明的有益成果，我们要批判地吸收，而不应采取排斥的态度。

2. 民主集中制的科学内涵

民主集中制制度的主要内容包括三个方面：一是领导权的形成即选举权的问题，是指权力机关和领导者的权力是由选民自下而上选举产生的，即领导权是由人民群众授予的。二是领导权的行使即决策权的问题，是指行使领导和决策权的主体是领导班子集体，而非领导者个人；行使权力的原则和方式是少数服从多数，而非由领导者个人采取集中正确意见的方式决策。多数原则本身还包括尊重和保护少数人的意见和利益。三是权力的制约与监督即制约监督权问题，是指任何领导者个人都不能独自决定重大问题和不能擅自改变领导集体作出的决定，每个领导者都要对选民负责并接受他们的监督，原选举单位或原选区选民有罢免他们职务的权力。以上三方面的内容，充分贯彻和体现了集体领导和人民当家做主的思想原则。这是民主集中制制度的核心和实质，体现了制度民主和实质民主的辩证统一。

3. 民主集中制是贯彻落实"三个代表"重要思想的组织保证

"三个代表"重要思想是我们党的立党之本、执政之基、力量之源。我们党要始终代表中国先进生产力的发展要求，就是党的路线、方针、政策必须符合生产力发展规律，体现生产力的发展趋势，不断解放和发展生产力，这是我们党保持先进性的根本体现。始终代表中国先进文化的前进方向，就是要使党的各项工作努力体现面向现代化、面向世界、面向未来的，民族的科学的大众的社会主义文化的要求，促进全民族思想道德素质和科学文化素质不断提高，为我国经济社会发展提供精神动力和智力支持。始终代表中国最广大人民的根本利益，就是必须坚持把人民群众的根本利益作为出发点和归宿，充分发挥人民群众的积极性、主动性、创造性，不断满足人民群众日益增长的物质与文化需求。三个代表是辩证统一的整体，相互联系，相互促进。发展先进的生产力是手段，是发展先进文化，实现最广大人民根本利益的物质基础条件；先进文化是思想保障，是发展先进生产力和实现最广大人民群众根本利益的指导思想和精神动力；代表最广大人民的根本利益是目的，不断发展先进生产力和先进文化，归根到底都是为了满足人民群众日益增长的物质文化生活需要，不断实现最广大人民群众的根本利益。

我国是一个多民族的发展中大国，由于实行改革开放和发展社会主义市场经济，我国的经济成分、组织形式、利益关系、分配方式日益多样化，我们提倡价值取向多元化，但又必须坚持价值导向的一元化，即必须坚持社会主义制度，坚持党的领导，维护党和国家的集中统一，维护中央的权威，这是极端重要的。因此只有坚持民主集中制的原则，才能把全党的智慧与 13 亿人民的力量凝聚起来，真正代表最广大人民群众的根本利益，朝着社会主义现代化与和谐社会的目标迈进。

贯彻落实"三个代表"的重要思想，必须坚持民主集中制原则，建立健全科学的领导体制和工作机制。民主集中制是我们党的根本组织制度和领导制度，只有坚持和完善民主集中制的基本要求，才能充分发扬党内民主，维护党的集中统一，不断增强和保持党的活力。

贯彻落实"三个代表"的重要思想，必须坚持民主集中制的根本原则。因为人民群众是先进生产力和先进文化的创造主体，也是实现自身利益的根本力量，只有坚持民主集中制原则，才能代表最广大人民的意志和愿望，充分调动广大人民的积极性与创造性，从而实现先进生产力和先进文化的根本要求，并最终实现最广大人民的根本利益。

坚持民主集中制原则，是贯彻落实"三个代表"重要思想的组织保障。按照总揽全局、协调多方的原则，进一步加强和完善党的领导体制，改进党的领导方式和执政方式，既保证党委的领导核心作用，又充分发挥人大、政府、政协以及人民团体和其他方面的职能作用，集思广益，不断推进决策的科学化、民主化，建立健全科学化、规范化、民主化、制度化的领导机制。

贯彻落实"三个代表"的重要思想，全党同志都要增强民主集中制的观念，严格执行民主集中制原则，提高贯彻民主集中制的本领，努力掌握适应新形势新任务要求的领导艺术、领导方式和领导方法，把坚持党的领导同发扬人民民主，严格依法办事，尊重客观规律有机统一起来，坚决克服违反民主集中制原则的个人独断专行和软弱涣散观念。

三、贯彻执行民主集中制过程中存在的理论与实践问题

1. 关于民主集中制与民主的区别

在民主与集中的关系问题上，两者是不可分割、紧密联系的整体。但在实践中常常被肢解和割裂开来，分为"民主"与"集中"两部分，并将二者视为同一层次的概念，即群众民主、领导集中，这是极其错误的。还有人把"民主集中制"中的"民主"与人民民主或社会主义民主中的"民主"等量齐观，混为一谈，扯到与"专政"相对立的"民主"上去。其实两者是不同性质的范畴，民主集中制中的"民主"是组织原则，属于组织范畴；而社会民主中的"民主"是政治原则，属于政治范畴。我国是人民民主专政的国家，对人民实行民主，对敌人实行专政，这里的"民主"作为国家制度，既适用于国体即"谁统治谁"的问题，又适用于政体即"谁服从谁"的问题。而民主集中制中的"民主"作为组织原则，对于国家来说，是实现民主政体的组织原则，解决的是人民内部矛盾和党内矛盾，只解决"谁服从谁"的问题，因为党内成员是完全平等的，不存在"谁统治谁"的问题。因此社会民主中的"民主"作为政治原则，比民主集中制中的"民主"这一组织原则更根本，处于更高的层次，使用范围更广泛，内容更丰富。一个时期以来，一些人在网络及各种媒体上宣扬"学术自由"等新自由主义的思潮，主张指导思想多元化，否定马克思主义的指导地位，或者鼓吹西方的"民主自由"，否定党的领导和社会主义制度。其中就有人以所谓的社会民主反对党的民主集中制制度，宣扬无政府主义。因此将两者区别开来，有着更深刻的现实意义。

2. 民主集中制的组织原则与认识论原则问题

马克思主义的认识论原则是"实践——认识——实践"；党的群众路线是"群众——领导——群众"；党的组织原则是"民主——集中——民主"。三者既有内在联系，又有根本区别，不能机械对应。

首先，民主集中制作为组织原则，其根本点是"少数服从多数"。这个多数，按其本义，只表示多数人的意见，并不表示多数人的意见必定是完全正确的、合理的。例如：党委会的一项决定，按照这一组织原则通过了，但后来经实践检验证明错了。这种体现多数人意见的决定在改变之前个人和下级也得服从，而不能以不正确为理由拒不执行，否则党的决议就会因一些人的种种理由得不到贯彻落实，全党也很难形成集中统一、步调一致。这表明民主集中制"少数服从多数"原则的"服从"，从其本义和严格意义上来说是"服从多数"而不是"服从正确"。

其次，辩证唯物主义认识论的根本点是"服从真理"，而真理往往在少数

人手里，并不一定在多数人手里。因为人的认识能力与水平是不平衡的，有快有慢，有高有低。从真理发现过程来看，总是首先被少数人发现；从传播过程来看，总是首先为少数人先接受，然后才慢慢为大多数人所接受。❶ 服从真理就意味着常常要服从"少数"。如果在认识原则上要求"少数服从多数"，而不是服从真理，就会使有些人以多数人的意志或意见为理由，强制别人服从自己，压制与扼杀真理；如果在组织原则上，要求一定要服从真理而不是服从多数，就会使有些人以所谓"服从真理"为由，拒不执行组织决定，甚至践踏多数人的意志，破坏民主集中制。显然把组织原则与认识论原则混为一谈，必然会造成认识上的混乱与实践上的错误。❷ 其实我们党的组织原则与认识原则并不是对立的，而是辩证统一的。我们党历来是坚持真理，修正错误的，并把自己的组织原则建立在辩证唯物主义认识论原则的基础之上，随时准备坚持真理，修正错误。在我党的历史上，从陈独秀的右倾机会主义路线、王明的"左"倾机会主义路线到"文化大革命"的错误思潮，党中央及各级地方组织，一旦发现党的决定决议有了错误，就及时修正，这已为许多历史事实所证实。所以我们党在强调少数服从多数的组织原则的同时，又强调要尊重少数人的意见，坚持辩证唯物主义的认识论原则。

3. 实践中存在的用形式民主取代实质民主的问题

在贯彻执行民主集中制过程中，常常会出现一些用形式民主取代实质民主的问题，这种现象在某些单位、某些地方表现得相当突出，不仅破坏了民主集中制，而且给党的事业造成了一定的危害与损失。概括地讲，主要有以下几种。

（1）少数服从多数原则流于形式的问题。民主集中制的决策原则和方式，是在平等讨论的基础上按照少数服从多数的原则作出决策。这是集体领导和集体决策的重要表现形式，是党领导人民行使当家做主权力的标志和象征，也是这一领导制度的核心和实质。

但在实际工作中，讨论问题或进行决策时，有的党员或党委成员总是揣摩"一把手"的意图，把集体决策变成了集体讨论、主要领导者个人拍板决定；或群众民主，领导集中；或形成"随大流"的现象，有的党员或干部在思想上没有主见，随波逐流；在政治上立场动摇，不坚定。这些现象都是用形式民主取代实质民主。

俗话说，"树高影长"。我们国家过于充分发展的封建专制制度，给我们留下了一条长长的封建主义尾巴，这就是民主传统薄弱，封建家长制作风根深

---

❶ 陈建中：《真理总是首先在少数人手里》，《山西师院学报》1981 年第 2 期，第 87 页。

❷ 王贵秀：《论民主和民主集中制》，中国社会科学出版社，1995 年版，第 166 页。

蒂固，表现为党委成员对一把手唯命是从。这些情况表明，少数服从多数的决策原则并未得到切实的贯彻和落实。

（2）民主选举名不副实问题。关于选举，宪法、党章和组织法都明确规定，在党的领导和组织下，由选民自下而上地选出领导机关和领导者。这是主权在民思想和理论的体现，是人民群众授权的标志和象征，是民主集中制组织制度的核心和实质。但在实际操作过程中，候选人常常不是由选民自下而上酝酿提名产生的，而是由上级组织确定的，甚至差额人选也是定好的。这样的选举，无形中把上级指导下的民主，变成了上级操控下的民主；把人民当家做主，变成了上级包办和取代人民当家做主，实质上就是用民主的形式取代了民主的实质。

（3）集体决策、集体领导与分工负责问题。所谓集体决策、集体领导、分工负责，是指一些重大问题的决策要由党委集体讨论决定，再具体分工负责实施。但在实际工作中，一些部门无论大事小事，都提交党委讨论。既然是集体讨论决定的，一旦出了问题，就推卸责任，谁也不负责任。集体决策、集体领导，实际变成了无人负责，可见民主集中制的集体领导、分工负责确实需要加以改进，并进一步建立责任追究制度。

为什么会产生用形式民主取代实质民主的现象呢，究其原因主要有两个方面：

一是认识根源。首先，对党管干部的原则存在认识误区。党管干部对于实行选举制的组织来说，是由党领导和组织广大选举人，自下而上地选举出各级领导机关和领导人，并对其进行管理和监督。但常常被误解为由党的领导机关中的少数人提出候选人，再让选民去履行选举手续。这种认识的错误在于，把下级多数人选举领导与上级少数人选拔干部混为一谈，把党的领导、组织作用同其决策、管理身份混为一谈。因此，选举便从多数人实现当家做主的方式变成了少数人谋取权力的手段。

其次，对民主集中制决策原则的认识存在误区。在现实生活中，不少同志把民主集中制"少数服从多数"的决策原则和方式理解为：民主集中制就是民主＋集中；民主就是让大家说话，集中就是"一把手"选择"正确"的意见拍板决策；发表意见是党委成员们的义务，拍板决策是"一把手"的权力，只要经过会议讨论就是集体决定。这种认识的错误在于，它把民主与集中同一问题的两个方面割裂成了前后不同的两个阶段，把多数决策原则同领导拍板决定混为一谈。

二是制度根源。长期以来，领导工作中只对上负责、不对下负责的问题始终难以根除。要从根本上解决问题就必须从根本上贯彻落实选举制度，切实解决民主选举的问题。如果党委成员确实由选举产生，书记确实由党委成员选举产生，那么平等讨论和按照多数原则决策，就会得到落实。领导工作中家长制作风难以根除的问题，根本原因就是选举制度落实不好，也与选举制度本身不健全密切相关。我们党目前还没有一个关于选举的专门条例；选举中选举人常常对候选人的情况知之甚少甚至全然不知，选举人的权益难以得到保证。因此选举制度不能完全真实地反映选举人的意愿。❶

此外，选举权、决策权和制约监督权，是民主集中制的核心内容，是主权在民思想的集中体现。但目前还没有形成一个完整的权力制约体系，三项制度之间既缺乏有机的联系，也缺少必要的制约。这些都需要进一步完善改进。

胡锦涛总书记指出："保持党员队伍的先进性，关键在于完善制度和机制，把党的先进性要求转化为党员自觉遵守的行为准则。制度更带有根本性、全面性、稳定性和长期性。""要长期保持和不断发展党的先进性，必须通过完善制度和机制，使党的先进性要素充分发挥作用，激励广大党员自觉遵守党章和党规党纪，自觉实践党的先进性基本要求。"民主集中制制度创立 100 年来，对包括中国共产党在内的世界各国无产阶级政党的发展与壮大提供了有力的组织保证。在建立保持共产党员先进性的长效机制中，进一步完善民主集中制制度建设，对于维护党的思想统一、步调一致，提高党的战斗力与执政能力，实现全面建设小康社会的奋斗目标，具有重要的现实意义。

（原载《保持共产党员先进性理论与实践探讨》，中共中央党校出版社2006 年版）

---

❶ 韩光宇：《民主集中制的含义及相互关系》∥《学习时报》，2003 年 11 月 16 日。

六、陈建中学术年编

陈建中学术年编

1980 年

1. 《阶级本性不能改变吗?》,《山西师院学报》1980 年第 4 期,《解放日报》1981 年 1 月 9 日,《福建日报》的《每周文摘》1981 年第 1 期分别摘要介绍

1981 年

2. 《一本很受欢迎的哲学普及读物——评〈说故事讲哲学〉》,《山西师院学报》1981 年第 2 期,人大资料《图书评介》选入目录

3. 《城市建设占地严重怎么办? ——征收土地税是个好办法》,中国经济团体联合会主办《经济学周报》1981 年第 2 期

1982 年

4. 《真理总是首先在少数人手里》,《山西师院学报》1982 年第 2 期,人大资料社《哲学原理》1982 年第 7 期选入目录,《中国哲学年鉴》1983 年选入目录

1983 年

5. 《论逻辑比较法》,《山西师院学报》1983 年第 4 期,人大书报资料社《自然辩证法》1983 年第 11 期全文复印,人大书报资料社《逻辑学》选入目录,《中国哲学年鉴》1984 年选入目录

6. 《科学社会主义决不是一种模式》,《山西师院报》1983 年 10 月 25 日

1984 年

7. 《具体性是实践的本质特征》(署名陈思远),《山西师院学报》1984 年第 2 期,人大书报资料社《哲学原理》1984 年第 10 期全文复印,《新华文摘》选入目录,《中国哲学年鉴》1985 年"研究状况与进展"实践问题研究近况栏(第 37 页)摘要介绍;1990 年获山西省首届社会科学研究优秀成果三等奖

8. 《关于毛泽东哲学思想特点的研究方法问题》,《晋阳学刊》1984 年第 5 期,《中国哲学年鉴》1985 年选入目录,人大资料《哲学原理》1984 年第 20 期选入目录

9. 《人格的本质及其他》,《山西师院学报》1984 年第 4 期,人大书报资

料社《伦理学》1984 年第 11 期选入目录，《中国哲学年鉴》1985 年选入目录

10.《科学社会主义的探索与实践》（署名石桥），《山西师院学报》1984 年第 4 期，人大资料社《科学社会主义》1985 年第 4 期选入目录

11.《生活的沉思》（署名陈之光），《山西师院学报》1984 年第 2 期

12.《提防"阳桥鱼"》，《支部建设》1984 年第 12 期

1985 年

13.《是"严肃处理"吗》，《山西日报》1985 年 12 月 20 日

14.《普列汉诺夫与唯物史观》（署名哲明），《山西师大学报》1985 年第 3 期封四

15.《考试与智能发展的关系》，《教育理论与实践》1985 年第 2 期

16.《用唯物辩证法指导改革》（署名陈思远），《山西师大学报》1985 年第 3 期，人大书报资料社《哲学原理》选入目录

17.《一分为二的方法论意义》，《山西师院学报》1985 年第 4 期，人大书报资料社《哲学原理》1985 年第 23 期全文复印，《新华文摘》1986 年第 3 期摘要介绍；1989 年获山西省哲学学会优秀论文奖

1986 年

18.《生活须时时更新》，《山西日报》1986 年 3 月 16 日

19.《现代思维的大趋势》，《山西师大》增版 1986 年 4 月 10 日，又刊载《视听导报》1987 年第 52 期

20.《具体情况具体分析为什么被称为马克思主义的本质和灵魂》（署名石桥），《山西师大学报》1986 年第 1 期，人大书报资料社《哲学原理》1986 年第 3 期全文复印

21.《全面、比较、反复——谈谈陈云同志提出的一个思想方法》，《山西日报》1986 年 7 月 4 日

22.《论我国现阶段生产力的性质与特点》，《山西师大学报》1986 年第 3 期，人大书报资料社《政治经济学》社会主义部分 10 期选入目录，《高校学报文摘》1986 年选入目录，1988 年《山西年鉴》介绍

23.《摸着石头过河是科学的方法》，《长江日报》1986 年 8 月 22 日

24.《横向经济联合与我国生产力的发展》（署名陈思远），《山西师大学报》1986 年第 4 期，人大书报资料社《国民经济与计划管理》1987 年第 1 期全文复印，《政治经济学（社会主义部分）》1987 年第 1 期全文复印

25.《浅谈鲁迅杂文中的唯物辩证法思想》，《雁北师专学报》1986 年第 1 期

26.《试论孔子的大同思想》，《太原师专学报》1986 年创刊号第 1 期

27.《"不务正业"辩》，《山西日报》1986 年 5 月 18 日

28. 《也该扫扫"礼盲"》（署名陈思远），《山西日报》1986 年 10 月

29. 《孔子学说精华体系》（署名哲明），《山西师大学报》1986 年第 4 期封四

1987 年

30. 《中国传统文化中的惰性心理》（署名李若），《山西师大学报》1987 年第 1 期，1988 年《山西年鉴》介绍，《社科情报》1987 年第 1 期摘要介绍

31. 《论实践在马克思世界观转变中的作用》，《吕梁教育学院学报》1987 年第 1 期

32. 《关于马克思主义哲学方法论体系的构想》，《山西师大学报》1987 年第 2 期，人大书报资料社《哲学原理》1987 年第 7 期全文复印，1988 年《中国哲学年鉴》摘要介绍

33. 《社会主义生活方式、公民的权利和尊严受到可靠的保证》，《理论探索》1987 年第 3 期，（苏）法学博士叶琳娜·露卡什娃著，陈建中译

34. 《一国两制的构想是对科学社会主义学说的创造性发展》（署名石桥），《山西师大学报》1987 年增刊

35. 《求同思维与一刀切》，《理论教育》1987 年第 2 期

36. 《关于师范院校马克思主义思想理论课的几点思考》，《师范教育》1987 年第 1 期

37. 《简论毛泽东的认识论思想》，《太原师专学报》1987 年第 2 期

38. 《社会历史阶段能不能超越》（署名陈思远），《山西师大》1987 年 5 月 5 日，《红旗》杂志 1987 年曾打出清样内部传阅

39. 《教师修养漫谈》，山西人民出版社 1987 年出版（合编）

40. 《新教学法集锦》，山西人民出版社 1987 年 7 月出版（合编）

1988 年

41. 《论生产力结构形式演变的三大阶段》（署名陈思远），《生产力研究》1988 年第 2 期，人大资料《政治经济学》（总论）1988 年第 6 期全文复印

42. 《人民公仆与执政党的党风》（署名石桥），《理论探索》1988 年第 3 期

43. 《直觉思维的认识论意义》（署名陈思远，加天山），《文史哲》1988 年第 2 期，人大资料《哲学原理》1988 年第 6 期全文复印，《新华文摘》1988 年 8 期摘要介绍，《文摘报》1988 年 4 月 14 日摘要介绍

44. 《商品经济与社会主义民主》，《山西日报》1988 年 9 月 19 日

45. 《关于哲学方法论与科学方法论的界说》，《山西师大学报》1988 年第 3 期，人大资料《自然辩证法》1988 年 8 期全文复印，《新华文摘》1988 年第 11 期摘要介绍，《高校文摘》1988 年第 6 期摘要介绍；1993 年获山西省第二

届社会科学研究优秀成果二等奖

46.《论生产力结构形式》,《生产力研究》1988 年第 2 期,人大资料《政治经济学总论》1988 年第 7 期全文复印

47.《马克思主义论纲》,山西人民出版社 1988 年 10 月出版(副主编)

1989 年

48.《论社会主义基本经济规律的矛盾运动》,《学习与辅导》1989 年第 4 期

49.《我国国土整治的战略重点应放在大西北》,《青海师大学报》1989 年第 2 期

50.《奖掖后学 情暖三春》,《山西日报》1989 年 2 月 12 日

51.《社会主义基本经济规律的矛盾运动初探》,《教学与辅导》1989 年第 4 期

52.《理论编辑要有胆识》,《新闻出版报》1989 年 5 月 24 日

53.《实践唯物主义与世界观方法论的统一》,《山西师大学报》1989 年第 3 期,人大资料《哲学原理》1989 年第 9 期全文复印,《高校文摘》1989 年第 6 期摘要介绍

54.《商品经济与社会主义民主》,《理论探索》1989 年第 4 期,1988 年获山西省社会主义初级阶段理论讨论会优秀论文奖

1990 年

55.《传统教学方法与思维方式》(署名陈思远),《吕梁教育学院学报》1990 年第 1 期

56.《要继续发扬密切联系群众的优良传统》(署名李琦),《山西师大学报》1990 年第 2 期

57.《改革的理论与改革的实践》,《理论探索》1990 年第 3 期

1991 年

58.《论一国两制与一国两府》(署名石桥),《河南师大学报》1991 年第 1 期

59.《文责自负及其他》,《新闻出版报》1991 年 7 月 10 日

60.《牺盟会的政治纲领》,《山西文史资料》1991 年第 3 期

61.《周恩来与山西抗日民族统一战线》,《山西文史资料》1991 年第 3 期

62.《阎锡山发动的晋西"十二月事变"》,《山西文史资料》1991 年第 3 期

63.《近代山西钱庄的发展与衰落》,《山西地方志》1991 年第 4 期

64.《关于计划经济与市场调节相结合的哲学思考》,《山大师院学报》1991 年第 2 期

65. 《试论农业双向承包责任制》，《攀枝花大学学报》1991 年第 2 期

66. 《论实事求是的方法论意义》，《山西师大学报》1991 年第 3 期

67. 《毛泽东思想政治工作理论研究》，山西高校联合出版社 1991 年 4 月出版（主编），《文摘报》1991 年 12 月 26 日介绍，《新闻出版报》1992 年 1 月 8 日介绍

68. 《山西抗日民族统一战线史略》，山西文史资料研究委员会 1991 年 5 月出版（主编），戎子和、杨献珍同志给予较高评价

1992 年

69. 《繁荣富强的基础：科技进步》，《中国青年报》1992 年 1 月 13 日

70. 《要把调查研究落到实处》，新华社《瞭望》周刊 1992 年第 17 期

71. 《关于"出版热潮"的理论思考》，《中国出版》1992 年第 1 期

72. 《编辑工作与著作权问题》，《出版研究》1992 年第 3 期

73. 《建立计划与市场相结合的良性出版运行机制》，《新闻出版交流》1992 年第 3 期

74. 《毛泽东建党学说的一个重要原则》，《理论探索》1992 年第 5 期

75. 《论辩证法普遍联系的规律》，《山西师大学报》1992 年第 2 期，人大资料《哲学原理》1992 年第 6 期全文复印，《新华文摘》1992 年第 8 期摘要介绍，《高校文摘》1992 年第 6 期摘要介绍；1995 年获山西省人文社会科学研究优秀成果一等奖

76. 《直觉思维：辩证的思维方式》（署名陈思远，加天山），《晋阳学刊》1992 年第 3 期，《新华文摘》1992 年第 8 期摘要介绍；1996 年获山西省青年科学大会优秀论文三等奖

77. 《腾飞之路——面对新的科技革命》，广西人民出版社 1992 年出版（合著）

78. 《新科技革命与我的现代化建设》，《腾飞之路》，广西人民出版社 1992 年出版

1993 年

79. 《坚持解放思想与实事求是的统一》，《学习》1993 年第 1 期

80. 《学会生存》，《中国教育报》1993 年 3 月 2 日

81. 《知识分子是先进生产力的开拓者》，《生产力研究》1993 年第 3 期，1996 年被收入《中国"八五优秀科学技术成果选"》

82. 《让所有的人学会保护自己》，《新闻出版交流》1993 年第 4 期

83. 《市场经济与编辑观念更新》，《新闻出版报》1993 年 8 月 27 日第 3 版

84. 《思想政治工作与解放思想》，《政工导刊》1993 年第 6 期

85.《我国传统就业观念正在发生深刻变化》,《中国劳动科学》1993 年第 6 期

86.《科学认识论中的方法论问题》,《山西师大学报》1993 年第 4 期,人大资料《哲学原理》1993 年第 12 期全文复印,《高校文科学报文摘》1994 年第 1 期摘要介绍

87.《青年毛泽东为何没有出国留学》(署名石桥),《山西日报》周末版 1993 年 12 月 18 日

88.《毛泽东与中国国情》,《山西师大学报》1993 年增刊

1994 年

89.《我国传统就业观念发生三大变化》,《中国改革》1994 年第 8 期,《文摘报》1994 年 9 月 18 日摘要介绍,《中国经济文库》B05 分册全文转载

90.《94'报纸扩版热的思考》,《新闻出版交流》1994 年第 5 期

91.《常在身边的良师》,《新闻出版报》1994 年 11 月 19 日

92.《科学的发展与哲学的命运》,《山西师大学报》1994 年第 4 期,《自然辩证法概论》1995 年 1 期全文转载;人大资料《哲学原理》1994 年第 12 期全文复印;《高校文科学报文摘》1995 年第 1 期摘要介绍

93.《关于我国户籍管理体制改革的思考》,《改革先声》1994 年第 6 期

1995 年

94.《关于"有偿出版"的几点思考》,《中国出版》1995 年第 4 期

95.《科学的发展与哲学的内容》,《山西师大学报》1995 年第 2 期,人大资料《自然辩证法》1995 年 7 期全文转载

96.《卢沟桥事变的起因与中日战争的责任问题》(署名石桥),《山西师大学报》1995 年抗战增刊

97.《论我国传统就业观念的改变》,《中国经济文库》中央编译出版社 1995 年版

98.《文科高等数学教程》出版被国家教委确定为统编教材(署名李琦),《山西师大学报》1995 年第 3 期,《教育文摘》1995 年转载

99.《德意志强悍之迷》,《俄罗斯帝国浮沉之迷》(署名李琦),《山西师大学报》1995 年第 3 期

1996 年

100.《科学的发展与哲学的形式》,《山西师大学报》1996 年第 2 期,人大资料《科学技术哲学》1996 年第 6 期全文转载,《高校文科学报文摘》1996 年第 4 期介绍

1997 年

101.《互补原理及其认识论的新形式》,《自然辩证法研究》1997 年第

3 期

102.《论互补方式的复杂多样性》,《山西师大学报》1997 年第 3 期,人大资料《科学技术哲学》1997 年 12 期全文转载

103.《中国报业改革的方向与思路》,《新闻出版交流》1997 年第 3 期

104.《树精品意识 创一流刊物》,《山西师大学报》1997 年第 4 期

1998 年

105.《怎样科学地认识玻尔的互补原理》,《山西师大学报》1998 年第 2 期,人大资料《科学技术哲学》1998 年 6 期全文转载

106.《周恩来与山西抗日民族统一战线》(上),《山西社会主义学院院刊》1998 年第 1 期

107.《周恩来与山西抗日民族统一战线》(下),《山西社会主义学院院刊》1998 年第 2 期

108.《哲学研究中量范畴探讨的新成果》(署名石桥),《山西师大学报》1998 年第 4 期

109.《坚持社会主义价值观的正确导向》,《求是》1998 年第 16 期,《新华文摘》1998 年 11 期全文转载

110.《越南桂林行》,《人民日报》1998 年 9 月 27 日国际副刊第 3 版

111.《谈社科期刊主编素质》,《出版发行研究》1999 年 12 期,1998 年获中国人文社科学报研究会优秀论文二等奖

2000 年

112.《关于当前改革传统教学方法与思维方式的考察》,《教育史研究》2000 年第 4 期

113.《成才之路》,《山西教育》2000 年第 7 期

114.《社会主义理论与实践的不断探索——评〈中国当代史〉》,《忻州师院学报》2000 年第 3 期

115.《〈中国当代史〉序》,《中国当代史》2000 年 3 月 1 日

116.《理想的颂歌》,《中华读书报》2000 年 8 月 1 日

117.《社会主义理论与实践的探索》,《山西广播电视大学》2000 年 9 月 1 日

2001 年

118.《理想与信念的不朽颂歌》,《忻州师院学报》2001 年第 4 期

2003 年

119.《中国流通经济杂志百期纪念座谈会纪要》(署名本刊编辑部),《中国流通经济》2003 年第 1 期

120.《中国流通现代化高层论坛在京召开》,《中国流通经济》2003 年第

1 期

121. 《中国民营经济研究的开拓者——晓亮先生从事学术活动五十年简介》，《中国流通经济》2003 年第 2 期

2004 年

122. 《中国流通产业发展报告出版》，《中国流通经济》2004 年第 1 期

123. 《信息经济学：信息时代经济研究的新视角》（署名石桥），《中国流通经济》2004 年第 12 期

124. 《治理经济过剩运行和促进消费需求增长的有益探索》（署名石桥），《中国流通经济》2004 年第 11 期

125. 《一部开辟职业经济学研究新领域的力作》（署名石桥），《中国流通经济》2004 年第 9 期

126. 《国有独资商业银行改革研讨会综述》（署名石桥），《中国流通经济》2004 年第 4 期

127. 《人力资本参与企业收益分配研究的新成果》（署名石桥），《中国流通经济》2004 年第 2 期

128. 《玻尔互补原理的方法论意义》，2004 年中国哲学大会入选论文

2005 年

129. 《哲学社会科学研究与我国的经济社会发展》，《中州学刊》2005 年第 6 期

130. 《要努力在全党形成求真务实的风气》，《山西师大学报》2005 年第 6 期

131. 《开拓休闲经济与休闲产业研究的新领域》，《中国流通经济》2005 年第 10 期

132. 《绿色流通：流通现代化的核心议题》，《中国流通经济》2005 年第 12 期

2006 年

133. 《积极探索我国文化产业发展的途径与模式》，《中国流通经济》2006 年第 4 期

134. 《加强党的先进性建设的组织保证》，中共中央党校出版社（论文集），2006 年 6 月出版

135. 《以市场化方式发展我国信用信息服务业》，《中国流通经济》2006 年第 7 期

136. 《和谐市场经济是和谐社会的基础》，《中国流通经济》2006 年第 12 期

2007 年

137. 《要重视流通在降低整个国民经济运行成本中的基础性作用》，《中国

流通经济》2007 年第 4 期

138.《流通现代化是经济现代化的先导》//《人民日报》，2007 – 04 – 01

139.《文章千古事 得失寸心知》//《北京物资学院报》，2007 年 4 月 6 日

140.《大物流与循环经济》//《中国流通经济》2007 年第 11 期，《新华文摘》2008 年第 5 期论点摘编，《中国社会科学文摘》2008 年第 5 期全文转载，《高等学校文科学术文摘》2008 年第 1 期学术卡片

141.《从中观维度诠释中观经济本位》，《中国流通经济》2007 年第 5 期

142.《论和谐教育》，中国人事出版社《和谐校园建设研究》（论文集），2007 年 9 月出版

143.《改革传统教学方法与思维方式》，知识产权出版社《教育教学改革新探索》（论文集），2007 年 5 月出版

2008 年

144.《发展现代物流 转变发展方式》，《人民日报》（核心）2008 年 6 月 11 日第 7 版

145.《坚持以科学发展观推动我国流通现代化》（署名石桥），《中国流通经济》（核心）2008 年第 6 期

146.《以民生问题为研究对象的草根经济学》（署名石桥），《中国流通经济》（核心）2008 年第 9 期

147.《现代物流网络理论研究的创新性成果》（署名石桥），《中国流通经济》（核心）2008 年第 10 期

148.《专业学术期刊要引领本学科学术理论研究》，《中国出版》2008 年第 12 期，《新华文摘》2009 年第 6 期论点摘编

149.《奥运物流对北京物流业发展的启示》，《企业活力》（核心）2008 年第 6 期

2009 年

150.《大物流与循环经济》（英），英国《Systems Research and Behavioral Science》（《系统研究与行为科学》）2009 年 1 月，2009 年被美国 SSCI 数据库检索收录

151.《振兴物流产业 增强国民经济竞争力》，《光明日报》2009 年 5 月 26 日第 10 版

152.《发挥物流业在保增长、调结构中的作用》，《人民日报》2009 年 6 月 5 日第 7 版

153.《调整振兴物流产业 推动经济全面发展》（署名石桥），《中国流通经济》（核心）2009 年第 6 期

154.《贯彻落实全面协调可持续的基本要求》,《人民日报》2009 年 6 月 24 日第 7 版

155.《中国现代物流理论的积极探索与展望》(署名石桥),《中国流通经济》2009 年第 11 期

156.《社会信用管理体系建设构想》,中国经济出版社 2009 年出版(33 万字)

2010 年

157.《信息不对称·信用危机·金融危机》,《人民日报》2010 年 3 月 26 日理论版

158.《新自由主义与西方社会信用体系危机》,《中国流通经济》(核心)2010 年第 3 期,《新华文摘》2010 年第 19 期全文转载人大书报资料《金融与保险》2010 年第 8 期全文转载

159.《后危机时代:西方社会信用管理体系的反思》,红旗文稿,2010 年第 12 期

160.《论相关规律》,《马克思主义哲学的新探索》,北京师范大学出版社,2010 年 8 月版

161.《论平衡不平衡规律》,《马克思主义哲学的新探索》,北京师范大学出版社,2010 年 8 月版

162.《合力规律》,《马克思主义哲学的新探索》,北京师范大学出版社,2010 年 8 月版

163.《心随朗月高,志与秋霜洁》,《学问人生》,中国社会科学出版社,2010 年 8 月版

164.《物院赋》,《情系物院》,中国物资出版社,2010 年 10 月版

165.《以流通现代化推动现代服务业发展》,《人民日报》2010 年 10 月 18 日(理论版)

166.《学习贵在创新》,《光明日报》2010 年 11 月 2 日(理论版)

167.《搞活流通 扩大内需 加快流通产业发展》,北京物资学院报,2010 年 10 月 26 日

168.《搞活流通 扩大内需》,《人民日报》2010 年 11 月 10 日(理论版)

169.《以流通现代化促进出版业发展》,《中国流通经济》2010 年第 11 期

170.《我国图书流通体制转型中存在的问题及解决路径分析》,《出版发行研究》2010 年第 11 期

171.《以流通现代化促进出版业发展方式转变》,《管理世界》2010 年第 12 期

172.《营销策划文案写作指要》,陈建中、吕波编著,中国经济出版社,

2010 年 12 月出版

173.《外来务工人员法律援助读本》，陈建中、王少波编著，中国经济出版社，2010 年 12 月出版

2011 年

174.《推动流通经济理论创新 促进经济发展方式转变》，《中国流通经济》2011 年第 5 期

175.《我国农村物流金融服务体系的开拓与创新》（署名石桥），《中国流通经济》2011 年第 6 期

176.《把握转变流通发展方式的着力点》，人民日报 2011 年 10 月 27 日理论版

177.《以现代流通体系建设推动流通发展方式转变》（署名石桥），《中国流通经济》2011 年第 11 期

2012 年

178.《加强流通理论研究 推动流通产业发展——第五届中国北京流通现代化论坛观点综述》，《铁路采购与物流》2012 年第 1 期

179.《流通发展方式转变的主要路径》，《经济师》2012 年第 1 期

180.《知古鉴今 推动我国流通法制建设》（署名石桥），《中国流通经济》2012 年第 4 期

181.《我国流通经济体制改革与政策文献发展的忠实纪录》（署名石桥），《中国流通经济》2012 年第 11 期

182.《中国商业法研究会流通法专业委员会在京成立》，《中国流通经济》2012 年第 11 期

183.《为人师表道德留世范 追求真理文章成楷模》，《中国流通经济》2012 年第 11 期

184.《笔耕六十年为学为道 泓文逾千篇利国利民》（署名石桥），《中国流通经济》2012 年第 12 期

185.《降低成本 提高效率 加快流通产业发展》（署名石桥），《中国流通经济》2012 年第 12 期

186.《降低流通成本 提高流通效率》，《人民日报》2012 年 12 月 19 日（理论版）

187.《专业理论刊物要引领本学科的学术理论研究》，《学报编辑大视野》，福建人民出版社，2012 年版

188.《实用经济文书写作指要》，陈建中、陈星野编著，中国经济出版社，2012 年版

189.《商务文书写作指要》，陈星野、陈建中编著，中国经济出版社，

2012 年版

2013 年

190. 《春之声》序，山西出版集团北岳文艺出版社，2013 年 1 月出版

191. 《创新·转型·效率——第六届中国北京流通现代化论坛述要》，《商业时代》2013 年第 1 期

192. 《专家研讨如何提高流通效率》，《光明日报》2013 年 1 月 27 日（理论版）

193. 《降低流通成本提高流通效率的对策建议》，《铁路采购与物流》2013 年第 1 期

194. 《中国流通产业：新机遇、新挑战》，《经济师》2013 年第 1 期

195. 《关于降低流通成本与提高流通效率问题的探讨》，《中国市场》2013 年第 2 期

196. 《中国产业安全理论研究的开创性成果》（署名石桥），《中国流通经济》2013 年第 3 期

197. 《流通：经济运行的主轴》，《人民日报》2013 年 9 月 18 日理论版

198. 《以流通现代化促出版业繁荣发展》，《经济日报》2013 年 10 月 11 日第 13 版

199. 《当前物流理论研究的几个热点问题》，《光明日报》2013 年 11 月 1 日理论版

200. 《全面提升流通现代化水平的积极探索》，《中国流通经济》2013 年第 11 期

201. 《历史转折的推动者 学贯中西的理论家》，《中国流通经济》2013 年第 11 期

202. 《现代物流新论》，陈建中主编，陈静副主编，人民出版社，2013 年出版

203. 《中国流通经济体制改革理论探索》，陈建中主编，林英泽副主编，人民出版社，2013 年出版

204. 《降低流通成本 提高流通效率》（第一卷），陈建中、陈静主编，中国经济出版社，2013 年出版

205. 《降低流通成本 提高流通效率》（第二卷），陈建中、林英泽主编，中国经济出版社，2013 年出版

206. 《降低流通成本 提高流通效率》（第三卷），陈建中、林英泽、陈静主编，中国经济出版社，2013 年出版

207. 《外来务工人员社会权益保障读本》，陈建中、解进强编著，中国经济出版社，2013 年出版

208.《中国图书流通体制改革研究》，陈建中等著，中国经济出版社，2013 年出版

209.《编辑工作与出版产业发展》，陈建中著，中国经济出版社，2013 年出版

210.《社会主义市场经济理论研究》，陈建中著，中国经济出版社，2013 年出版

211.《中国特色社会主义理论研究》，陈建中著，知识产权出版社，2013 年出版

212.《科学发展观的方法论原则》，《教学与研究》，2013 年第 12 期

213.《 放任还是干预：保持系统可持续性的反思》（英），英国《Systems Research and Behavioral Science》（《系统研究与行为科学》）2013 年 5 月，2013 年被美国 SSCI 数据库检索收录